哲学与社会发展文丛

陈遵沂　著

哲学沉思
与审美沉思

Philosophical Contemplation
and Aesthetic Contemplation

社会科学文献出版社
SOCIAL SCIENCES ACADEMIC PRESS (CHINA)

总　序

在美丽的榕城白马河畔，有一个由中青年哲学学者组成的学术团队，他们以理性的激情，把哲学反思的视野投向当代社会发展，试图以"哲学与社会发展文丛"为题陆续推出他们的研究成果。在与他们作深入交谈中，我深深地被他们的哲学学养和睿识以及他们对哲学与时代的那份眷注、担当的情怀所打动，欣然应邀为该文丛作序。

改革开放三十多年造就了中国社会实践的辉煌，也极大地推动了哲学研究的发展。从历史反思到实践观念，从体系创新到问题意识，从经典诠释到话语建构，哲学在把握时代的同时也被时代所涵养化育，呈现多样化的研究面相。中国社会在由传统社会向现代社会的变革转型过程中，哲学发展面临着机遇和挑战。哲学不应该以思辨的精神贵族自期自许，而应该回归生活世界。诚如维特根斯坦所言的"贴在地面行走，而不在云端跳舞"，哲学应当"接地气"——在时代变革与发展的实践中获得鲜活厚实的"地气"。社会发展是我们这个时代的一个主题，哲学必须也能够以其理性的力量在反思、把握社会发展的规律、特点、趋势中获得自身发展的生机活力，拓展出新的问题域。

当代中国社会正面临着一个全面而又深刻的变革、转型和发展的历史进程，改革与发展给中国社会带来巨大进步的同时，也日益显现、暴露出发展中存在的问题和矛盾。发展的现代性问题在当代中国并非一个遥远的"他者"，而是有了其出场的语境。诸如：社会阶层的分化，利益结构的重组，经济社会结构的转型，公平正义问题，社会失范问题，发展可持续性问题，以及资源、环境、生态问题等，社会发展以问题集呈现在世人面前。问题表明发展对理论需求的迫切性。当代社会发展的整体性、复杂性、长期性、风险性需要克服单线性的进化论发展观，对社会发展的把握也不能停留在具体的经验实证的认识层面上，全新的社会发展需要全新的发展理念来烛引，对发展的具体的经验的把握必须上升到哲学的总体性的层面上来。因为，在对社会发展的不同学科、不同视角、不同维度、不同层次的研究中，哲学的视角具有总体性、根本性、基础性、前提性、方向性的特点，它是以理性的反思和后思的方式对社会发展的前提、根据、本质、价值、动力、过程、规律、趋势、模式和方法等作出整体性的观照。这种反思使我们能够超越和突破对社会发展的经验的、狭隘的眼界，在总体性、规律性、价值性和方向性意义上获得对当代社会发展的理性的自觉性和预见性。在这个意义上，唯有哲学，才能够对当代社会发展既在后思的意义上充当黄昏后才起飞的"密纳发的猫头鹰"，又在前引的意义上充当报晓的"高卢雄鸡"。

福建省委党校、福建行政学院哲学部的中青年哲学学者正是在上述的意义上试图以哲学的多视角的反思性方式介入对当代社会发展问题的研究，在社会发展的元理论研究与问题研究、反思性研究与规范性研究、社会发展的一般规律与特殊规律、本质与价值、方法与模式、历史与逻辑、比较与反思以及社会发展的世界经验与中国经验等方面拓辟哲学观照当代社会发展的问题域。他们有着共同的学术愿景：立足于当代中国社会发展的实践，在理论与实践、思想与学术之间形成互动的张力，对时代实践的要求作出哲学的回应，从中寻找哲学自身的生长点，造就一个哲学研究的学术团队，形成自己的研究方向和特点。

在一个急功近利、浮躁虚华的年代，他们以一种哲学的淡定和从容来反思时代，充当哲学"麦田的守望者"。我祝愿他们，并相信通过他们的努力有更多的哲学学术成果问世。就像白马河畔那根深叶茂的榕树一样，有他们哲学思考的一片榕荫绿地。

李景源

2014.5.6

目录
Contents

学术随笔

传统文化研究

中西文化问题研究

朱熹与闽学

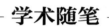

学术随笔

哲学式沉思与审美式沉思的
相通相融

    哲学式沉思与审美式沉思是否相通？早在19世纪，尼采便已发现：认识，只有当它在存在形式中显示出审美时，才具有激发性和建设性的活力。认识的"存在形式"，自然包括哲学沉思。本文意在强调：在沉思中显示审美，才是真正有活力的哲学沉思；在审美中进行哲学沉思，才是有深度的审美活动。

    哲学在沉思中显示审美，突出体现在哲学概念的活力中。哲学作为对世界和生活的整体理解，它要沟通不同的理解方式，带领人们去感受爱智慧的快乐，需要自己的概念框架。哲学家创造自认为具有普遍性特点的、"和合"特点的、"直线"与"曲线"统一的、具有美感的概念的过程，既是沉思过程，又是审美创造过程。凡是力图反映时代精神的哲学家，都要从理想化乃至神化的方向进行沉思，以便使自己创造的哲学概念更具魅力，使之既与思想的实际功能相联系，又与历史的认识相联系，从而充分体现出这一过程的超感性层面上的审美意味。人们是在他们生活的历史条件下认识问题的，而历史每时每刻都在发生变化，所以人们创造的哲学概念不能不与生活具有相关性，而当一个人明确了某一个哲学概念的提出有助于解决什么问题时，他实际上又进入了新的沉思之中。哲学活动就是在不断研究和总结运用概念艺术的过程中避免概念运用上的僵化的。历史上真正具有时代精神的哲学，它的概念总是建立在"具体"之上，包含了多样性因素，在多样性沉思中体现审美的意向。而从多样性沉思意义上说，哲学概念框架也是语言技巧的表现。那种陷入极端抽象之中、无灵性可言、毫无美感的、无法从抽象上升到"抽象的具体"的哲学概念，是脱离人的具体社会生活的，或是缺乏创造性的，因而并不具有把握世界、把握人的生存状态的功能。历史上优秀的哲学家，在他们各自的体系中，均创造了具有时代性和可供人们选择的各种美的、有活力的概念，并不断沉思之。这样来显示理性美，才有助于引导人们灵活多样地寻找科学与理性精神，或让人的思维转向对人性的内在思考与倡导某种对价值观的理解方式。

显示理性美的哲学活动，它激发沉思的意向，除了运用概念正面阐述理论体系之外，还体现在不断发问和追问上。哲学的发问、追问，颇具自己的特点。首先，这些发问和追问，往往是超乎寻常的。它们穿透为人们所熟悉的事物的外表，将人从日常性的漠然与迟钝中唤醒，去关注那远大未思的问题。比如，海德格尔追问"存在"，斯宾格勒追问历史。在追问中，哲学不断地抽象、提炼出问题来。哲学家在发问中，追求的是理论应用上的兼容性而不是僵化地恪守某一逻辑前提。因为，任何一种自以为完整严密的理论都是有条件的、相对的，因而各种理论的重新组合、相互兼容便具有合法性。把各种理论放在一个总的文化运行系统中考察，人们便会经常遇到诸如扑朔迷离、别开生面、独辟蹊径、勇攀险峰等审美因素和审美性质的结构，并进行审美选择，提炼出审美式哲学沉思的内驱力。其次，发问与追问作为一种内驱力，又反过来促使思想家们在思考哲学问题时面对生活实际，并让思想家们明白，如果某种哲学与生活问题失去相关性，就一定缺乏意义。因此，哲学家发问和追问的并不只是"本体""绝对""超越"等等，他们还要更多地去表达实际生活中的难题并试图加以回答。一般来说，哲学沉思并不将书本知识作为目的，而是将获取理性的、实践的和审美的观照作为目的，在当代，这样的观照应体现在及时总结新的实践经验，提出新的时代课题，不断对"是什么"和"为什么"加以沉思。因为，从实践论反思角度看，只有当人的哲学沉思以人的实践的存在方式和发展方式为基础，不断地揭示人的悖论性的存在，并提出自己的理想时才可能具有前瞻性和创造性，从而为人们提供行动指南，指导人们去追求幸福美好的生活。哲学的善于提出问题并对之加以沉思的品格决定了它要不断地进行创造性探索，这是一种理性美的探索。

对于各种形式的审美活动，它们在本质上是感性思维与理性思维的结合，同样离不开激发沉思的意向。个人通过审美，不断做情感判断，从而让自己的自然生命从压抑中获得解放和自由。作为生命存在形式的审美，既是直观的，又是本质的，是向往也是追寻。把哲学思考内化为一种审美感受，使思想探索更体现其自由本质，这正说明了审美具有激发沉思的品格。这一品格总是要显现在美的认识和美的创造这两个过程中。美的认识，是感受、感知、探索，是客体指向主体、主体在活动中能动地揭示客体美的特殊属性的过程。美的创造，是审美的人按美的规律制作、造型的过程，是主体投向客体，以及主体完成再现和表现的创造活动的过程。而激发沉思的品格在美的创造过程中表现得最为突出。因为，在美的创造中，除了感性地接受美以外，还伴有理性的、自由的综合、知识与技能乃至道德感对创造心灵的影响等，其中无不贯穿着沉思因素。审美式沉思，需要运用哲学；审美过程中有了哲学沉思，美的天地便联系着人生的天地，情感体验便获得了自足的意义，且个人感受得以条理化，个人体验得以和谐化。

由于哲学问题不断地在审美中被体验和表达，从而审美与哲学便得以相通相融。换言之，一方面，作为形象思维的审美过程，始终离不开哲学沉思。哲学以审美理想或方法论的形式，存在于审美主体的主观背景之中；同时审美过程实际上还是人借助概念（包括哲学概念）实现形象判断和形象推理的过程。比如，作家和艺术家们虽不会把生活现象的感性表现生硬地同某些思想观点结合在一起，但他们的作品中表现的人的生存状况、内心的情感体验，总是与他们所表达的思想联系在一起，其中哲学思想是核心、中枢，是创造艺术的生命和精神。艺术家那些充满着灵性、流淌着情感的作品，常常是在哲学问题意识指引下通过深入生活与亲自体验生活而创造出来的。艺术作品所反映的时代主题、故事情节、人物命运，也往往是哲学问题意识的体现和思考。可见，审美一直受惠于哲学的沉思。另一方面，审美是达到哲学沉思目标的极好途径。比如，艺术史上，塞尚画的高山存在力量之美，凡·高画的向日葵蕴蓄着生机之美，还有贝多芬音乐中的崇高之美，让我们看见和听见了那些似乎不可看见和不可听见的哲学沉思的力量之美。哲学思考栖身于文学艺术之中，哲学思维与艺术审美水乳交融，古今中外皆有。中国传统文化属于高度的哲学智慧与飘逸的艺术才情相结合的文化。德国哲学家叔本华在《作为意志和表象的世界》这一巨著中，就把哲学思维与艺术审美贯通起来，进行沉思和创造。他是从哲学与艺术结合的角度来思考音乐问题的。这样的思考，充满着哲学思维与艺术审美意向性相通的张力。

沉思是人的本质力量的体现，它深入人的生命本身，它与人类终极意义和生存状态息息相关，是哲学与审美活动的共同品格意向。为人类当下及未来的生活进行积极的沉思，是美的。幸福，是哲学与审美沉思意向的共同目的。为了一个美好的世界，为了体现人之为人的本质，哲学与审美在追求幸福的沉思中相互启发，相互贯通。可以这样说，人类的生命形态，从精神活动和内心世界看，它在本性上是趋向于寻找某种哲学形态和审美形态的，而只有当这两种形态都具有激发沉思的品格时，人的美的本质才真正得以体现。

（原文载《光明日报》2002 年 7 月 9 日）

知识观的"培根设计"理念新探

弗朗西斯·培根的"知识就是力量"理念提出以来，一代代人都强化了对知识的责任，也都感受到了什么叫知识改变历史、知识改变命运，感受到了这一知识观的"培根设计"语境所散发的理论魅力。"培根设计"的根本之点是主张通过理性认识的方式克服感觉经验的局限，把握事物的本质和规律，进而达到真理性认识；它对主观精神的自觉和弘扬，宣告了大胆运用理性时代的到来。时代精神在变换，然而，知识观问题依然是哲学以及人们思维的重要问题。今天，我们有必要自觉地审理新的解释平台与时代要求之间的复杂关系，围绕知识应当如何才能有效、知识应当如何发挥其力量，以及对当代知识实践的力量应做何理解等问题，对知识观的"培根设计"理念做一些新的探讨。

知识应当如何才能有效

"培根设计"遇到的一个问题，即知识是否在任何时候、任何场合下都有力量。事实上，人置身于不断变化而万象纷呈的社会中，其主体性倾向决定了他们在对知识的自我理解中总是认为，只有有效的知识才会是有力量的。那么，透过"培根设计"理念，我们究竟应如何认识知识的有效性问题呢？

哲学家们探讨真正可靠的知识的前提在于"我思"和意识统一性等问

题，从而涉及知识应当如何才能有效的问题。笛卡儿的"我思故我在"的推理告诉人们，不要以为只有感性直观才是有效的，其实，个体对自身意识的知识在认识论上要先于和有效于任何其他种类的知识。笛卡儿让"我思"成为主体，使"自我"在对感性的征服中占到了中心的地位，从而在"知识就是力量"的"培根设计"中引入了一种新的认知框架，即寻求知识有效性的贴近人心的方面，寻求人的认知力量的心智路径。康德如何寻求知识的有效性及其力量的理论基础呢？康德重视认识的"起源、范围及其有效性"，着力研究"我"有没有能力认识外物，不过这里的"我"是一种先验的自我。康德认为，先验性的、纯形式的自我与经验材料相结合时，才会取得经验实在性；而要使知识有效性成为现实，就必须有"纯粹的、原始的和恒定的"意识统一性作为前提，此前提来自认识主体。笛卡儿和康德根本改变了以前的哲学审视知识有效性问题的路径。他们告诉人们，只有在明确了自我思维的至上性、明证性的前提下，才有可能寻求可靠的知识基础，推动有效的知识发挥其力量。这样，理性独立的原则、理性的绝对自主性便成为哲学的普遍原则。而黑格尔对康德的超越则主要表现为，他重建了康德哲学中失落的主观性与客观性的统一，确立了理性与现实同一的原则。马克思则在此基础上明确了"光是思想竭力体现为现实是不够的，现实本身应力求趋向思想"的理论与实践统一的原则，以及通过实践来改变世界的原则。19世纪兴起的实证主义思潮强调，真正有效的知识的基础在于实证理性。该思潮主张，为了真正的知识及其有效的积累，应当摒弃一切关于终极实在、形而上学等的探究，因为这些探究超出了关于实在事物和存在的经验推论；真正的科学基础乃是感觉经验和实验材料。现在看来，实证主义所倡导的实证理性当然是一种理性的力量，但并不完备——它只不过是理性力量的一个方面，而且难以反映理性力量中追求人生意义等含义。实证理性是人类在自然科学领域中探索的重要成果，但它片面强调自然科学知识的作用与力量，却剥去了知识（特别是人文知识）的意义的力量。

随着现时代生存与发展方式的历史展开，人们对知识应当如何才有效的问题的认识大大深化了。但是，对于知识有效性问题的理解，当今尤其要关注的是：（1）有效的知识是活的知识，而活的知识是"行动中的知识"；（2）当代知识的有效与力量当然不仅是"真"的问题，它更是一个

"穿透目光"问题、"自由意志"问题、"主体间性"问题和"实践策略"问题。

知识应当如何发挥其力量

知识应当成为增强社会实在力量的一种"基本资源"。社会不但作为客观的事实存在，而且它是由主观活动构成的；社会既是客观的存在又是主观的实在。社会实在的这一双重特征，一方面通过制度化和合法化来构成，另一方面又是通过内化来构成的。前者形成社会的客观性，后者形成社会的主观性。无论在社会的客观性中还是在社会的主观性中，知识的力量不仅在于其理性化的力量，而且也体现为知识对于人的基本权利和义务的揭示与捍卫的力量，体现为使制度合法化的意识形态的力量。新的知识的创造与形成会在社会的经济、政治、文化、生态等方面为社会的生存和发展、为人的社会生活提供更加强有力的支持，为社会发展带来新的生机与活力。现时代，各种自然科学、社会科学知识以及人文知识更加渗透于社会的一切生活领域，成了增强社会实在力量的一种"基本资源"。

知识应当成为增强人的理性能力的根本力量。就人的本性而言，人具有善于利用和控制事物的功能，而这种功能必然包含着善于认识和理解事物的功能。人的这种本性延伸到实践中，必然迸发出能产生理性力量的前提和环节。理性是人之为人的心灵、精神等因素的整体，其中包括人的认识能力。人有认识能力，也表明人的本性中具有自由的可能性，这对于人的实践自由是不可或缺的。在实践自由中，人类更加深刻地认识到自身在创造历史中的价值；也更加深刻地认识到，科学思维或理性方法的创造者与实践者们应当用知识来充实自己，要不断经由各种渠道接受理性的教化而不能罔顾基本的理性法则、特定的真理标准以及把握实在的方法。理性能够让人获得应有的信心，让人更有力量面对现实与理想的世界，也让人的生命境界在知识的增长中得以提升。当然也要看到，理性是有限的，不可能在一切领域中都树立起统一的理性标准。"理性万能论"会给人类带来主体的狂妄、对自然界的贪婪索取、对科技和市场崇拜的极端化等种种不良后果。这一点应引起人们深刻反省。

知识应当推动精神力量转化为物质力量。人要丰富自身，除了自觉于求知之外，别无他途。但人的本质是实践，所以，人在获得了知识、掌握了知识之后，必须在实际的行动中加以应用，表现知识的有效性和活的生命，让其转化为物质力量。在实践和认识交互作用中，在科学知识和人文知识交相辉映中，人类的知识体系得以活化、升华，并制约、引导和影响着人的精神状态和实践活动。有影响力的知识还进入历史性的时间之流中，交付给后人去阅读和理解，并且在与后人的对话中不断延续和增加其实践意义。这一过程永远不会终结，这就是人们通常所说的传统。传统不是静止凝滞的，而是不断生成流变、不断自我超越、不断增加知识含量的。传统的意义是在理解者和原作的双方面对话、双向交流中产生的。传统的继承和弘扬会转化为实践的力量。由于人是一种对象性的存在，所以，从知识和知识的应用中所生发出来的力量、由知识力量的物化与传统化而形成的物质实践力量，以及以知识为基础的社会生产和制度创新能力，会大大优化人的素质和强化人的能力，改变人的活动方式与社会的生存状况。知识就应当这样，不断以自己的力量让精神观念转化为物质实践力量，让理想和现实的距离越来越小，并世代改变着人类世界的面貌，促进人类文明的进步。

当代知识实践的力量应做何理解

当今，最能体现知识力量的是当代知识实践的力量。对这一问题应做何理解呢？

第一，当代知识实践的力量是当今社会的"核心动力"。当代知识实践指的是人类实践在当代科技革命和信息社会的条件下所进行的对知识的探研和创新活动，以及以知识化为主要内容的劳动。当代知识实践深刻体现着当代人与世界的本质关系，体现着当代人根据自己的价值理想并运用知识而对现有状态的改造。人的需要和对未来的期望与理解，人有效改变现有状况的渴望，人创造价值与享用价值，是当代知识实践活动的动力和目的。当代知识实践存在于社会一切生活领域，受到知识力量的驱动。以知识实践为基础的社会生产力、社会的知识供给能力、社会的主要机制和特性塑造着当代人的生活，熔铸着当代人的理想尺度，为当代人的生产、生存活动注入有效的力量，成为当今社会进步的"核心动力"。

第二，当代知识实践中，人们是用自己脑力的力量改变着现成现实的。这种脑力的力量使人自身的天赋、潜能得以发挥，让理性和技术性的素质迸发和实现，形成以多种社会文化形式表现出来的理性和技术的力量，并相应地形成丰富的规定性。当代知识实践活动虽然也要凭借必要的物质手段（如笔墨纸张、仪器设备等）、物质资料（如调查实践材料等），并需付出一定的体力劳动，但它本质上是通过意识活动而实现的脑力耗费。确切地说，在当代，知识的力量已经不单纯是一种隐性的力量，它已凸显为一种显性的实践力量。它既是智性的又是感性的参与。当然，其中观念和思维的创造性劳动处于决定地位。当代人的知识实践个性鲜明、充满理想、豪放大气，最具自由性、自主性特点，创新是其基本功能。在当代知识实践中，在从"必然"向"自由"的过渡之中，既有超越经验的自由，又有感性现实的自由。

第三，当代知识实践的力量体现着真、善、美相统一的品质。当代知识实践活动作为一种创意的生产方式和生活方式，体现着知性文明与德性文明的融合，本质上体现着当代实践的基本关系、基本矛盾和基本特点；体现着当代人是要通过知识的完善、文化创造的力量而不断生成高雅之美、清淡之美、宁静之美、自然之美和创造之美的；体现着人类追求幸福，追求人与自然、人与人的和谐统一的不懈努力。当代知识实践能让当代人的机遇意识、发展意识、变革意识得到更多的展示机会，帮助人们破除迷信、解放思想。人类的知识或有缺陷，但人类的认识永无完成之日。坚持"以人为本"、弘扬人文精神、维护人的尊严、尊重人的感性生活以及自由理性，要借助于永远有待修补的知识，不断地在当代层面上激发出高远意境、能动灵气、创新能力。要让知识实践的力量不断体现出真、善、美相统一的品质来。

（原文载《光明日报》2009 年 2 月 24 日）

情感的哲学审视

　　情感，是自由和需要心理的感性的或直觉的涌动，是人的内心活动中"希望怎么样"的情绪、意态或自我超越的某种精神状态。作为人的机体活动的一种重要内驱力，人按照自己所思考所体味的东西来内聚情感，升华理智，这是人的个体生命存在的一种状态。哲学关注人的内心真、善、美的存在，追问人如何智慧地生存。从哲学视野中审视，智慧生存的人的心力内投中，除了应具有认识理解客观事物并运用知识、经验等解决问题的能力以及记忆、观察、想象、思考、判断等智力外，还应具有生命生存与心理生存方面的其他诸多能力，其中包括生命的情感要求、直觉的或妙悟式的情感领悟等。情感的哲学审视问题，值得追溯与探讨。

一

　　中国古代哲学家，重视对人的存在的理解，重视人的有目的、有意识的生命创造活动的意义表达，充满着生命情感意味。中国哲学将宇宙和人生视为一大生命，一流动而欢畅之大全体。孔子认为，人应该有超越物质性的、内在的情感追求，"仁者"要有"爱人"的情怀。"爱人"的情感也在于注重人的能动性、自觉性，重视开发人的生命的内在价值。孔子主张，通过敬畏"天命"和崇拜祖先，通过把自身的情感投射到外界的人与物中，人便在内心形成道德的"耻"感、审美的"乐"感和"礼"的心理抉择。这样，人便知道什么是善、恶，什么是快乐和幸福，什么是坦诚冷静，什么是内心和谐。孟子善于从情感意味上揭示：当人将自我呈现在善的本质面前时，生命的对象化生存活动中就有了恻隐、羞恶、辞让、是非之情的涌动。这并非出自理性的盘算或功利之目的，而是发端于人的本性、生命直觉。人的存在，是以生命为基本显现的；而生命是极其充盈的，其中珍藏着良知良能。在生命的舞台上，人的个体善性一旦萌发并经过艰苦磨炼之后，主体与客体达到情感互渗的状态时，便产生了浩浩的、阳刚的、美好的情感——"浩然之气"。孟子哲学的生命关注与情感关注紧密相连。

中国古代哲学的情感关注，更深刻地体现在把人的合理的生存状态锁定为本真、自主的"道"的状态。"道"是人生境界与自然宇宙的合一，它体现于个体，便是个体情感的独立和意志自由。庄子哲学最善于体现这一点。在"游鱼之乐"中，庄子畅游在精神世界中，体验着快慰与超迈、宁静与释然，感受着生命深层的脉动和咏叹。庄子深浓的"万物一体"的生命情怀在于，他认为，宇宙万物彼摄互荡、浑然一体；我心之主宰，就是天地万物之主宰。因此，人要有一种逍遥无待的自由境界。庄子欣赏"心莫若和"的状态。"和"，是平和、宁静，是"知与恬交相养"（《庄子·缮性》）。"恬"，可以理解为情意的自然呈现。在"知"与"恬"的交互作用中，人的情感便进入了"和"的境界。此时，内在之情感幸福且宁静，它有助于对天地与人生之道做出美的理解，有助于以和为善的生命情调的提升。庄子如此关注情感问题的"道"的哲学思考，给人以启迪。它让人深思：人的性灵该如何安顿，人该怎样生存，生命的意义该如何获得。

质而言之，中国古代哲学家们的天人合一、情景合一、心性合一、知行合一的体验方式，执着于和谐的生存方式，深入意境的审美情趣等，都蕴藏着深厚的"情感财富"。

二

在西方，古希腊哲学家的"爱智慧"，是与"爱"这种情感思维联系在一起的。而从中世纪到近代的西方哲学思维中，也包含着情感的意味，其中有两类情感关注。一类是基督教哲学将人所具有的生存的意义置于上帝观念之下，从而直觉地认为，人类要坦诚地承认自身世界的有限性和外在世界的不确定性，而人类若不愿意让自身长期滞留于世俗物质和功利层面，且仍然向往着某种精神理想，那就应当以积极的道德情感来接受人世间的痛苦和磨难，将情感活动的目标确定为升华了的神性。其中的情感渴望是人能从上帝施与的博爱与对来世幸福的向往中得到情感慰藉。另一类，理性主义哲学思维的情感关注在于，用严谨、睿智的理性完善心理人格，激励人勇敢地面对现实，脚踏实地地奋发上进，大胆地追求人性的强大和情感的自由。两类情感关注，都在寻求生命价值的厚重、人性的神圣以及命运发展的和谐，其中交融着真、善、美的精神活动。其给予生活的，既有境界，又有意志、情感。

在西方现代哲学中，海德格尔的哲学思维昭示了哲学对情感的深深的"眷恋"。海德格尔认为，生活世界在本质上应当是对"在"的自然而然的历史性、情感性的体验，人与"在"的关系是在彼此缠绕不清的"看""经历"中自然成就的。海德格尔强烈地感到，人的生活是自由创造的过程，也是他人不可取代的独特的体验；人要在世界中平静、诗意、单纯、智慧地生存，就要与自然彼此相知。人与自然和谐相处，让人产生美感，自然也以快乐的方式与人接近；于是，"在"成为生活，生活成为"在"的"回声"。

三

哲学对情感层面的关注，关联着自由意志。

自由意志是人的本质的现实生成。这在西方文艺复兴时期基督教人文主义者伊拉斯谟的思想中就有揭示。他认定，一个人能否灵魂得救和过有道德的情感生活，关键在于他能否运用自由意志。到了西方近代，康德认为，"自然意图"的"最终目的"就是人们按照"善良意志"展开"人的自由"，而理性是人"自身内部的要求所激励"的，[①] 所以在道德情感与理

---

① 〔德〕康德：《纯粹理性批判》，蓝公武译，商务印书馆，1960，第39页。

性中就存在自由意志。黑格尔则断定，自由意志是相对于人的受动性、人的客观制约性而言的。

马克思对自由意志的考察，注重人的情感空间的开拓、感性的在场性以及人的情感与生命自由之间的联系。马克思指出，人类社会的第一个前提无疑是有生命的个人的存在，"一个种的整体特性、种的类特性就在于生命活动的性质，而自由的有意识的活动恰恰就是人的类特性"。① 马克思非常关注个体生命自身的自由，"每个人的自由发展是一切人的自由发展的条件"。② 马克思重视人在生活世界中的直接在场性，重精神、重整体，也重情感。在他看来，人生的情态的多样性，每个人情感的"丰富性"，无疑是人类生命存在的必要条件，而"感受人的快乐"的有美感的实践活动是与人的自由意志、人的自由生存活动相联系的。在"生活的乐趣"、美的情感中，总是关联着"自由的生命表现"。③ 在马克思的理论中，只要涉及情感问题，生命的自由意志就必定在场。

四

在当代，哲学如何审视情感问题呢？

一是审视真情。人的内在需要丰富多彩，外在刺激因素千变万化，内外因素相互作用可使真情实感自然地产生、勃发。由于真情感是率性而为的，它表露着心灵的走向，没有刻意造作，因而更应得到宽容、理解。真情深刻体现生命的自由意志，往往具有震撼力。生活中的人们，期待着真情。真情感的外化，常具自发性，这就决定了此时情感会带有某些主观性的特征。但从哲学视野中审视，情感的主观性并非都是负面的。比如幸福感，是主观的愉悦、自我的欣慰，是主观性的适度张扬。这种张扬，其实暗含着某种"视野"，也可能隐蔽着潜力、想象力、综合力。一般说来，积极涌动的情感（如亲情、爱情、友情、温情、热情）多是真情；在朴实中见证真情，这是最能打动人心的。

---

① 《马克思恩格斯选集》第1卷，人民出版社，2012，第56页。经典引文做了修订，下同。
② 《马克思恩格斯选集》第1卷，人民出版社，2012，第422页。
③ 《马克思恩格斯全集》第42卷，人民出版社，1979，第38页。

二是审视情感的多样性。现代社会的发展，打破了个人与社会的单纯同一性，使个人的独立性、自主性增强了，生活的范围和选择的范围扩大了，个人生活中偶然、神秘、意外的因素与可能性空间增大了。个性更为张扬，获得快乐的渠道多了。情感与欲望并存，情感冲突多了，现代人的情感思维，有时如行云流水，有时又幽深而不可捉摸，有的淡雅，有的浓郁，也有的显得浅薄或简单。从哲学视野中审视，这些是人的个性充分发展的必要条件，是情感思维中差异性与同一性都得到合理体现的正常轨迹。在哲学对人的心灵的多样性与人的生活世界的多样性问题的探讨中，其实就含有多样性的情感思维。固然，人们不要任凭情感支配内心而不理智地行事，片面的个性化也不可取；但同时也应当认识到，既然情感是每个人内心的意向、倾向，它们是那样的色彩斑斓，而且许多创新的灵感是由激情驱动起来的，那么人心灵中建设性的情感就应当受到保护。生存中有多样的情感，才会有多样的创造与和谐；有丰富多彩的情感，才会有丰富多彩的个性。尊重美好情感的多样性就是尊重人的自由意志。在尊重人的自由意志的问题上，不仅有认识问题，而且有心理驱动力如何沿着正轨运行的问题，它们触及生命、生存等问题。在生存压力不断加大、人的情感易于波动的现代性社会中，人心灵中的刚、柔、平、中、顺、成、和、动等意态如何表达，忧郁、困惑、悲伤、哀愁、孤独、痛苦、愤怒等情绪如何克服以及如何在正常渠道中得以宣泄，人如何有节度地生活等问题，不仅是哲学认识论意义上的自由或不自由的问题，更是哲学生存论意义上的自由或不自由的问题。

三是审视情感思维与理性思维的互动。自我是和他者共同存在于世界之中的。当人情绪、意态缺失时，其对幸福感、和谐感、满意感等的领悟度就会降低，自我便缺乏与他者的相关性，自我的理性思维也会变得毫无力量；而如果让理性宰制人的情感，那就会造成情感为理性所消解，进而会扼杀个性、禁锢人的存在本性中的自由创造精神，不利于情感建构中自由机制的完善。作为均衡生命的内在的重要组成要素，情感思维理应体现理性的要求，理性思维也应以情感为中介。理性能帮助人节制过度的欲念，确立正确的价值理念，让人摆脱情感的原始盲目性。当理性成为情感的"过滤器""培养液"时，情感会热烈而真诚。显然，只有同时考虑情境、客观必然性和主体的自由、需要、心灵所察、体验所感等多种因素时，人们才能在现实生活中保有正确的行为规范，保有现实性与超越性的张力，思维也才会显得生动而健全。情、理之间要不断交融、互动，思维才能色彩斑斓，情感所确定的动机才会走上"天地人和"的正轨。要领悟情感世界的浩瀚，感受爱与和谐的博大；让情感思维少一点浮躁多一点从容，少一点懊丧多一点自信。应既有理智又富于想象力，既有激情又有人性整全性维度。这样，人们才更能感悟生命、拥抱真情、洞察世事、磨炼意志，从而凝聚人心、传播爱心、激励传人，展开幸福生活的新图景。

（原文载《光明日报》2007 年 9 月 4 日）

哲学蕴含想象

人们通常以为，哲学与想象无缘。其实这是对哲学的误解。哲学从本性上说，是蕴含着想象的。

哲学蕴含想象，可以从四个角度透析。

第一，哲学无限思维中的想象。哲学思维是无限思维，它不允许有任何现成的开端。当然，这并不意味着哲学没有终极问题或终极关怀问题。哲学的终极不是给定了的终点，它体现在非终极的无限思维和理想之中。理想是哲学的最根本的存在。从哲学理想的视野中看问题，所谓从现实出发，恰恰是为了否定现实，超越现实；理想一旦变成了现实，它也就否定了自身，便不再是理想了；而后，又有新的理想成了据以否定的出发点。如此循环往复，永无止境。可以说，哲学所研究的存在论意义上的存在，既不是已经给定了的存在，也不是永远处在彼岸世界的、实现不了的抽象的存在，而是由人们经过实践不断实现又不断否定的理想中的存在，它具有无限性。这样一种存在，就是哲学思维的对象。仅这一点就决定了哲学思维是无限思维；也决定了哲学认识活动本质上是一种理想性活动，它表现为既要求真又要超越求真，以鼓舞人去更好地求真、求善、求美。在这里，哲学所体现的巨大精神力量在于，它使人对真、善、美的追求沿着合规律性和合目的性的道路行进。合目的性的理想追求具有想象性，因为它摆脱了自在规律对人的精神的束缚，让思想自由驰骋；而合规律性的理想追求则表明，自由思想的想象向度应当在真、善、美相融通的范围内展开。理想在实现中转化为新的现实，新的现实又使人生出新的理想，这是一个不断创新的过程。可以说，人存在于现实中，这是最基本的存在；同时，人又生活于为超越现实，追求和实现理想的想象空间中，力图使自己的理想能够现实地对象化。人通过对现成现实的改造，使潜存于现实中的可能性按照理想的意图综合地转化为能够在更高水平上并以更丰富的内容或形式满足人的需要的新现实，这样的过程无限循环，而推动这种循环的一种精神力量，就是哲学无限思维中的想象。

第二，哲学具体思辨中的想象。哲学思考离不开思辨，而思辨有抽象和具体这两种形式。抽象思辨，脱离形下之域而仅仅在形上领域做超验的玄思，若被这种思维方式所束缚，定会使人思想呆滞、智慧贫乏，难以与历史及现实的多方面内容相沟通。哲学的具体思辨是形上统一于现实的思辨，它包含着理解、想象、希望。这是面对实践中的现实事物和真实的生活，并加以形上之域的概括抽象而进行的哲学思考。具体思维面对人生的欲望与要求，幸福与艰辛以及种种争执、分际、冲突、感动、合作、和谐等问题而进行思考；也是面对可能性领域、获得思维新机会的思考。这种思考或思辨，本质上是"有血有肉"的，蕴含着意义的生命和鲜活的诗意。其中的假设性、想象性特点十分突出。哲学的具体思辨中的想象意味，促使哲学思考者在更多的层面上形成各种联系或整合的思考方式，从而能更好地展示存在所内含的种种可能，在多视角、多维度的具体思考中关注人生的存在，设想精神之佳境，从而层层深化智慧主题和思想空间。在哲学史上，柏拉图在哲学思考中采取的是知识的形态，寻求的是知识的确定性和知识的辩护问题，但他的具体的哲学思辨仍然离不开想象。他的《理想国》中，哲学的理念与诗意的流动通过鲜活而古雅的对话形式巧妙地结合了起来，其中的智慧充满着隐喻性，触及人们的灵感，唤起人们的想象力。海德格尔哲学严厉批评知识论哲学传统对存在的遮蔽，认为人要回到一种天、地、神、人的具体的、物化的境域中。他的一系列哲学著作，本质上与诗无异，明显具有想象向度。维特根斯坦也在他的哲学思考中生动地将自身具体的感受、情怀、追求、理想以想象的形式呈现出来。上述被哲学史公认的具有原创性特色的哲学家的哲学思考，既注意逻辑的分析，又注意思辨的具体性，更充分关注由人的感性活动及其创造物所构成的"生活世界"，关心知识和现实的审美品性。总之，只要充溢着哲学的具体思辨，就可能或明或暗地对存在问题表示自己的看法；在这一前提下，其思考方式无论是思辨的还是想象的，都有益于新的哲理道路的开辟和新的哲思方向的选择。

第三，哲学引导性思考中的想象。对问题进行鞭辟入里的思考，固然需要对现实进行理性的分析和综合，但也含有引向可能性的思考。当思维进入可能性领域时，思维规则制约着想象力的盲目性、狂放性；同时，经验材料、先前的知识，又给了想象力以实在的基础。可能性领域是远远大于现实性领域的，所以，哲学的种种引导性思考要探索可能性领域，就既要关注为人的活动所观察、诠释、规定的"可敞开状态"（海德格尔语），又要借助于"知觉兴趣"（胡塞尔语）的不间断的作用，通过假设，去进行"展现性相合"（胡塞尔语），即想象思考。这种思考隐藏于哲学思考者的心灵深处，呈现于哲学家的哲理性语言或富有诗意的象征性语言之中。当然，主体的想象活动倾向于非理性抉择，但不可否认，非理性也是人的认知反映，同样具有思维引导力。事实上，无论从哪个意义上讲，"纯粹"理性与"纯粹"非理性都是不存在的。理性本身就是建立在人的思想运动的轨迹之上，建立在人的情感、欲望等之上的东西，"理性"本来就是与"情"相融合的。哲学的辉煌之处正在于，善于进行理性与非理性相融合的思考，从而让想象域闪现。西方古典哲学家的思路，注重反映客观世界的规律，也注重反映概念自身的演变规律，这容易使后人以为，哲学引导只能是理性的，以为哲学中不应当包含想象。这种对哲学的"逻格斯中心主义"的理解，当然是片面的。事实上，在哲学的引导性思考中，那些不可定义化、难以概念化的领域，往往正是意义和对象的构成得以可能的领域，也是想象的领域。想象与冲动的热情并行。即使是柏拉图，他虽主张学问需要"静心思考"，但更多强调的则是"热情"，即对学术的难以进行冷静（或康德式的不偏不倚）和四平八稳式的追求。"热情"之所以离不开想象，其原因是康德说的：范畴作为"知性纯概念"的综合，必须有想象力加于其上，才能表现为知性活动的"自由的功能"。

第四，哲学大创意中的想象。富有大创意特点的哲学思维方式，最注重那些可能打开新机会大门的大假设、大问题，这也可称为哲学假设、哲学创意，而这些离不开一种作为动力的主体想象力去直接地推动抽象的概念、范畴更好地与杂多的现象相结合。哲学在其假设性、创意性思考中，善于运用解构的方式、诗意的联想。想象力在哲学大创意中的不断拓展，对于跨越传统的樊篱，冲击人的思想中的惰性、保守性和凝固性，对于激发理论兴趣、扩大创造向度，对于帮助人更好地思考现实的、未来的或潜在的问题，无疑作用巨大。中国改革开放以来的创新思维发展历程，是中国人哲学思考方式的当代显示，它所创造的种种视域和范式，包含着哲学大创意拓展想象空间的努力。这表明，只有创新的理论才能引导社会实践的发展和变革；我们一方面不能忘记理性仍是哲学的根本要素，另一方面也要在隐喻的、审美的、想象的意义上不断开拓哲学空间。人们的灵慧之心多了一些想象意味，也就多了一种解放思想的内在动力要素，当想象性让生活的创造体现出美的时候，那它就具有了深刻的哲理内蕴。

当然，哲学中的想象仍是有选择的。首先，这种想象的发生时间，应是极富孕育性的时刻。这时哲学的理解力最能涵盖过去，也最能暗示未来，从而想象力能得到更自由的发挥。其次，哲学想象的发挥不能以掩盖现存矛盾为代价，因为那会阻碍人们对现存矛盾的认识和解决。也就是说，在哲学的想象向度中，只看到理想和前景的无限美好，那是不够的；还应当看到理想和前景实现的艰难和曲折，否则，就会脱离实际，陷入空想。

（原文载《光明日报》2005 年 11 月 22 日）

生存论哲学的意义境域探求

当代生存论哲学认为，人类物质生产活动的方式、生存的类型、生存时空的展开、生存的自由与解放、生存方式的转换与更新，构成人类生存的历史，构成现实与未来承接和发展的根本链条；认为不同历史阶段的实践决定着不同的生存样式、内容、结构，同时也决定着人们生存的价值定位与价值取向。当代生存论哲学应特别注意从以下视野探求意义境域。

一是从"有""无"的动态展开中透视意义境域。生存论的哲学视点在于"生存"。生存不等同于实存，不是指现成的存在者。其实，世界上并无纯粹的意识主体，人并无先定的理性本质。人在自己的实践生存活动中，通过创造活动，广泛运用自然的能量充实生命，充实人的本质内容，并把生存变成"自我规定"的自由的存在，让美好的人性自然发展，从而让物我不断得以展开和澄明，其中充满了生命激情和人生理想，充满了种种可能性筹划。从人的生存的状况看，它其实是"有无相生"（老子语）。在超越的"无"与现存的"有"的不断展开过程中，人们才有思想的互动、文化的延伸，人们才不断地积累着文明基础、智慧财富，塑造着自己的生存本质、意义本质。

从生存论哲学看，"无"并不是静止的，也不是否定性的，而是不断流动的动态性和未竟性存在，是不断向"有"转化的一种时间性、生成性的动态。用尼采的话说，这个"无"还是一种"不确定性"的存在。这里的"有"，既有生存的能力，又有生存的方法、价值等。人类以自己为根据，在自己的行为和未来生存中拥有自由，这也是"有"。在"有"与

"无"的动态生存中，人类才能理解"本源性动态"（海德格尔语）的生存意义。

二是从可感的生活世界出发阐释意义境域。当代生存论哲学把人锁定在周围世界、生活世界之中，强调人的生活世界是日常的、可感的世界，生存作为每个个人生命的体验、生命的表现，是直接呈现在我们面前的事实。作为人，他该怎样生存和生活？人活着的意义何在？怎样才能够称为人的活法？这些要在人的日常生活中得以体现。人的日常的生存，创造着自己属人的生命，赋予生命以意义和价值。生命的生存在生活世界的大浪中不断得到淘洗，生命的能量被生活世界不断加以开发。诸多个体生命在生活世界中还能凝聚为统一整体，产生不可估量的巨大的能量和能力。因此，从生存论哲学视点看，生命的日常生存已不仅仅是为生命本身，它还是使整个存在走向活化的一个必要环节。因此，不应当把人的日常存在抽象化，也不能把诸如生活、幸福、死亡、焦虑、烦恼等问题置于哲学视野之外。

从可感的生活世界出发来研究人的生活状况、生存命运，正是凸显了哲学的生存论视点。这表征着，哲学对意义与价值的研究范式正在从超验的、抽象的实存论向实践的、感性的生存存在论转变。这无疑告诉我们，当代哲学要深深关注"存在使命"问题、人的心灵问题、深邃的生命哲理问题。要从可感的生活世界出发，阐释人与自然的关系、人与世界的关系，阐释人类的和谐、人与世界的和谐。这些正是与当代生存论哲学的意义境域深深关联的问题。

三是从赋意思考的角度解读意义境域。人的生活世界，既是所有认识个体之所以如此进行认识的生发源泉，也是每一个认识主体内部的视域。主体的认知形式加上当代生活世界所赋予的意义本身的统一体，一再地被固定化、模式化，便成为当代主体塑造生活、呈现事物、结构事物的模型。正因为在当代生活世界中，主体获得了更多的自主性，当代生活的意义才得以发生；正是有了当代生活意义境域，事物才可以被理解，也才被认为有效。

因此，在当代生活世界中，主体激活智慧的关键就在于不断进行赋意的思考。可以说，在当代，有待被认识的东西，总是在人的赋意的思考中才成为认识的对象。特别是，认识主体具有怎样的哲思结构，认识对象便会以怎样的意义呈现出来。正因为有了当代性的赋意思考的角度，当代世界之"在"才显示为赋意之"在"、生存之"在"。"在"之中体现的是当代人的人生意趣和当代人生存方式的本质特性。当代生存论哲学的取向，影响着当代人追求生存完美、渴求超越自我的生命意向。从这个角度看，当代生存论哲学是人类性的。

四是从人的生存困境的解决之道把握意义境域。现代化的社会运动推进着社会的发展，但其弊病也在抬头。现代社会，意义形态得以存在的根基在减弱。如果过分地追求享受，就必然造成生活方式的扭曲。当代，每个人的生存都被抛向市场，物支配着人。随之而来的是生活的意义世界受挤压、认同感和信任度下降，甚至人的内心世界受到扭曲。人们在享受现代化积极成果的同时，又常常感到，自己仍然不是"诗意地居住"。所以，为克服当代生存格局的种种弊病，寻求人性化的生存状态，人们不得不反思，并寻找适合当代人生存的理念及方式。当代生存论哲学的意义境域，表达着人们渴求对生命本性的自觉理解，因而有助于人们更好地思考生存困境的解决之道。我们要通过实践活动，通过精神活动的深化，通过深刻理解生活的整体性，来彰显人类生存的根本，不断地去面对和解决生存的困难，争取更美好的生存境况。

（原文载《光明日报》2006 年 10 月 9 日）

打开哲学研究的新天地

马克思作为伟大的革命导师，不但创立了马克思主义的科学理论，而且形成了哲学研究的科学方法。他努力克服旧哲学本体论的缺陷，坚持实践论的思维方式，为人们打开了一个全新的哲学天地，提供了一种观察事物的崭新思路。

在马克思看来，哲学要研究整个世界，但它不能仅仅作为反映世界的客观知识形态而存在，不能仅仅是主体反映对象的客观知识，马克思把自己哲学研究的重点放在"改变"世界上，不是物质的抽象本性，社会实践的具体本性才是他所探讨的真正主题。由此，马克思创立了科学的哲学实践观。这一实践观以确证人的实践的本质力量为起点，追溯和探讨社会历史过程及其规律性；同时又着眼于人的实践能力的提升，以之来判断社会历史的进步和发展。

马克思认为，社会与人是合而为一的，社会本身即处于社会关系中的人本身；同时，人作为社会联系的主体，本质上要追求自己的目的，这就构成了历史。马克思确立了哲学研究的人文思考方式，其实质是摒弃那种把整个世界纳入抽象逻辑模式的思维方式，强调了人的主体性、具体性、社会性，并将它们统一于实践之中。

马克思在哲学实践观上的创新，对当代的哲学研究有何启示呢？

哲学的创造主要应在思维方式层次上展开。一个时代的思维方式，总是要成为哲学研究的主题。马克思的哲学研究并没有选择艰涩的课题，也没有采用冷僻的话语，而是抓住日常生活中最普通的现象——"实践"，从思维方式层面上揭示其新的哲学内涵。这表明，关系民族命运和文明发展的思维方式，不仅存在于科学活动中，而且渗透于日常生活之中；思维方式是否具有创新性，不仅要以理想性为尺度来衡量，更要看其能否用最贴近生活的方式引导和塑造时代精神。目前，哲学研究的一个十分重要的问题就是，努力探究当今时代最深层的但又普遍存在于日常生活中的根本思维方式。

哲学研究要善于抓住新的生长点。马克思处在资本主义在全球大力开拓市场的时代，资本的活力与人的活力构成了当时社会实践活动的内在要素。马克思把被同时代哲学家忽视或曲解但又与现实密切相关的实践问题突出出来，对之进行理论探讨，开辟了全新的研究领域，提出了创新的哲学观。他之所以能抓住"实践"这一哲学研究的时代生长点，原因就在于他具有独立的精神和活跃的思想，具有完备的知识结构和从事创造性活动的丰富经验。今天，我们的哲学研究同样必须关注和尊重实践，以强烈的"问题意识"去面对实践中的新情况、新问题、新矛盾，从中发现并确立新的生长点。

理论创新离不开理论和实践的有机结合。马克思非常重视依据实践的新发展来检验自己的理论，修正某些不正确的或者已过时的思想、观点，进行自我扬弃。这是一种真正的科学态度。实践是理论的源泉，理论在产生之后，只有回到实践中去，让人的思维与现实世界在深层次上不断交流、双向融合，才能使自身在这一过程中同实践一起得到提升；而理论要进入新的更高的境界，就必须经过许多次这样的反复，并在这种反复中随着社会实践的发展而发展。马克思主义始终关注变化着的实践和时代提出的问题，不断总结新的经验，并升华为新的理论。在我国，毛泽东思想、邓小平理论和"三个代表"重要思想的形成都表明，伟大的实践为马克思主义理论创新提供了依据，而创新的马克思主义理论又有力地指导着伟大的实践。立足于中国特色社会主义的伟大实践，不断推进马克思主义理论创新和实践创新，正是当代哲学研究的使命所在。

（原文载《人民日报》2003 年 5 月 23 日）

境界向往中的哲思与审美

　　人们对境界的理解，常常是多角度的。从精神特质看，境界是表达人的精神完美性和人们对宇宙、人生的整体理解的一个范畴。从主观认知水平看，当人的修养、学识、道德达到一定高度和水平时，便被认为达到了一种境界。从主客观关系的角度看，境界也可以理解为人所选择、创造、设计的可能世界。

　　人为什么要向往境界？人为了在自然生命所给予的有限时间中创造人生意义和价值，便要设定境界。人通过不断地超越对有限与无限的纯粹"自然"的理解，而把人生的有限与自然的无限的矛盾加以转化，使之成为实践活动中现实性与理想性的矛盾，引导人进入种种精神境界、实践境界，以实现"思"和"在"的关系的和谐。

　　哲思是对智慧本真境界的向往，它内在地蕴含着审美理想。冯友兰认为，每个人都生活在精神世界中，人在这个精神世界中所享受的生活质量的高低取决于他对周遭世界的认识程度，这种享受叫作境界；境界包括一个人的心胸、气度及表现于外的言谈举止。许多哲学家或哲学思想都认为，境界是具体的而非抽象的，人文的终极关怀使世界变得美好。这为哲思审美追求的必然性提供了依据。哲思的追求所具有的理想性的、美的境界意蕴，是与人类审美的精神追求相一致的。

　　审美追求是如何向往哲思的境界的呢？审美从美感经验入手，产生主观的感性情趣，这种情趣之所以产生，除了直觉因素，还有主体的哲学素养等因素；审美的过程，是心灵创造的过程，其中既有感性创造，也有理性创造；当审美进入一种精神升华的境界时，那便是哲思的境界。在中国，审美对哲思境界的探索发轫于先秦，在南北朝时期形成雏形。《易传》中有"言不尽意"的说法。南北朝时期，刘勰主张"情以物兴""物以情观"，认为由感物而抒情，必然导致物情相关、心物交融。唐代诗人更执着地追求高远的境界：王维对宁静山居、孟浩然对轻淡灵妙、韦应物对游人远致、李白对皓月千里的绝妙境地的追寻，都是高远境界的表达。到了近代晚期，王国维认为，境界有"有我之境"与"无我之境"之分，有"隔"与"不隔"之别。这实际上已经将审美境界与哲思境界融为一体。朱光潜的美学理论更是强调艺术境界能超越时空的局限，在有限中反映无限；强调艺术境界能引起无数欣赏者的共鸣，引发欣赏者进行艺术的再创造。不难发现，对境界至上的追求，总在提醒人们要不断努力，发挥创造力，去攀登思想高峰，去陶冶思想品德、升华人文精神。人们所追求的是哲思与审美相通的境界。

可见，境界是智慧之思所追求的本质形态，体现了人类对真、善、美的向往。不论哲学境界还是审美境界，所要解决的根本问题，都不是以认识具体事物为内容的问题，而是在更为根本的基础上为人的精神家园奠基，为人们指出理智之路，给人以晓示，给人以美感。境界的本质，是追求真理与美的相通。

（原文载《人民日报》2004 年 3 月 26 日）

让哲学走进人们心中

在现实生活中，哲学似乎离我们越来越远，人们整日忙忙碌碌，没有时间去光顾高深、艰涩的哲学；但同时，哲学似乎又与人们息息相关，每一个人在工作、学习、生活中都有许许多多的问题需要从哲学的高度给予解答。那么，人们应当如何正确地运用哲学这一智慧的工具？哲学又如何走进人们的心灵中去？

哲学关注人和世界关系的最根本问题，反思与探索人的存在根基。从这个角度讲，哲学是严格而高深的。然而，哲学存在的目的在于提升人的自我意识和生存自觉，用睿智而深刻的语言唤起人们高尚的理想。从这个角度讲，哲学又是一门与人的生存发展息息相关的"大众"学问。哲学的大门是向每一个人敞开的，哲学的道理是可以被普通人体味、感悟和发挥的。哲学可以使人们坚定信念、打开思路、振奋精神、开阔胸怀，给人以真、善、美的滋润和安身立命的精神家园。

让哲学走进人们心中，应当使哲学理解人、关心人。哲学的旨趣在于人自身的发展和完善，因而它不应是冷冰冰的，而应当充盈着人文精神。如果哲学家仅仅把世界看成逻辑演绎的世界，那他就没有真正把握这个世界的本质和哲学的真谛。哲学应当始终把人作为研究的出发点和归宿，尊重人的生命、情感、意志、意义和价值，既追求真理、明辨是非，又以人为本、宽容待人，推崇自主、自觉、进取的价值观念；坚持注重人格培养和伦理建构，注重利他，倡导合作，促进人们生活的和谐、安宁与幸福。

让哲学走进人们心中，应当将哲学的眼光投向现实。哲学是时代精神的精华，只有实现哲学与现实世界的对话、沟通、交融，让哲学思考在遵循客观规律的基础上去发现世界的存在意义和人的生命价值，哲学才能真正为人们的生活提供启迪。比如，当今时代，和平、发展、现代性等作为社会深层的机理、结构、文化精神渗透于社会运行进程与个体存在方式之中，使人们存在的种种社会关系不断发生变化，使人的发展、责任、价值等逐渐成为时代性问题。这就需要哲学家们立足时代发展和现实需要，提出现实有效的哲学理论，不断对当代社会和当代人进行深入剖析，从各个方面做出全面、正确的判断。做到了这一点，哲学才能服务于现实的人、现实的社会。

让哲学走进人们心中，应当使哲学摆脱僵化观念的束缚。哲学并不是要给出每一个具体问题的答案，不是依据某一个固定的模式去观察问题，而是要培养人们具体问题具体分析的能力。从这个角度说，哲学是与僵化的观念对立的。观念僵化的原因有很多，其中的一个重要原因便是视角单一。视角单一容易使人陷入片面性、缺乏包容性，进而坠入思想呆滞、智慧贫乏的境地。为了避免观念僵化，哲学应当注重从不同的视角去观察和思考问题，努力实现多种视界的融合。多种视界的融合，意味着对主体"自我中心主义"的超越、对主客体对立状态的超越、对各种僵化观念的超越。实现了这种"超越"，哲学自然能够更深刻地认识和把握人与自然、人与社会、人与他人关系的深刻内涵，也自然能够更好地服务于人、服务于社会。

（原文载《人民日报》2005 年 11 月 25 日）

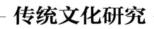

传统文化研究

华夏族的融合与汉民族的演进

汉民族如同一大水系，它有一大主干，逐渐纳入许多支流，而形成并壮大为一条大河。汉民族的构型、融合，与文化演进，是一个问题的两面。从文明曙光在东亚大陆升起，到华夏文化圈，乃至后来文化的演进，都与汉民族的构型、融合密切相联。

一　华与龙的文明曙光

黄河素有中华民族的母亲河之称。在黄河流域，滋长出了汉民族的主干及其灿烂的文化。

在旧石器时代，黄河流域产生了蓝田文化、丁村文化、许家窑文化、大荔文化、河套文化、峙峪文化、小南海文化、下川文化等。

从新石器时期开始，文明曙光在黄河流域升起。（1）在黄河中游（包括陕西、河南、山西和河北四省的部分区域），距今约8000年，有中国最早的发达的文化：磁山文化和裴李岗文化—仰韶文化—河南龙山文化（或陕西龙山文化）。磁山文化和裴李岗文化，处于母系氏族社会。仰韶文化中、晚期，个体家庭已经出现，父系氏族代替了母系氏族，其年代距今五六千年。仰韶文化发展到河南、陕西的龙山文化阶段，已处于铜、石并用时代了，并出现人奴役人的社会倾向。（2）在黄河下游，分布于山东及其相邻的安徽、江苏和河北等部分地区，有大汶口文化，其存在时间大约与仰韶文化同时期。继之出现的山东龙山文化，已进入青铜时代。这些表明，处于黄河下游的祖先们，已开步迈向文明门槛。

文明曙光还在中华大地的其他地方升起。在长江流域的江汉流域，原始文化的出现虽然比中原晚一些，但它可能是楚文化的前身。长江上游四川的宜宾至湖北的宜昌一段，习称川江。川江流域哺育着古代巴蜀文化，巴蜀文化有自己的原始文字。这个文化区受中原文化强烈影响。在长江下游，我们可以认为，河姆渡文化—马家浜文化—崧泽文化—良渚文化是属于距今4000～7000年的新石器时代文化。良渚文化时期农业和手工业已有很大发展，出土的玉器上雕刻的花纹甚精美。这是一种有独立发展序列的发达的原始文化，这也是一个区域文明的发祥地，它可能与这一带内的青莲岗文化、湖熟文化等融合，发展成后来的吴越文化。此外，在珠江流域，在我国的东北和北方，也发现了一些比较发达的原始文化。特别是对辽宁敖汉旗小河沿遗址的发掘，使得形成了一个重要的文化发展序列，即红山文化—敖汉旗小河沿类型文化—夏家店下层文化，这是一个从新石器时代到早期青铜文化的文化发展序列。在这个跨度很大的历史阶段中，红山文化的氏族社会贫富等级差别很大，原始宗教已发展到有祭坛和女神庙阶段。尽管红山文化受到中原仰韶文化的某些影响，但这一带原始文化当有自己的发展序列。这也说明，北方和东北地区的原始文化对中国文明的起因来说，同样具有重要意义。

考古学家认为，中国古文化有两个重要区系，一个是源于渭河流域的仰韶文化，一个是源于大凌河流域的红山文化，它们都有自己的根（祖先）、自己的标志。两个区系文化形成时间距今六七千年，都是从自己的祖先那里衍生或裂变出来的。仰韶文化的一个重要标志是玫瑰花，而红山文化的一个标志是龙。华（花）和龙的标志分别出现在华山脚下和燕山之北，但它们的根（祖先）的成长时间则在距今七八千年，产生的时间同步，条件相似。华山脚下的玫瑰花与燕山以北的龙的中间对接点在桑干河上游（河北省、山西省北部）一带。两者真正结合在一起的证据，是大凌河上游的凌源、建平、喀左（辽宁省西部地区）一带，时间不晚于距今5000年。从那里的红山文化遗存看，在祭坛、女神庙和积石冢群中的玉雕上，有龙及玫瑰花的图案；在彩陶筒座、彩陶盆上，有玫瑰花图案。这些表明，以龙与华（花）为象征的不同文化传统结合到了大凌河上游。这是那个年代部落间不断交往的证据。其意义在于，文明的曙光的确已经出现在六七千年前的东亚大陆了，而且覆盖面积相当广阔。[①]

二 从华夏融合到汉民族形成

中华民族之主干，春秋时代人们常称之为诸华或诸夏，华与夏在那时的人的观念中似乎没有分别。华夏族即汉族之前身。6000 年前，我国渭河流域、大凌河流域以及黄河流域中下游地区，气候温暖湿润，森林茂密，土地肥沃，散布着许多黑头发、黄皮肤的人。在 6000 年前左右，在黄河流域出现了一系列部落联盟之间的兼并战争，其中两次战争最为关键。一次是炎帝、黄帝诸部联军在涿鹿大战蚩尤，从而完成了炎、黄诸部与蚩尤诸部的融合。另一次是大约发生在公元前 26 世纪初炎帝和黄帝的阪泉大战（战场就在当今著名的八达岭下的延庆区张山营镇上阪泉村、下阪泉村一带）。这次大战，黄帝战胜了炎帝，黄帝于是成了中原部落联盟的领袖。这就基本奠定了华夏族的基础，开创了华夏文化圈。公元前 23 世纪中期至公元前 22 世纪中期，为传说中尧舜的时代。此后的夏族，距离原始部落与部落联盟不远。出现在河南龙山文化（或陕西龙山文化）之后的二里头文化，应是夏文化的标志。据说，蛇是原始夏部族的图腾。后来，夏部族兼并了以鸟、兽、鱼、虫为图腾的其他部族，形成了龙的图腾。传说中的伏羲和女娲就是以龙为图腾的夏部族的祖先。随着夏王朝的建立，龙的图腾成了华夏人民的共同意识的标志，故中华民族称为"龙的传人"。夏朝 400余年间，迁都不下 10 次，多依黄河及其支流而转移。夏朝政体开始由选举制、禅让制改为君主世袭制。商族原为游牧部落。《诗经》中说："天命玄鸟，降而生商。"商人把玄鸟作为自己氏族的图腾。商人于公元前 17 世纪初取代夏朝后形成商朝，商朝存在于公元前 17 世纪至公元前 11 世纪中叶。商朝都城迁徙也有"前八后五"之说。考古发现与古文献印证，汤都西亳（河南偃师西南），仲丁迁隞（河南郑州商城），都在黄河岸边。商末盘庚

---

① 参见苏秉琦《华人·龙的传人·中国人——考古寻根记》，辽宁大学出版社，1994，第88 页。

迁殷（河南安阳），在当时黄河支流洹水之滨。因此也称商朝为殷商。殷商人以华夏民族的东支为主干，他们的文化观念以"尊天命、敬祖宗"为本。商朝不仅纳入了夏朝的地域与人民，而且也纳入了周边众多的方国。殷商时代，已经有了相当成熟的文字——甲骨文，并有精美的青铜器。商代在其末年，版图还在扩大，如约公元前11世纪中叶，商纣王征服东夷获得胜利即表明这一点。

可见，中华文明虽然是土生土长的，但说它源于一时一地，则不符合历史实际。中华文明是中国境内各地文化发展的结果。华夏民族，原是由多数族系经过长时期接触乃至兼并而渐趋统一的，其地域圈是随着时间推移、在各代人努力下而不断扩大的。

华夏族的后裔还建立了周王朝。约公元前12世纪末，周的先祖古公亶父在岐山立国，在此建立的都城称为"京"。至西周开国之前，周文王把都城迁往丰京。约公元前1046年，周武王联合西方方国伐纣，灭了商朝，建立周朝。周武王伐商后，又迁镐京。丰、镐二京，位于丰水与渭水交汇之地。在灭商以后，更向黄河下游拓展，包括约公元前1020年在伊、洛河畔（号称"天下之中"）营建洛邑（即"周公小洛"，称为周的东京）。周朝东、西二京，沿着关中盆地、伊洛盆地延伸连接，从而形成西周时期文化轴心地带，把西部经济文化与以华北平原为中心的东部经济文化连接了起来。周朝时期，父权家长制封建宗法礼教得以确立。周公亲自制定《周礼》，使周王朝之宗法无孔不入地渗透到政治、伦理、宗教及学术之中。周初曾大规模分封诸侯，这实际上是一种比较原始的部落殖民。相传，武王、周公、成王先后建置71国。当时还有诸多方国部落。例如，散布于松花江直到黑龙江广阔地区的是肃慎部落。周的东南部有分布于江苏、安徽等地的"徐夷""淮夷"等诸多方国部落。在周朝吴国的南方，有夏人与楚人融合而建立的越国。楚国早期本是芈姓贵族建立的国家，原居淮水下游，楚人属于追随武庚叛国的熊盈族。武庚失败后，他们受国人压迫南下，被江水所阻而沿江西上，开拓了长江中游大片土地。相传周昭王时，以楚国为首的方国部落侵犯周朝疆土，昭王率兵伐楚，这次南征激起当地人民的愤怒，他们在渡周昭王过汉水时用了以胶黏接的船只，船身到中流时解体，昭王被淹死，周军六师大都丧亡。这是周朝早期遭遇的一次严重失败。此后，楚国逐渐灭了一些部落，更加强大了。而周朝的势力和影响在西南也达到很远的地方。武王封周姓贵族于巴（今重庆），这是周朝在西南最远的封国。那里的巴、蜀等部落都与周朝有同盟关系。周朝从我国西北兴起，因而在西北有根深蒂固的影响力和势力。战国时出土的《穆天子传》（竹简），虽是一篇小说，但其中用文学形式透露了历史信息，即当时周朝与河宗氏（居于内蒙古河套以北）、西夏氏（居于青海省内）以及盛产玉石的昆仑（新疆和田河、叶尔羌河一带）都有联系（当时周穆王西行经过这些地区，互赠礼物，进行经济与文化交流）。穆王西行时，徐国带领一些东夷部落乘机进攻周朝。穆王从西北赶回，伐徐，伐越，巩固了周朝在东南的地位。

周朝的统治地区，据《左传》记载，西到魏、骀、芮、岐、毕，东到蒲姑、商奄，南到巴、濮、楚、邓，北到肃慎、燕、亳，其活动和影响还要广阔得多。如《国语·晋语》记载，周成王在岐阳会盟，让楚国的祖先熊绎和鲜卑国君看守烛火。鲜卑为东夷的一支，后来曾活动在匈奴的北方。周朝确实是一个规模空前广袤的强盛的华夏民族建立的大国。当然，邻近宗周的一些戎狄部落，确实对周朝有威胁。商代的鬼方，西周的薰育、昆夷、猃狁等，都是不同时期对一些戎狄部落的称呼。它们是游牧部落，经常对周人进行掠夺。周人祖先曾在它们的压迫下向南迁徙；当周人强大起来之后，它们被迫北移。宗周建立以后，它们常来骚扰和掠夺。周宣王时发动了对猃狁的防御战争，猃狁受到严重打击逃往北方，受猃狁控制的一些戎狄部落重新臣服于周朝。

"秦"的称号，始于先祖非子，他因功受封于秦邑（今甘肃清水县西北地区）。周宣王时，秦庄公破西戎有功，被封为西垂大夫，迁都尤丘（今陕西兴平市东南地区）。西周末年平王时，封秦襄公为诸侯，迁沂水之滨，再迁平阳（今岐山县西南地区），三迁雍水之滨，四迁栎阳（今西安市武屯镇）。秦孝公时又迁都于渭水之滨的咸阳。秦的几次迁都，是由黄河三级、四级支流一次又一次向渭河河畔转移的过程。从这里也可以看出，从西周初到秦定都渭河河畔的咸阳，中国东西文化轴心带的一个重要成长带是渭河流域，此地是汉民族的一个重要发源地。当然，秦国只是春秋战国时期的一个诸侯国，其文化只是东周列国文化中的一种。从中国历史文献和考古资料看，在秦始皇统一中国以前，汉民族只是雏形。但应肯定的是，黄河中游文化比较发达，而且最先建立奴隶制的国家即夏朝和商朝。周与秦以渭河流域为政治文化中心，既表明中原先进文化当时已深深影响了渭河流域的文化，也表明渭河流域是华夏民族融合周边各民族及其文化的一个重要区域。秦在统一中国之前对西戎的征服值得一提。秦穆公"益国十二，开地千里，遂霸西戎"（《史记·秦本纪》）。秦穆公时的西戎，主要是活动于陕甘青藏的一些分散的羌人部落和方国，还有宁夏、内蒙古及其以北地区的一些部落和方国。它们大多先后合并于秦。有的如翟（狄）人部落，则转移到漠北，这就是后来盛极一时的匈奴。豫、陕交界处也有戎狄部落。戎狄大多由秦统一起来，合并于华夏族。

应看到，在先秦时期，华夏文化早已同北方草原文化、东南海洋文化开展交流。《诗经》中已有"南海"（指今东海）地名，有"沔彼流水，朝宗于海"的诗句。地处中华大地北方黄河上游，有产生于青铜时代的齐家文化，显然受中原文化的深刻影响。齐家文化分布于甘肃境内黄河沿岸和青海、宁夏等部分地区。广布于甘、青、宁一带的齐家文化可能是我国西北地区稍晚于夏王朝进入文明的摇篮，它是北方草原文化与黄河中游农耕文化交流的结果。先秦时期华夏民族文化与各地的民族文化不断融合；同时，华夏民族文化占主导地位，其对少数民族文化的辐射作用十分突出。因此，在很大程度上，华夏民族文化以及后来的汉民族文化也就代表了中国传统文化。

我们民族传统文化的播迁是加速进行的。在春秋战国以前，由于地理、政治等因素，华夏族虽未完全统一各个文化单位，但当时的邹鲁文化、燕齐文化、秦晋文化、吴越文化等就是华夏文化的延伸，或深受华夏文化的影响。同时，夷人文化、半夷半夏文化（夷有广狭二义，广义指东方诸民族，狭义泛指中原四周与华夏族相对的民族）在中原华夏文化的影响下，在大国争霸局面的推动以及士阶层的穿梭活动下，融入华夏文化的速度加快。春秋战国时期"哲学的革命"，又使周初道德革命时代为政治而寻求道德之本转变为寻求整个世界的哲学本体，这进一步开阔了人们的眼界，也促使华夏族的知识分子们进一步认识到，华夷之辨的根本是以文化为标准，能把人们联结成一个统一民族的实质性东西是共同的文化。华夏民族就是这样，在它的演进过程中，始终使自己的人民有统一的文化，并强调自己民族文化的主要长处，强化对本民族文化价值观念与思维方式的认同，以本民族的文化内驱力将各种异质文化的某些特质融入本民族文化之中。春秋战国时期我国的兼并和战争配合百家争鸣的文化局面，加速了各族人民间相互融合的步伐，蛮、夷、戎、狄和华夏的界限逐渐消失，共同形成汉族前身。春秋时代末叶到战国初年，在黄河流域，从东到西形成了三个大国：齐、晋、秦。南到长江流域，是强大的楚国。北有雄踞一方的燕国。燕、晋、秦三国之北，东有山戎，西有月氏（从宁夏到新疆的广袤地区），共同抵制了匈奴的南侵。在战国时期，在中国大地上，北起辽东，南抵长江流域的广大地区，有秦、齐、楚、燕、韩、赵、魏七个大国。

华夏民族在历史的长河中运动，其地域不断扩大。它穿越黄河、长江、珠江、海河、辽河、黑龙江等水系，纵横于东亚大陆，其地域的伸展明显表现为向南与向北的矩阵状。于是，在秦汉时期各文化单位进一步融合，多个夷夏民族融合成了一个大的文化单位——汉族。

三 汉民族演进与中华大家庭

汉民族伴随着民族文化由中原向长江中下游平原和珠江三角洲、闽江流域等地不断进发。东晋到隋唐 600 年间，汉民族在当时东亚大陆上是最有生命力、拥有最先进生产力的民族，它自身具有极强的再生机能和伸张能力，其活动因子是自给自足的小农经济体制。就外因而言，中原以南之地土地肥沃、气候湿润、河湖交错、地域辽阔而人口稀少，具有被垦殖的优良地理条件。另外，北方游牧民族一次又一次南进，也迫使汉民族必须向南开垦处女地（包括开发台湾）以维持本民族的生存与发展。汉民族在中国南方这块暖温地带的逐渐延伸，大批汉族人口移居南方，给南方的农业、手工业注入了先进因素，带动了南方经济的发展。在思想文化领域，宋学的南进，在南方开启了"道南"一脉的理学，该学派由杨时引洛学入闽，而后传罗从彦，又传李侗，再传至朱熹。朱熹集理学之大成，他的学说达到了中国理论思维的一个高峰。陆九渊学说的基地在江西。而在浙江也聚集了当时国内知名的一些学者。当时南方地区人才辈出。南宋时期的理学不仅提升了儒学传统的人伦思想，而且吸收了道家的形上玄思、佛教的心性观念等，构建了哲学、政治、伦理合一的"理"的思想体系，为中国文化的发展做出了突出贡献。宋代的文学艺术、史学、科学等，都达到了鼎盛阶段。

汉民族及其文化也不断向北推进。其步履较之其南进要迟缓一些。因为在一个长时期里，中国北方文化一直受游牧文化的侵扰。这种侵扰只能使文化发展的步子变慢，却依然难以改变文明传播的一般规律。马克思指出："野蛮的征服者，按照一条永恒的历史规律，本身被他们所征服的臣民的较高文明所征服。"[①] 因为生产力的社会伸张为文化传播辐射提供了途径，文化的伸张功能与播射能力是同生产力的社会伸张程度成正比的。另外，也不可否认，中原农耕文化与游牧文化的冲撞、交流，往往是以游牧民族征服农耕民族为契机的。隋唐以后北方游牧民族多次征服中原地区，但在文化上，游牧民族很快就学会了汉族的语言、教育与风俗，因而被汉族同化。同化还表现在社会结构、生活方式、政治制度等方面。尤其通过汉字文化的传播，在中国大地上，便有更多的人学习汉民族的学术、思想，它包括儒学、佛学、道家学说，还有律令制度等。汉字成了中华大地各民族间沟通思想和交流情感的共同手段。魏晋南北朝以来北方的"夷狄"大量移居内地也有利于反对大汉族主义，加强各民族间交往，促使中国进行部分改革。同时，汉民族政权对一些少数民族的统治，有时也采取保持它们旧有的社会体制，通过朝贡和臣服关系加以统治的政策。由汉族皇帝对异族首领赐予官爵，建立君臣关系，形成册封体制，这在中国历史上并不鲜见。隋唐时期，汉族统治者对外藩采取册封、通婚及接受朝贡等各种政策，形成了一个堪称帝制国家的实体。这个大实体以汉族为主体，同时包括许多少数民族，并将各少数民族君长置于陪臣地位。以后，进一步发展了这种关系，将各族君长直接纳入唐朝的官僚体系，从而加强了唐朝的统治。汉民族不是孤芳自赏的民族，它十分善于汇集众多民族，将其纳入中华民族的历史大河之中。正因如此，才有中华大家庭。以后，中华大家庭在元代和清代又融入了蒙古族、满族等，成了以汉族为主的、包括诸多少数民族的多民族的大家庭。

（原文载何光岳主编《汉民族的历史与发展》，
岳麓书社，1998）

---

① 《马克思恩格斯选集》第 1 卷，人民出版社，2012，第 857 页。

炎帝溯源与姜炎文化的影响

炎帝的传说来源于史前时期，而最早见之于文字记载的是编于周代的古代历史汇编《逸周书·尝麦解》。春秋末年左丘明著《国语·晋语》中也有关于炎帝的记载。

《逸周书·尝麦解》记曰："赤帝大慑，乃说于黄帝，执蚩尤，杀之于中冀，以甲兵释怒……"《逸周书》关于赤帝（炎帝）的记载中保留的历史信息告诉我们，在黄帝时，炎帝便已是中华大地上的一个氏族群体了。

左丘明所著《国语·晋语四》中曰："昔少典娶于有蟜氏，生黄帝、炎帝。黄帝以姬水成，炎帝以姜水成。成而异德，故黄帝为姬，炎帝为姜，二帝用师以相济也，异德之故也。"在《左传·哀公九年》中也记载："炎帝为火师，姜姓其后也。"可知，左丘明已明确地将炎帝与姜姓连为一体。虽然这些记载增加了对原始传说的解释成分，但也不是捕风捉影，而是上溯原始传说，反映历史面貌。据现代学者何光岳研究考证，炎帝、黄帝均为太昊伏羲氏的后代。太昊伏羲氏在 6000 年前生于渭水上游的天水（今甘肃东部）境内，后来，其部落东徙定居并建立政权于古陈仓（今陕西省宝鸡市）。以炎帝神农氏和黄帝轩辕氏称谓载入历史典籍的各有八代，而最早的炎帝神农氏和黄帝轩辕氏为亲兄弟，均生于渭水中游今宝鸡境内。其中炎帝生于今宝鸡市南郊的姜水，黄帝生于今宝鸡市境内岐山县一带的姬水（又称岐水），生于距今 5500～5600 年。何光岳称，炎帝神农氏部落的第一代、第二代均在渭水中游的宝鸡境内，称帝从第二代始，其后裔迁徙四方，八代相传共约 520 年。湖南酃县（今炎陵县）古有炎帝陵，当为第八代炎帝神农氏帝榆罔的陵墓。

从留存至今的古代资料看，战国以前的历史文献中并未把炎帝与神农氏联系起来，而战国时则有许多记载神农氏的文字，如《易传》《管子》《庄子》《商君书》《吕氏春秋》《战国策》《韩非子》等；同时，战国时记载神农氏的著作也并未将神农氏与炎帝连为一体。可见，神农氏可视为战国时人们在追溯历史时依据历史进程的发展阶段而起的一个时间称谓，它指的是一个很长的历史时期——神农时期。炎帝与神农合称，始见于战国末至秦初的《世本》一书。该书在北宋时失传。现传的八种《世本》虽皆为清代人所辑，但在唐代孔颖达的《春秋左传正义》中便指出"《帝系》、《世本》皆为炎帝即神农氏"，由此便可证明《世本》确实将炎帝与神农合称了。汉以后，炎帝即神农氏这一观点为大多数学者所采用。比如，西汉司马迁的《史记》，虽未明确将炎帝与神农氏合称，但书中说过，黄帝代神农氏为天子。《史记》还有"神农氏世衰""炎帝侵陵诸侯"的记载，它指的是，与黄帝同时的炎帝无道。这也确实表明，司马迁所指神农氏应该就是炎帝。秦汉学者一般以炎帝为身号，以神农氏为代号。近代以来多数学者沿袭的仍是炎帝即神农氏的观点。把"神农"作为伏羲之后黄帝之前的一个进入原始农耕的"历史时期"，应该更恰当一点。炎帝氏族生活的时代应与神农时代相吻合。

炎帝时代的发生地为什么说是在宝鸡一带呢？这可从宝鸡一带新石器文化遗址来看。如老官台文化遗址，距今 7200 年。遗址中发掘出手制陶器。其器壁较薄，有红陶、褐陶、灰陶。其形状有三足罐和绳纹平底小罐，还有双联鼎。这些陶器有各种饰纹，有的彩陶口部有一周红彩。发掘物还表明，当时的生产工具以打制石器为主，并已有细石器、尖状器、刮削器。老官台文化遗址发掘出来 20 多处，主要分布于宝鸡地区。宝鸡的北首岭、斗鸡台、福临堡等仰韶文化遗址中也都发现有新石器时代的粟粒、碳化粟粒等粟的遗迹。这表明，新石器时代，粟在宝鸡地区已普遍种植。宝鸡还挖掘出一批新石器时代遗存的石镰、石刀、石锄、石犁、蚌刀、陶刀、石磨盘、石磨棒等。将《逸周书》关于炎帝神农时代有"耕而作陶"的记录与宝鸡地下发掘出的文物相互印证，我们便可以说，宝鸡一带这类新石器时代早期的文化遗存正是"长于姜水"的炎帝氏族的文化遗存。"炎帝以姜水成"的地望，应是姜水所在地宝鸡地区。远古时代族名和族的领袖名称往往是统一的。司马贞《补史记·三皇本纪》记载，炎帝传位530 年。

如何看炎帝时代的社会特点呢？《庄子·盗跖》篇记载，这一时代处于"民知其母，不知其父"的原始社会的母系氏族公社阶段。晋代皇甫谧著《帝王世纪》，他认为，"炎帝神农氏，姜姓也。母曰任姒，……游于华山之阳，有神龙首感女登于常羊，生炎帝"。这里并未指出炎帝的父亲是谁，而其母是"任姒"这一点却明确指出。炎帝时代可能是母系氏族时代向父系氏族时代的过渡期。

姜炎文化的生产力特征是以农耕为主，因此这一文化的扩张必然以开垦茫茫的荒田野土为其重要使命。农耕带来生活的安定和物产的相对充实，且有剩余农产品进行交易，这些增加了这一部族与其他部族往来以及迁徙的机会。

姜炎文化最容易扩张的方向是东。从宝鸡往东，就是八百里秦川，越潼关便进入伊、洛一带，再往东便是华北大平原。在扩张过程中，炎帝部族遇到了强敌黄帝部族。黄帝代炎帝而有天下的局面，是在距今 5000 多年的阪泉之战后形成的。战争本来就是部族融合的一种重要形式。阪泉之战奠定了黄帝作为"天下"盟主的地位。炎帝氏族退居于一般氏族的地位，它的文化自然受到占主流地位的黄帝文化的巨大影响。

炎、黄二帝的大融合为华夏族的形成奠定了基础。民族融合带来了生产力新的发展。农业更加精耕细作。此后，炎黄文化在漫长的历史发展中影响了更加广阔的地域。

炎、黄的后裔繁衍了许多支族。夏人已是黄、炎融合的后裔了。但是，即使在夏代，也有如伯夷这样保留炎帝部族特征的。伯夷之后的四岳，是尧舜禹时代部落议事会的重要成员，他们在公共事务方面有发言权。商代末年，姬（黄帝后裔）、姜（炎帝后裔）联合推翻了商王朝。此后，以姜太公为首的炎帝后裔，更发展到了全国各地。在山东有齐、吕、许、申、州、向、纪等，在汾水流域有沈、姒、蓐、黄等，在岐周附近有申、井等，在南方有隋、淳、蒲、甘、文叔、岳氏、先龙等。在周灭商过程中，姬、姜联合之后，又因封邦建国而使炎黄文化的影响进一步向全国各地扩散，这也表明炎、黄后裔进一步加强了联合，同时，也加强了与各地土著氏族的融合。炎帝、黄帝后裔，在西周、春秋战国时期的历史中，都占据着历史主角地位。

以炎、黄为核心的秦汉时代，华夏民族融合周边民族，形成汉民族。汉民族又与匈奴、鲜卑、羯、氐、羌交流，从而许多少数民族也融入汉民族之中，炎黄文化对少数民族文化也有极深影响。例如，辽朝史官耶律俨，他修国史称契丹民族为轩辕氏之后裔。元代修辽、宋、金三史时，保持与前人认识上的连贯性。这种心理、文化的认同，是一种伟大的历史凝聚力量。在中国境内，汉族和少数民族的人民，共同创造了中华民族光辉灿烂的文化，"炎黄"因此也成了中华民族兴旺和统一的象征。今天，中华民族以汉族为主体，以四方少数民族为周围族体，成为一个团结和睦的大家庭，中华大地的 56 个民族皆以中华儿女为荣，皆以同源、同祖、同根、同系为强大的精神力量和感情纽带。这些也是与姜炎文化的影响分不开的。

（原文载霍彦儒主编《炎帝与汉民族论集》，

三秦出版社，2003）

商代河洛文化与都邑文化
以及洛都文化情结

河洛文化，是一个文化地理范畴。它指的是中华文明中黄河中下游一带的文化，或中原地区的文化，它体现黄河文明的轨迹。河洛文化的聚集、融合、积淀，有着鲜明的特色。本文探求河洛文化的源头如何与商代都邑文化相关联，洛邑在奠定河洛文化的基础方面起何作用以及与之相关的洛都文化情结问题。

一　商代早期都邑文化与河洛文化萌芽

《易·系辞上》中说："河出图，洛出书，圣人则之。"它实际上记载的是《周易》和《洪范》二书来源于黄河、洛水一带。伏羲在河、洛一带画"八卦"图（《周易》的来源），而《洪范》一书也产生于河、洛一带。其象征意义表明，河洛文化有着悠久的历史。

追溯源头，可以说，河洛文化的产生直接与商代都邑文化有关。

商的起源在今河南境内，都城在河洛区域。商的始祖契，其子昭明生相土；相土南迁至相地（即安阳），才立国号为商。《诗经·颂》曰："相土烈烈，海外有截。"相地乃相縣所居地，相縣死后，为夏朝域内之地。因相地有帝相之社，故契的孙子在此地建都，并自称为相土了。商的始祖契以燕子为图腾，故商王以玄鸟子为姓。契之孙相土迁相地后，以商为国号，但总附以鸟图腾的标志。

　　在商代，诸商王不断南迁，传到成汤时，已南渡黄河，定都于亳，又陆续分迁于北亳、西亳、南亳。孔颖达曰：三亳，三处之地名为亳，蒙为北亳，谷熟为南亳，偃师为西亳。北亳在山东曹县，汤所兴建。西亳在今河南偃师，汤所迁。南亳谷熟在今河南商丘东南郊。三处亳都，都是商汤时代在河洛地区所建的，它象征着河洛文化在商代初期的孕育。考古发现的位于偃师县城西的商代的城址，北依邙山，南临洛河。城周围有夯筑土城墙，在发现的三面城墙中找到七座城门。城内的四处大型建筑基址，应是当时的宫殿区。这样规模宏大的城址表明，作为河洛文化的孕育之地，偃师作为西亳是当之无愧的。孙淼研究认为，汤在灭夏不久，就在夏的中心地区大兴土木，建筑城垣，修宫室，建立自己的统治中心，以防范和控制夏人。董仲舒《春秋繁露》第7卷《三代改制质文》谓"作宫邑于下洛之阳"，这正与偃师西亳相合。但汤在西亳为期很短。

　　郑州商城遗址，有范围很大的宫殿遗址区。从中发掘出大量商代青铜器、陶器、极薄的金箔片等，表明当时文明程度之高。还发掘出玉器、卜骨、卜甲，其中有两片刻字骨，刻着"土""羊""乙""贞""从""受""十""月"等字。邹衡认为，郑州商城即汤居之亳都。郑州商城的文化堆积层很厚，从成汤到仲丁，共历五世十王。何光岳认为，汤未都郑州商城，而是伊尹摄政时所居，以后太甲、沃丁、太庚、小甲、雍己、太戊诸王均居郑州商城。到仲丁时才迁出郑州商城。无疑，郑州商城对河洛文化的孕育也做出了重大贡献。

　　商朝到了盘庚时，又一次迁都，这就是盘庚迁殷。殷在今河南安阳市小屯村。盘庚迁殷的原因，据《帝王世纪》云："自祖辛以来，民皆奢侈，故盘庚迁于殷。"除了要刹一刹奢侈之风外，盘庚迁殷的另一个原因便是避河水之患。盘庚迁殷以后，殷商王朝的农业进入精耕农业阶段。

　　此后，殷王朝一直以殷（殷亳）为都。盘庚之后的小辛，在位21年，国力日衰。而后有小乙，在位28年。小乙崩，子武丁立。武丁励精图治，起用出身微贱的傅说等贤人，使国政大治，国势转盛，商朝进入鼎盛时期。在国力充实的情势下，武丁大举讨伐荆楚及鬼方。武丁所伐的荆楚，在今河南灵宝市西南17.5公里的荆山，又名覆釜山，附近乃豫西山区。武丁伐楚，解除了黄河南岸西边对殷商的威胁。武丁征伐鬼方，从而解除了黄河北岸西边对殷商的威胁。武丁还征伐羌方、蜀方、土方、苦方、人方、虎方等，从而增强了作为河洛文化源头的商文化的辐射力。

总之，河洛文化及其都邑文化是在商文化内部萌芽起来的。

二　周公兴建洛邑：河洛文化的奠基

周灭商以后兴建洛邑，其客观效果是保存商代优秀文化，促使河洛文化由萌芽走向奠基。

兴建洛邑，是周人在克商之后的事。据《逸周书·度邑解》记载，武王克商之后，为便于统治东方地区，就已考虑兴建新都洛邑了。周武王曾对周公谈了自己的想法。只是由于周室新建，政权尚不稳固，才未将设想付诸实施。武王死后，周公以冢宰身份总领百官，总揽大权。《逸周书·皇门解》记曰，成王元年正月庚午，周公诰诸侯于皇门，立成王。成王年幼，周公摄政。此时，周公的母弟管、蔡勾结武庚，欲作乱。周公从周朝新得天下的大局出发，"降辟三叔"。之后周公更加"勤劳王家"，注重于安定封国。这样，周朝的江山才得以巩固。同时，周公迁殷遗民，营成周。《尚书传》曰："以众殷之民治都邑之位于洛水北。"这是洛阳建城的发端。成王七年，召公、周公先后到洛邑，继而成王至洛邑，举行殷见诸侯之礼。《周礼·大宗伯》曰："六服尽朝，朝礼既毕，王亦为坛，合诸侯以命政。"据《周书·洛诰》记载，此时，"四方民大和会，侯甸男邦，采卫百工，播民和见"。这些史料记载了周成王七年时，洛邑（成周）盛会诸侯的情况。从此，洛邑便成为周朝重要的政治中心之一。"周公居摄七年，复政退老，出入百岁矣。"（《论衡·气寿》）周王会见诸侯，常常在洛邑进行。这也与洛邑的地理位置有关。周公死后，周成王命周公次子继号周公，治理洛邑。周成王时的周朝已是中原统一的国家了，四方诸侯和各民族部落酋长都来周朝贡，周王为其共主。周成王大会天下诸侯于洛邑，《逸周书·王会解》记载："成周之会……方千里之外为比服，方千里之内为要服，三千里之内为荒服。"当时，稷慎（肃慎）、秽人（居于朝鲜北部）、良夷（东北）、扬州、解隃、发人（居于今辽宁辉发河）、青丘、周头、黑齿、白民、东越、欧人、于越、且欧、若人、海阳、白深、会稽、义渠、史林、北唐、渠叟、楼烦、卜卢、区阳、规矩、西申、戴仁、氏羌、巴人、方扬、蜀人、鸡方、卜人、夷、康民、州靡、都郭、奇干、高夷、独鹿、孤竹、不令支、不屠何、山戎、般吾、屠州、禺氏（大月氏）、大夏、犬戎、数楚、匈奴、权扶、白州、禽人、路人、长沙、西复、蛮扬、仓吾等皆来洛邑朝贡。可见，西周时，洛邑文化是河洛文化的中心或象征，具有重大影响。

周公是洛邑文化、河洛文化的优秀开创者、奠基者。他创建洛邑，为稳固周朝统治立下了丰功伟绩，为华夏族文化的繁荣昌盛做出杰出贡献。他制定周礼，实施井田制度，完善国家机构组织，规定诸侯国与宗主国的隶属及朝贡关系。他对周代农业、商业、手工业的发展也做出了贡献，这从《诗经》的《天作》《昊天有成命》《我将》等称颂篇中可以看出。周公所制"礼"或称为礼制，是一个建构完备的制度与文化体系。这一体系涵摄着政治、法律、宗教、伦理和社会制度等多重内容。礼，有着定名分、序民人、别尊卑、明贵贱的社会功能。构成中华礼乐文明之主体的礼或礼制由周公集大成之后，为后世中国的思想文化、制度文化的发展奠定了牢固的基础，对汉民族和其他许多少数民族的心理素质的构成产生了重大影响。在洛邑形成的周礼，也深刻体现了河洛文化对中华文化的发展所做的巨大贡献。

三　东汉至隋唐时期的洛都文化情结

刘秀建立的东汉，以洛阳为首都。洛都文化很好地继承了河洛文化传统。东汉王朝建立伊始，刘秀便建太学，访硕儒。当时各地经师云集洛阳，凡立十四博士。光武帝每有大事，或决于图谶，或询之于博士。后来，明帝拜大儒桓荣为五更，尊以师礼。到了章帝建初年间，有白虎观会议，更加强化儒学文化的独尊地位，儒学更加经学化。崇儒，是东汉洛都文化的一大特色。东汉时，洛阳的太学生有 3 万余人。外来的佛教文化最早也是在洛都兴起的。相传中国最早的佛寺即东汉明帝时所建的白马寺，就处于洛阳。而最早的汉译佛经即《四十二章经》也在洛阳问世。

但不过百年，当西凉军阀董卓强行从洛阳迁都长安并焚烧了洛阳宫庙及百姓人家之后，洛阳开始衰落。

西晋结束三足鼎立政治局面之后，虽建都洛阳，但26年后的"八王之乱"又将洛阳推向战乱深渊。晋元帝时，首都南迁。北魏孝文帝于太和十七年（493）巡视洛阳城时，这位皇帝置身于落寞荒芜的废都之中，感慨万千，吟咏了《黍离》一诗，并叹道："晋德不修，早倾宗祀，荒毁至此，用伤朕怀。"孝文帝是有着洛都文化情结的帝王。他决定迁都洛阳。但由于洛阳故城实在残破不堪，北魏最终也只能放弃洛阳，另筑新城。洛阳虽然未能成为北魏的政治中心，但却是北魏的文化中心。北魏时，洛阳全城佛寺多至1300余所。从孝文帝太和十七年至孝武帝永熙三年（534）41年间，包括龙门石窟在内的佛教文化艺术珍品相继在洛阳产生。而且，北魏时期还有一批高僧来到洛阳，他们著书立说，传授佛法。北魏宣武帝景明年间，随着甄琛、袁翻、常景、祖莹、郑道昭、刘芳等文人的成熟，洛阳文化开始出现复苏的迹象。由拓跋部贵族建立的北魏王朝善于从政治、经济、制度上学习汉制，进行改革，推进了社会的进步与发展。当时，河洛文化由于充分吸收拓跋民族的精神气质、文化因子，更显勃勃生机。

但是，到了北魏孝武帝永熙三年，北魏分裂，以黄河为界分为东魏、西魏，洛阳城再度被毁，其文化同样遭遇劫难，河洛文化的都邑情结受到严重打击。

隋唐以降，随着中国文化新的局面的开创，也由于洛阳再没有机会成为国都，河洛文化的洛都文化情结渐渐淡化。当浩荡唐风呼啸于中华大地时，河洛文化传统，特别是它的礼义文化传统，也成为唐文化的一个有机组成部分了。

（原文载陈义初主编《河洛文化与汉民族散论》，

河南人民出版社，2006）

老子面向存在的哲学之思
和天人合一的构想

老子姓李名耳，字伯阳，又叫老聃，是春秋时期陈国人（也有说法为楚国人）。生于公元前571年（或作前561年）。出生地是相地（今河南鹿邑县东15里）之厉乡曲仁里，为陈国之故土。公元前551年为周吏，任征藏史，遂得博览典籍，深明周礼。当时周文化式微、社会递嬗，百姓备受煎熬。老子对此感触颇深。故《老子》五千言实发自肺腑，表达的是面临盛衰存亡的一种智慧。其思想不仅对中国传统文化的形成和发展有重大影响，而且也为人类目前和未来的文化、生活提供积极的智慧。老子的思想博大精深，本文仅论述他的面向存在的哲学之思和天人合一的文化构想问题。

一 老子面向存在的哲学之思

天地万物是从哪里产生的？它们是如何产生的？为了回答这些问题，老子提出了"道"这一哲学概念。他认为，道是"万物之宗"（《老子》第4章），"可以为天下母"（《老子》第20章）。道，既不是纯粹之无，亦不是纯粹之有，而是即有即无，有无一体。老子指出："道之为物，惟恍惟惚；惚兮恍兮，其中有象；恍兮惚兮，其中有物；窈兮冥兮，其中有精。其精甚真，其中有信。"（《老子》第21章）在老子看来，道的本体虽说是恍恍惚惚，窈窈冥冥，没有任何具体的物象，但在恍惚窈冥之中，毕竟内含"有象""有物""有精",且其象其物其精又十分真实地存在着。这叫作"无状之状,无物之象"(《老子》第14章)。在无名、无形、无限、不可被感知的道之中,含有无限的生机。老子的道,是一种尚未显现的潜在实有,具有内在的创生因子或动力,因而它才能"无中生有",化生出有名、有形、有限、可以被感知的天地万物。所以,老子的道是一种即有即无的存在。

道又是如何生出天地万物的呢?老子说:"天下万物生于有,有生于无。"(《老子》第40章)他认为,先于天地而存在的"道",是无名无象的,故称它为"无",由无而生有;因天地有形位,阴阳有刚柔,故称它为"有"。再由有名有形的天地或阴阳生出宇宙万物。老子认为,道生天地万物的过程是:道生一(混沌未分的元气或精气),一生二(天地阴阳二气),二生三(阴气、阳气、冲气或者天地阴阳交合而形成的一种均衡和谐状态),三生万物(《老子》第42章)。道生天下万物的过程,实际上是从无到有、从隐到显、从形而上到形而下的递进的过程。在老子看来,宇宙间的一切万物及其变化都是从无到有、从有到无的转化,都是一种存在形式向另一种存在形式的转换。气的生成过程表明了道是真实的存在。

哲学之思总是指向存在。老子对道的思考,是一种面向存在的哲学之思。这种存在,既包括现象的存在也包括现象之背后的存在。老子在他的书中总是不断地表明,完美的实在呈现于外时,常常有缺陷:充实的对象从外观上说,常显得虚而空。这是因为,在"真实"的存在与现象的呈现之间,总是有某种本体论的距离。正如老子所表述的"大成若缺"、"大盈若冲"、"大直若屈"(《老子》第45章)、"明道若昧"、"质真若渝"、"进道若退"(《老子》第41章)。这里的"若",主要与存在的外在显现(即现象)相联系。在老子看来,现象世界是非真实的,人应当超越现象以达到"真实"的存在。"真实"的存在就是终极的存在,亦即道。道,超越了现象之域。从现象之域的有向超越感性规定的无(道)回归,从可感知的现象世界走向"复归于无物"(不同于具体物质形态)的道的存在,无疑展示了老子面向存在的哲学之思的形而上学的路向。

如果我们把对存在的追问视为一种本体论向度,那么,老子哲学确乎已开始走向本体论。当然,在老子哲学中,本体论的沉思与宇宙论的构造界限往往还不很分明,道常常既被理解为存在的根据,又被视为万物的化生者。在"有生于无"（《老子》第40章）、"天下有始，以为天下母"
（《老子》第52章）等命题中，道与万物的关系便多少被赋予某种生成的
性质。但是，无论是本体论的走向，抑或宇宙论的进路，都表现了老子对
世界的终极性思考。这一思考正是老子本人体验存在之后的产物。他生活
在"道"境之中，为纯而又纯的道所感动，他忘掉了自我，和道合二而
一了。

老子的道，本质上是超越语言表述力的。对终极实在本身的设定，老
子用道名之，表明"道可道"；但是，对道本身的言说又不再是道本身了。
这涉及的显然是实在和语言的关系问题。实在是实在自身，语言只是实在
本身的一种描述、表达；表达和描述的东西不等于实在本身的东西。但由
于人接触的首先是一种广义的语言，所以在很大程度上语言和实在是同一
的。人们借助于语言才和实在打交道，而由于自身的限制，人对于终极实
在的回应也就大不相同。但是，在老子看来，只要能够达到一种神秘的直
觉，即"玄览"，那么，语言和实在的矛盾便能得以消解。老子的这种思
想，当然不是在做语言游戏，而是要借助于"道可道"和"非常道"的表
述，使人能够在不同层面上体验存在本身。

在老子面向存在的哲学之思中，其种种语词之所指便是道本身，其用
意就在于以这种用语的多维性和不确定性本身，来表明道的不可言说性特
征。道为什么不可言说呢？首先，从语言的意指性功能看，言说离不开语
言。语言通过思维，对所指对象进行拆解和选择，造成了对象的抽象性和
有限性。这说明了语言具有解蔽与遮蔽二重功能。解蔽恰恰是通过遮蔽来
显现的，反之亦然。因而二者是一种共生的关系。语言功能的二重化特
点，就意味着语言必然过滤掉某些内容。而作为存在的道，是大全、整
体、无限和绝对的，它一经语言所陈述，其整体性和无限性就被分解和拆
散了，从而走向自我否定。维特根斯坦认为："语言的界限就是我的世界
的界限。"我们不能在语言之内谈论整个世界。因为一落言筌，就是一种
具体的语言，便无法超越自身的有限性去把握无限的整体了。而人们又不
可能站在语言之外去"谈论"整个世界。这一悖论决定了对"道"的言说
实际上是不可能的。更何况，作为无限的整体，作为大全，"道"并没有
自己的对应物和等价物，因此，"道"无法被对象化，即不能被纳入语言
的说明性和指称性的相对关系之中。一旦用语言来指称"道"，也就意味

着它被对象化，从而变成有限和有待的了。这就破坏了道的绝对性、无待性。其次，道之所以不可言说，还要从语言的交际性功能看，语言的交际性是体现在不同个体之间相互通约的特征。通过个体间语言的交际，语言的功能才能最终实现。而道与个体之间若进行语言的交际和沟通，势必会导致形而上学的道的自足性破缺，而变成一种敞开的、有赖于外在因素的东西了。就此而言，道的表征本来是无法诉诸语言的。最后，语言符号蕴含的时间结构，也限制了人们用语言来表明道。因为，无论语言的"说"和"写"，还是语言的内在化方式——"思"，都表现为一定的历时过程（它们都含有线性的时间结构），道则是一种非历时的逻辑建构，因此，即使单纯从形式的方面考虑，用语言符号来表明道，也存在着根本性的局限。但是，为了面向道的存在进行哲学之思，老子又必须使用语言，但这种使用语言不同于一般人的使用语言，所以是"非常道"。

二 老子天人合一的构想

广义的存在不仅包括本体论意义上的"有"，而且涉及人自身的存在。老子在追问有以及有之本原的同时，并没有遗忘人自身的存在。我们看老子的如下论述："故道大，天大、地大、人亦大。域中有四大，而人居其一焉。"（《老子》第25章）这里提出了道、天、地、人四项，其中既包括广义的"物"（天地），亦涉及人，而涵盖二者的最高原理则是道。老子将人视为域中四大之一，无疑体现了对人的存在价值的肯定。四大之说，在某些方面使人联想到海德格尔的类似观念。海德格尔曾有天、地、人、神四位一体之说："由于一种原始的同一性，大地和天空、诸神和凡人这四者是四位一体。"① 这四者的相互关系，便构成了世界："大地、天空、诸神和必死者之单纯一体性的占取性映射游戏，就被我们称之为世界。"海德格尔的这些话体现了对人的存在的关切：人在大地之上、天空之下，面对诸神，向死而在（"死将存在的在场寓于自身之内"）。② 在《物》一文

① 《筑·居·思》，载《海德格尔诗学文集》，华中师范大学出版社，1992，第139页。
② 《物》，载《海德格尔诗学文集》，华中师范大学出版社，1992，第163页。

中，海德格尔分析了物在统一天、地、人、神中的作用，认为："物存留了大地、天空、诸神和必死者。在此存留活动中，物把相距遥远的四者带近并合为一体。"① 但是，海德格尔也指出，作为四者的凝聚者，物并不是人之外的自在对象。海德格尔通过对"物"的词源学的分析指出："它表示以任何方式作用于人、关涉人、从而可置于讨论的任何事物。"② 换言之，物只有与人相联系，才具有沟通天、地、人、神的作用；在物的背后，乃是人的存在。老子同样肯定人的存在。在老子哲学中，人不是不为，而是要为得极有分寸、恰到好处，要为得达到人与自然和谐的境界。因此，老子以"止"德来排遣干扰，以虚静心境、澄澈心源。这体现了他的与道冥合、与物同体，天人合一的理想。老子之后的庄子，不仅把与天地和谐视为人生最大最美的追求，还把它视为人生最大的欢乐。他要实现"天和""天乐"，他的理想是"判天地之美""明天地之德"。做到这一点，便能平等、宽容、仁爱地善待天下万物，做到与自然万物和谐融洽，实现人生终极追求和最大欢乐。庄子的这一思想，继承了老子的四大之说。四大之说，体现了老子及道家学说对存在的深层思考。

老子说："万物负阴而抱阳，冲气以为和。"这里的"抱"与"见素抱朴，少私寡欲"（《老子》第 19 章）中的"抱"是一致的。尽管老子认为"三生万物"，但"三"的基本因素仍为二，即阴阳，所以老子说"万物负阴而抱阳"。在老子看来，万物一旦被创生出来，其创生者的阴阳就贯穿其中了。也就和万物共同的创生者"一"（即道）贯穿万物之中一样。冲气即虚气。阴阳在万物之中合为一体，从而构成第三种气，这种气是虚不可见的，故称之为冲气。冲气是非阴非阳、亦阴亦阳。就是说，阴阳从混沌之"一"分化出来，然后又合为冲虚之"冲气"，从而落实于万物。冲气（虚气）与"二生三"之"三"完全是一回事。"冲气以为和"的"和"字表示阴阳合成的"虚气"在万物之中的和谐状态，而这种和谐状态正体现了道之自然、柔弱、清静等本性，体现了天人合一。这是老子的文化理想。老子发展文化的思路是由天至人，以自然之理作为文化体系的基础。但是，作为穿梭往来于现实与设想之间的文化，不管以什么形态出

① 《物》，载《海德格尔诗学文集》，华中师范大学出版社，1992，第 162 页。
② 《物》，载《海德格尔诗学文集》，华中师范大学出版社，1992，第 159 页。

现，都带有理想性的特点，现实社会不可能完全按照文化理想进行建设。作为理想，老子的由天至人的文化思路，不容易切入现实，却容易因与现实相距太远而流于空论。不可否认的是，由天至人是一个从真理论到价值论的思想体系。其真理论的立足点是道。老子认为，作为一切文化的最根本原则就是道。老子称道为元一，即天地裂变为二之前的本体。因此，作为元一的道，是终极真理，是一切文化的根本原则。文化的目的就是使人文复归于道，这又是根本的价值。所以，道家的真理论与价值论是建立在道的哲学的基础之上的。老子价值论的一个突出特点，是反对文明异化。他认为，道德本体沦丧后，才有仁义礼智的出现。他要求以自然本体的道作为一切价值的根本原则，让世界复归于朴。老子揭露了文明异化对人性的扭曲。他从本体论上论证了人性的自然平等，并认为社会文化体系不应窒息人的自然本性，宇宙中可感的具体存在（天、地、人三大部分）中就包括了人。由天至人，使天、地、人这三者统一起来，即天人合一。

"道法自然"（《老子》第15章）体现的是天人合一思想。它指的是，"道"是不受外物支配的，是独立的，"莫之命而常自然"（《老子》第51章），"独立而不改"（《老子》第25章）；同时也指的是，"道"无为而无不为，"道常无为而无不为"（《老子》第37章）。"无为"不是有心去"为"、刻意雕琢，而要一任自然。这种"无为"的结果是"无不为"。如要保持"自然"，就一定要"无为"。相反，如果"为"，就必然不能保持"自然"。老子说："天之道，其犹张弓欤？高者抑之，下者举之；有余者损之，不足者补之。天之道，损有余而补不足。"（《老子》第77章）这样才符合自然。"无"就是符合自然的状态。当然，"无"并非绝对的虚空，它们指道本来的样子：因为道是实在的（其中有"象""物""精"），所以这种"无"也是真正的存在。老子的"道法自然"的哲学思想，即要求人类对天地万物应持"以天合天"（《庄子·达生》）的态度。强调人在改造自然中应该"依乎天理"，"因其固然"去行事，要求尊重宇宙万物的自然本性，切不可以人的功利价值随意地去衡量一切，剪裁一切。整个宇宙以"道"为本原为基础，从而构成了一个有机的整体。"道"和天地万物就其本性而言，都是"莫之命而常自然"。作为宇宙之本的"道"，其存在状态及其运作方式皆由其本性使然，"天下莫能臣也"（《老子》第30章）。"道法自然"既然肯定道和天地万物都是以"自然"为其基本法则和运行规律的，那么按照人道本于天道的原则，就必然会引出"以辅万物之自然而不敢为"（《老子》第 64 章）的结论。只有对天地万物采取效法自然、顺应自然的态度，使天地万物都处于不受任何外力干涉和无束缚的自然和谐状态，才是天人合一。

循环观也体现了老子的天人合一思想。老子认为，道"周行而不殆"（《老子》第 25 章），周而复始，循环往复。针对道物关系，老子讲道与物的转化循环，讲物的生息不止。道生物，是道向物的转化；物归根，是物向道的转化。从道生物到物归根，物一生一死，形成循环，并与道的一逝一返的转化形成循环对应。道的周行，体现的正是天地合一、天人合一。老子也讲调节功能，这也是讲循环。老子有"天之道，损有余而补不足"的理论，讲自然界本身具有的调余补缺能力。生态系统依靠系统的自净作用和生物的演替作用，能对循环链中的任一环可能出现的损伤或脱落给予修复和补偿。这是一种自调。然而，这种自调也有"度"的限制，过度的破坏则无力自调。这些思想具有维持生态平衡的意义。

老子尚朴，所以《老子》以"朴"来规定道。老子认为，要解决人与自然的严重对立，只有通过"复归于朴"（《老子》第 28 章），再现人的"见素抱朴，少私寡欲"的自然本性，才能达到"含德之厚，比于赤子。毒虫不螫，猛兽不据，攫鸟不搏"（《老子》第 55 章）的天人玄同的境界，实现道家的"至德之世"的社会理想。但是，要想达到这种天人玄同的自然境界，需要"为道日损"的过程（《老子》第 48 章）。

为实现道家的社会理想，为了消除人与自然的对立，在"为道日损"过程中，老子主张"去甚、去奢"（《老子》第 29 章），意在反对人类的奢侈生活，反对人类无限制地掠夺自然。"去甚、去奢"，既包括满足人类需要的适度原则，也包含适度地发展生产的原则和适度地控制人类消费的原则。其实，宇宙自然在长期的演化中，经过反复调适而终于在地球上形成的原始生态环境，最为质朴，物的起源和共生，也是要靠这样一个"朴"的生态环境的。有了这个"朴"，便有和谐。和谐意味着共生、平等、适度、平衡和稳定，以此达到天人合一。

老子讲人，是把他对人的终极关怀放在人内在的本初的自然属性上的。他强调对人的本性的尊重。即便讲道德精神或处人处事，也均以自然为法，讲与自然合一。老子总是从宇宙自然的高度来论人事。所以老子的人文主义常被冠以"自然"二字，称之为自然人文主义。老子的自然人文主义必然是其自然主义宇宙观的一个组成部分。从人的属性看，人首先是以有机生命形式存在的自然人。所以，老子的重人首先就在于珍贵人的生命。在"名与身孰亲？身与货孰多？"（《老子》第44章）的价值选择中，老子认为，身重于名、身重于物，也正是基于对生命的重视，老子才提出了"不以兵强天下"（《老子》第30章）的反战主张。可以说，老子的爱民治国之道，就是对人的生命的一种关怀。但作为自然的人，为生存计，又必然取物为己用，具有物欲：作为有意识的人，生活在社会中，也必有其他感性的或理性的欲求。因此老子身重于物的主张并不否定人的合理欲求也是人的自然属性。老子更看到，欲求被过分强调则会异化而为非自然，如"五色令人目盲，五音令人耳聋，五味令人口爽"（《老子》第12章）。为了不迷失人的天性，就要限制一己的私欲，弃绝偏伪之智巧，见素抱朴，少私寡欲。以俭为宝，方能复归于朴初、和谐的自然天性。可知，老子讲人，最终仍归于"天人合一"的文化构想之中。

三 结论和余论

第一，老子面向存在的哲学之思和天人合一的构想，从思维方式看，它们是密不可分的。如果不面对无和有统一的"真实"的存在的整体，就不可能构思出天人合一的理想；而若不是天人合一的理想，就不可能产生无和有相统一的、既是本体论又是宇宙论的、面向天地人存在的哲学之思。

第二，封建社会专制政体的本质决定了汉初虽然道家之学风行一时，但却基本被扭曲。黄老之学名义上尊崇老子，而实重刑名。老子倡导政治无为以实现社会的构想，流传于民间，却成了东汉黄老道、《太平经》的思想渊源和社会基础。随着黄巾起义被统治集团镇压，东汉王朝统治基础被摧毁，应当如何调整统治与被统治的关系呢？为了回答这个时代问题，就需从道家的存在之思中吸取精神活力。魏晋玄学以及此后的历代文化学术思潮都沿此思路开拓它们对老子思想的研究空间。这也表明了老子的存在之思内涵之丰富和影响之深广。

第三，天人合一观是中国传统哲学的一大特色，并非道家独有。但只有道家或与道家思想有密切关系的或深受道家自然主义观影响的学派，其天人合一观才可归为以自然为主导的人与自然的和谐的范畴之中。正因如此，为可持续发展观寻求哲学依据时，老子及其道家的天人合一观便是最佳的选择之一。

第四，以老子道家思想和孔子儒家思想为基础形成的儒道互补文化，构成了中国传统文化的主体，奠定了中国思想文化发展的历史基础。因此，我们没有理由不高度评价老子思想的价值（不过，对老子思想的消极面，我们应当予以否定）。老子思想不仅对我国古代的哲学、政治、军事、宗教、医学、养生、气功和武术产生了广泛而深远的影响，而且作为文化基因，早已渗透到中华民族的生存方式、生活方式和思维方式之中，影响着中国人的世界观、人生观、价值观、审美观、生死观等各种文化观念。老子思想是中华民族传统文化中的珍贵遗产，值得我们世世代代继承和弘扬。

（原文载陈世雄编《三生万物——老子思想研究论文集》，
海风出版社，2003）

福建的佛教禅宗及其文化贡献

禅宗是中国化的佛教，是中国文化的一个组成部分。在雅文化的层面上，禅宗是道德与智慧合一，与儒学一样，需要深刻的理性前提；在俗文化层面上，禅宗提倡和追求的善，只要求出于自愿，且是信仰主义的善。许多士大夫构筑道德境界时，需要禅宗的理性思想。一部分民众则需要禅宗的信仰色彩，特别是需要它"此心即佛"的信仰道德与"顿悟"的信仰方法。福建古代文化接受禅宗文化，既有雅层面的，又有俗层面的。在雅与俗层面上，禅宗五家的闽传宗师的文化贡献都不可磨灭。宋代福建理学家们在推动福建文化的发展过程中也十分注重吸取禅宗文化的一些思想内容。

一

关于禅宗闽传宗师怀海、灵祐、希运、本寂、义存的贡献。

怀海（720～814），俗姓王，福州长乐人。他是佛教闽传宗师。怀海的宗派特别发达，并发展为沩仰、临济两个宗派。这两个宗派的创立与发展与几位闽传宗师的贡献密切相关。

怀海作为马祖道一的门生，继承其师学说，同时又有创见。他采录大、小乘戒律，别创禅律，即《百丈清规》（怀海居江西百丈山，故他被称为百丈怀海）。以前禅僧多借律寺别院居住，怀海则令僧徒不论地位高低，一律入僧堂。堂中设长连床，僧徒坐禅其上。设长架，僧徒所有道具（用具）都卷在长架上。规定僧徒睡眠必须斜枕床边，称为"带刀睡"，又称带弓（人作弓形）斜卧。理由是，坐禅既久，不必多睡，用意是防止淫秽之事。僧众早晨参见，晚上聚会，听石磬木鱼声行动。德高年长的大僧称为长老，居在方丈，表示只住一间小屋。不立佛殿，只立法堂，表示法超言象。僧徒犯规，行施杖刑，焚毁衣钵，称为戒罚。《百丈清规》中还有忠孝思想内容，并以家族为组织形式，使一群僧徒处于子孙地位，长老便是族长。怀海建立的一套新制度，各丛林普遍采用。于是，禅寺开始离律寺而独立了。可见，福建籍僧人怀海对禅宗继续保存宗派做出重大贡献。

百丈怀海的弟子闽籍僧人灵祐（771～853）是沩仰宗派创始人之一。沩仰宗，是以沩山（灵祐）、仰山（慧寂）合而名宗的。该宗形成于晚唐。

灵祐，俗姓赵，福建长溪（今霞浦）人。他 15 岁出家于霞浦东华峰山麓的建善寺。先习小乘经律，继参江西百丈山怀海，成为怀海的上首弟子。后往潭州（今湖南长沙）沩山，因被称为"沩山灵祐"。灵祐把主观、客观世界分为"三种生"，即"想生"、"相生"和"流注生"。"想生"是主观思维，这是"纷扰"人的，因此必须离开它，才能获得解脱。"相生"指"所思之境"，实为客观世界。对于"相生"，要"回光一击便归去"，这样才能摆脱"牢笼"。"流注生"是指主观、客观世界"无间断"的"细微流注"，它是无常的、靠不住的。结论是"三种生""俱为尘垢"，"若能净尽，方得自在"（《人天眼目》第 4 卷）。沩仰宗认为，人们正常的、健康的认识能力是不足以认识佛教世界"真理"的，而且这些健康的认识能力都是要不得的。沩山（灵祐）说："内外诸法，乃知不实，从心化生，悉是假名；任他法性周流，莫断莫续。"（《宗镜录》第 98 卷）这种理论为佛教信仰主义开辟地盘。

临济宗创始人是百丈怀海的再传弟子临济义玄。其传法统系是：百丈怀海—黄檗希运—临济义玄。因此，禅宗闽传宗师黄檗希运是形成临济宗的重要过渡人物。

黄檗希运，福建福清人，幼年时于黄檗山出家。黄檗山位于福清县城西 20 里。唐贞元年间正干禅师（俗姓吴，福建莆田人，得法于曹溪后归闽）至福唐（福清）黄檗山结庵。希运曾到江西南昌，欲见马祖道一，但此时马祖道一已故。于是，希运便往百丈山谒见百丈怀海，拜于怀海门下，亲受怀海教诲，并从中感悟到马祖道一禅门宗风。此后，希运在洪州高安鹫峰山（在今江西境内）筑寺弘法，并把鹫峰山改名黄檗山，与家乡福清的黄檗山同名。唐武宗大中二年（848），裴休移镇宛陵，请希运传法，并将当时希运与参问者的对话整理成书，这就是有名的《黄檗希运禅师传法心要》《黄檗希运禅师宛陵录》。因为希运与旧山黄檗结下不解之缘，因而人们习惯称希运为黄檗禅师。希运弘法时，把马祖道一所传"即心即佛"思想归结为"本源清静心"，主张只要"息心即休"，更不用"思前虑后"（《黄檗希运禅师传法心要》）本着这一宗旨，希运上堂说话十分干脆，总是说："有道之人就是没事之人。实在没有这么多般心事，也没有道理可说。"简短几句话后，就宣布："说法结束，没事了，大家散去吧！"干脆爽气之风溢于言表。《黄檗希运禅师传法心要》对顿悟说得十分透彻："诸佛与一切众心，唯是一心，更无别法。此心无始以来，不曾生，不曾灭，不青不黄，无形无相……超过一切限量名言，当体便是，动念则乖，犹如虚空，无有边际，不可测度。唯此一心即是佛，佛即众生。为众生时此心不减，为诸佛时此心不添。"这些是说，佛与众生平等于一心，因而众生求佛不需向外求，而应在自己心中"当体便是"，自性便是菩提，明白了这一点，心念一转之时便是顿悟。希运一再强调："不悟此心体，便于心上生心，向外求佛，著相修行，皆是恶法，非菩提道"，"唯直下顿了自心本来是佛"。

黄檗希运嗣法弟子六人，即临济义玄、睦州尊宿、千顷雨、乌石观、罗汉彻、裴休居士。其中，临济义玄承黄檗主旨，开临济宗。"惟义玄禅师为正传，建立黄檗宗旨，一时道播诸方，而临济一宗屹起于此，历七百余年，代不乏人，儿孙遍天下，皆师源远流长，故能赫奕如是也。"[①] 临济义玄（？～867），俗姓邢，曹州南华（今山东曹县）人，"首参黄檗……既受黄檗印可，寻抵河北镇州城东南隅。临濠沱河侧小院住持"（《人天眼目》第 1 卷）。所谓"小院"，即临济院。以寺名宗，所以叫临济宗。临济义玄从解脱论上看，是一个"佛性"论者；从世界观上看，是"真如缘起"论者（即认为宇宙万有都由"真如"派生出来）。义玄与黄檗等人的

---

① 《黄檗山寺志》，福建省地图出版社，1989，第 31 页。

机锋与禅宗各派一样，是棒喝。棒喝的功用是超常的，不是人们生活的常规功用，也不是佛教内一般的戒、定、慧的功用所能及的。它是禅宗祖师们传下来的"大机大用"（《五灯会元》第 3 卷），其高标准要求是"见过于师，方堪传授"（《五灯会元》第 3 卷），即徒弟对自己老师的超越。所以后人将这样的准则称为"超佛越祖"，其理论根据是：彻底否定、一切皆空得到绝对肯定——顿悟成佛。在这种理论指导下，行为就表现为"棒下无生忍，临机不让师"这样的大机大用。"棒喝"使唐五代的禅师们如龙似虎，使禅宗的"顿悟成佛"说得到生动而确切的体现。

从上述可知，对于沩仰、临济两个宗派的创立，禅宗闽传宗师怀海、灵祐、希运等人做出了重大的贡献。

禅宗青原行思一系发展下来，有曹洞宗、云门宗、法眼宗，其中闽传宗师本寂和义存贡献突出。

石头希迁（700～790），俗姓陈，端州高要（广东高要县）人，是慧能的高弟青原行思传法于石头希迁的。石头希迁传下来，又传四代，就到了曹山本寂和雪峰义存。本寂与义存都是福建人。他们成为禅宗闽传宗师。

曹山本寂（840～901），俗姓黄，福建莆田人。他少为儒生，后成禅僧，乃是一个由儒而禅的人。他出家后，先从筠州洞山（今江西境内）良价（807～869 年，俗姓俞，会稽诸暨人）学禅，后住抚州曹山（今江西宜黄县境内），因此被称为"曹山本寂"。他与良价是曹洞宗开山祖。曹洞宗以师徒两代居住地洞山与曹山而名宗"洞曹"，被顺称为"曹洞"。反映曹洞宗世界观和认识论的，是"五位君臣"说。本寂对这一学说做了解释："正位即属空界，本来无物。偏位即色界，有万形象。偏中正者，舍事入理。正中来者，背理就事。兼带者，冥应众缘，不随诸有，非染非净，非正非偏……君为正位，臣为偏位。臣问君，是偏中正；君视臣，是正中偏；君臣道合，是兼带语。"（《人天眼目》第 3 卷）在这五位里，前两位属于"定性"，表明第一是"本体"，第二是现象。后三位是讲相互关系，其中第三位、第四位都有所"偏"，或偏于理，或偏于事，都有危险，只有第五位"兼中到"（本寂称为"兼带"）、"君臣合"，才是"空有不二""理事圆融"的最高境界。曹洞宗还从"体""用"关系上来说明"正"与"偏"，其认为："正中偏者，体起用也；偏中正者，用归体也；兼中至，体、用并至也；兼中到，体、用俱泯也。"（《人天眼目》第 3 卷）

曹洞宗人的"君",即佛教的"真如",它是宇宙的"本体","君"是临一切的;而宇宙万物都是"臣",是本体的派生物。曹山本寂在《心丹诀》中还说:真如"照耀光明遍大千,开法眼,睹毫端,能变凡圣刹那间……亦无灭,亦无起,森罗万象皆驱使"。这里的"能变凡圣刹那间""森罗万象皆驱使"既是顿悟思想,又是"真如缘起"论思想。

雪峰义存(822~908),福建南安人,俗姓曾。他是禅宗祖师慧能的六传弟子。雪峰位于福建闽侯县大湖乡,离福州78公里。义存为雪峰寺开山祖师,他于咸通十一年(870)到雪峰创庵,六年后建大寺,号应天"雪峰禅院",僧众多至1500余人。他是禅宗高僧,赐号为"真觉大师"。五代时闽王王审知又聘他为"国师"。他是青原行思—石头希迁一系的弟子。他的弟子及再传弟子中名僧辈出,创云门宗的文偃、创法眼宗的文益、福州鼓山开山祖师神晏、福州西禅寺第四代祖师慧棱(传泉州招庆寺)、玄沙寺师备(传漳州罗汉寺)、林阳寺志端等皆是。雪峰寺第16代住持真歇,于宋宝庆三年(1227)住宁波天童寺时,将祖传袈裟传给日僧道元,道元回国后,在永平寺创日本曹洞宗。雪峰义存不仅在禅宗文化、福建文化中地位重要,其影响还波及日本。

雪峰义存的高弟云门文偃,是云门宗的开山祖。文偃(864~949),俗姓张,姑苏嘉兴(今浙江嘉兴)人,出家后先到各地参学,又到雪峰义存门下得法,取得"印可",后往韶州(今广东乳源)云门山,自成一家。云门宗的思想,文偃概括为三句话:"涵盖乾坤"句,认为乾坤万象皆为真如的显现("悉皆真现")(《人天眼目》第2卷);"截断众流"句,认为"堆山积岳"的"乾坤万象"并不是"解会"(真正的认识对象);只有"拟论玄妙"句,才使人"冰消瓦解"(就是说,一论起玄妙的真知,就达到了真正的认识)。这些都是与"真如缘起"论一脉相承的。

雪峰义存的三传弟子清凉文益(义存—师备—桂琛—文益)是法眼宗的开山祖。文益(885~958),俗姓鲁,余杭(今浙江余杭)人。自幼出家,先游学于闽、浙,得法于福建漳州罗汉寺的桂琛(雪峰义存的二传弟子),后住金陵(今南京)清凉院,因此被称为"清凉文益"。文益圆寂后,被南唐先主李璟谥为"大法眼禅师",所以他这一派被称为"法眼宗"。这一宗的世界观较少"禅味",如说"三界唯心,万法唯识",接近唯识宗,同时又取代华严宗的"六相"义(认为"六相"通观一切法门)

和理、事关系的思想。这种情况，反映出一种趋势，即曾以"教外别传"相标榜的禅宗，在五代时已逐步向禅教并重的方向发展（这种情况在宋代也有，如法眼系的延寿和云门系的契嵩，都是知名禅僧但又兼重经教）。当然，这种趋势只是在一定程度上改变了以后禅宗的部分状况，并未改变禅宗总的状况。入宋以后，"教外别传"的禅宗，大体上仍然沿着传统禅宗那条独特的道路发展下去。

禅宗闽传宗师所传的禅宗五家，在世界观上是"真如缘起"论，在解脱观上是"即心即佛"论，这些基本思想大体上都是一致的。思想理论也有一些不同之处，主要是"门庭"与家风的不同，遂形成五个不同派别。禅宗五派闽传宗师，继承和发扬慧能以来的佛教顿教，他们的共同思想旨趣是论述成佛的根据、途径和方法。他们的文化贡献，简要地说，就是强调众生的自心、本性是内在成佛的根由，就是佛的本体，众生只要认识自我，回归本性，即可成佛。这就把成佛的根据设置在现世的人心中，阐扬人在现实生活中可以发扬超越的意义，现实性即超越性；这就把对死后生命的追求转变为对内心的回归，把彼岸世界转移到现世世界。这就极大提高了人们生命主体的地位，为发挥主观能动性开辟了广阔的道路。禅宗五派文化所强调的知觉是性、知心为体，即人心本性是灵知不昧的观念，使心性学说富有智慧属性，具有很高的文化品位。回顾当初印度佛教传入中国时，经过了漫长的中国化过程，才逐渐成为中国文化的一个有机部分。应当说，五代时期禅宗文化切入福建文化是很成功的。王审知及其家族统治福建时期，福建佛寺已有 267 所之多。当时，闽侯雪峰（崇圣）寺，曾列为东南十大名刹之一。厦门南普陀寺、泉州开元寺、闽东支提寺、闽北光孝寺等俱为有名寺院。王延曦主闽八九年间，屡在开元寺设坛度僧。五代时期，古典经学衰微，为佛教文化的繁盛提供了广阔的文化空间；中原沦陷的惊天巨变，又使士大夫们转向佛教，以从中寻求精神慰藉，这给禅宗在福建的滋长提供了广阔的心理空间。士大夫们有的以佛道作为立身处世的精神支柱，也有的以佛学作为安邦经世的治术。这时的佛教，也不断调整自己的文化方位，禅宗五家的灯录、语录、公案中处处体现了这一点。许多事实表明，禅宗五家已完全融入中国文化与福建文化之中。

二

关于禅宗对福建理学的极大影响。

中国传统文化面对佛教文化的挑战，并不是消极地拒绝佛教文化的一切成分，而是注意吸取佛教文化成果，努力将其改造为儒家文化的一部分。这一趋势在宋代便有突出表现。在宋代，禅宗各派引起不少士大夫的欣赏。杨亿，字大年，建州浦城（即福建浦城）人。他是个"精悟禅观"的学者（《青箱杂记》第 10 卷）。受宋真宗旨意，杨亿和李维、王曙等人主编了《景德传灯录》。杨亿还和李道昂编撰了《天圣广灯录》。这反映了北宋士大夫对禅宗的浓厚兴趣，甚至一向以维护儒家正统地位的司马光、欧阳修等人也有对禅宗表示好感的表现。如司马光制定家法，要求子孙"就寺斋僧、诵经"（《说郛》第 29 卷）。欧阳修"自致仕居颍上，日与沙门游，因自号'六一居士'，名其文曰《居士集》"（《佛祖统纪》第 45 卷）。宋代禅宗，除从晚唐、五代继承来的"五家"之外，还有从临济义玄的六传弟子石霜楚圆门下演变而来的杨岐方会和黄龙慧南这两个支派，同"五家"合称为"五家七宗"。黄龙慧南在禅宗史上被誉为"大盛""临济宗支"的一宗。宋代禅宗虽在思想上无大创新，但大量的"灯录"、"语录"、评唱、击节的产生，有助于各派别相互启发、互为依存，有助于禅宗各派的发展。

宋代士大夫中的理学家们，虽在思想上取反佛立场，但在行动上又多与僧侣交往，并吸取佛教的一些理论因素。如理学开创者周敦颐就与禅宗门人鹤林寿涯、东林常总、晦堂祖心、黄龙慧南、佛印了元等交往密切。他的"无极而太极"的本体论，与华严宗的"法界缘起"相通；他的"诚"的思想，则与禅宗心性学说相通。理学家程颢"出入老、释者几十年，反求诸六经，而后得之"（《宋元学案》第 13 卷《明道学案》上）。他说，自家本是完全自足之物，若无污坏当直而行之，若小有污坏则敬以治之，使复如旧。这些都类似禅宗语言。他对人说起自己对佛教的态度时强调："然吾所攻，其迹耳；其道则吾不知也。"（《二程遗书》第 4 卷）程颢自称，自己反对的是佛教的行为方面，并没有攻击佛教思想方面的内容。实际上他对佛教思想是有所汲取的。如他的"一物之理即万物之理""事理一致，显微一源"的理论就是汲取华严宗"事理圆融""事事无碍"的思想。不可否认，汉学向宋学的转变、理学的形成与发展，是中国思想学术的一大转变，这一大转变，从一定意义上说，是儒释调和的结果。在这一调和过程中，儒学将佛学的思想武器变为己用，并使其靠拢自己，儒学从而调整丰富了自己的理论体系，并产生出儒学新形态——理学。

在中国文化、福建文化的发展上做出巨大贡献的福建理学家朱熹就循着二程等理学家儒释调和的方向创立了自己的集理学之大成的闽学（朱子学）体系。

朱熹年轻时学禅，学的是妙喜宗杲一派的看话禅。当时在福建建阳县东北的竹源庵，有一个宗元禅师。他指点自己的弟子道谦，入宗杲的法门（当时宗杲入闽，在崇安开善寺升座说法，道谦成为宗杲弟子）。道谦的思想与宗杲一脉相承。道谦是福建崇安五夫里人，朱熹也长居该地，于是朱熹与道谦来往甚密。朱熹曾致书道谦："向蒙妙喜开示，但以狗子话时时提撕，愿受一语，警所不逮。""狗子话"指的是妙喜一派的呵佛骂祖语。道谦的呵佛骂祖十分激烈，如说："主法之人，气吞宇宙，为大法王。若是释迦老子、达摩大师出来，也教伊叉手，向我背后立地，直得寒毛卓竖，亦未为分外。"如有一日，道谦举例："世尊生下，一手指天，一手指地，云：'天上天下，唯我独尊。'垂语：'这一些子，恰如撞著杀人汉相似。你若不杀了他，他便杀了你。'"（《续传灯录》第32卷）朱熹欣赏禅宗的气吞宇宙的气势。朱熹与五夫里开善寺的圆悟（宗杲、道谦的法嗣弟子）也关系密切。朱熹曾说："熹于释氏之说，盖尝师其人，尊其道，求之亦切矣。"朱熹知道，道谦等人呵佛骂祖并非不要佛教，而是强调空、假、中"三谛"原本就是众生自然具有的"性德"，是要强调恢复人的本性即佛教的修行。朱熹后来的思想发展表明，他是循着禅宗的这一思路，将心性论与本体论统一起来，从人生本原和宇宙本体的结合方面来论述自己观点的。朱熹把封建伦理观念上升为宇宙的规律、本性，这就有了"理"这样的范畴（"理"本来就与禅宗有关，禅宗初祖达摩就提出"理入"）。禅宗集中讲心性，它反对离开个体去追求佛教的精神境界。朱熹的心性学说便吸取了禅宗的这一思路。朱熹强调虚灵不昧的人性，强调"不失其本心"的"主敬"功夫，以达到"存天理，灭人欲"，这都与禅宗的影响有关。但应看到，朱熹所取的佛学是被改造了的、已纳入中国传统思想的佛学。实际上朱熹是汲取儒学化的佛学内容，将其熔铸到自己新的理学体系之中。朱熹在学术上还受到与佛学有渊源关系的刘子翚（屏山）和胡宪（籍溪）的影响。中年以后，朱熹开始排佛，但就在这时，他十分巧妙而得当地把佛教的"理事圆融"等思想收进来，从而把"理一分殊"的观点和"天人合一"的思想发挥到了极致。他甚至公开引用永嘉玄觉的"一月普现一切水，一切水月一月摄"（《永嘉证道歌》）来说明"理一分殊"。朱熹的人生哲学与道德学说依据《大学》中的诚意、正心、修身、齐家、治国、平天下的著名公式，同时又汲取禅宗"直指本心"论，以人格的自我完善为齐家、治国的出发点，又以封建社会"三纲五常"为自身人格完善的途径。这样，如同成佛信仰是佛教信仰者的内在要求一样，儒家伦理也由外在的规范转化为内心的自觉要求。另外，朱熹吸取禅宗强调打通小我与大我（宇宙天地）的关涉，与天地合其德的思想。再有，朱熹确立自己的学术重心是与佛教有关系的。这是由于佛教讲心性，重修持，儒家为了与佛教抗衡，也必须提出涉及心性修养的问题，于是，朱熹潜心注释《大学》《中庸》《论语》《孟子》，合称《四书集注》，以表示儒家自有家宝，不必求之于佛学。可见，"四书"在儒学中、宋明理学中地位的确定，就是受佛教间接影响的表现。

福建的另一位理学家，有"程门立雪"之佳话的游酢，也深受禅的影响。他早年曾学习禅学，后来改从二程研治洛学，但到晚年又"从诸禅老游"。这可从《吕氏杂志》中所记载的游酢与吕本中的书信往来看出。信中曰："游定夫后更为禅学。大观间，本中尝以书问之云：'儒者之道，以父子、君臣、夫妇、朋友、兄弟，顺此五者，则可以至于圣人；佛者之道，去此然后可以至于圣人。吾丈①既从二程先生学，后又从诸禅老游，则二者之间，必无滞阂。敢问所以不同何也？'游丈答书云：'佛书所说，世儒亦未深考。'往年尝见伊川先生云：吾之所攻者迹也。然迹安所从出哉？要之此事须亲至此地，方能辨其同异，不然，难以口舌争也。"通信告诉我们，游酢认为，"世儒"只有对"佛书所说"有了"深考"之后，才能辨明儒、佛之同异；儒家学者只有通过对佛家进行深入研究之后，才

---

① 指游酢。

能与佛家进行"口舌争"。应当说，游酢的这一态度是正确的。

理学家从事文化研究与理学理论的创造与传播，必须研究历史中人们所创造的文化成果。文化，就其实质看，应包括思想方式、价值观念、生活方式等方面内容。宗教本身就包括这些，它是一种文化。从原始思维角度看，宗教是原始人类最初的理性。古代人把对自然、社会、人生的认识纳入后来称为"宗教"的解释体系中；宗教又反过来对古代人类的社会实践产生影响。人们为了冲破种种有限感，追求无限能力的境界，就通过宗教臆想出能独立存在的精神力量来弥补和延伸自己的能量。假如将朱熹等人的理学与佛教禅学在这些方面的思想进行对比，便看出，"理"的精神力量同样是人们为冲破有限感，追求无限能力而设置的，它同样是为了弥补和延伸人自身的能量。在这个问题上，他们有共同点。理学与禅学所不同之点主要在于：它们所依据的文化结构背景不同，理学依据于儒学经典，禅学则依据于佛教理论；理学家在追求有无限能力的"理"的同时，主张在现实中尽可能提高自身的能力，而禅学则看"空"现实（"本来无一物"），只是去悟自己的心体，明心即可见性，顿悟可成佛，无心费心劳力去追寻客观事物的"理"。

三

禅宗在福建重要文化遗存中具有独特价值。禅宗的出现与发展，体现了中国的佛教宗派更贴近中国国情与中国老百姓的现实生活。生活于社会中下层的中国老百姓，无望做官，处于被统治地位，更兼有个人的种种困苦；但他们又不得不全力面对生活，以期改善自己的状况，同时追求理想。他们所希望的宗教，应既具理想伦理原则，又具现实意义。也就是说，中国老百姓信佛，是为了积极生活与改造现实，同时又要有助于逃避不幸和苦难，追求理想生活境界。作为对社会的回应，禅宗的世俗化与无神化倾向成功地贴近了中国的老百姓。所谓世俗化是指对传统佛教理论的冷漠；所谓无神化则是指对佛祖的"回光一击"、呵祖骂佛、"截断众流"。当然，禅宗所否定的不是佛教本身，其实质是要使佛教中的理性因素与老百姓的意志更好地结合起来。禅宗各派对中国文化的影响的途径，存在于老百姓的生活之中，由外而内，由低到高，有的升华为世界观，但大部分仅是行为方式、思维方式、风气与习惯。禅宗各派对佛教教义淡化简化，它在民间传播中又再一次被简化，甚至功利化。老百姓信佛，根本不管行为后面的一颗"佛心"，而只注重：只要有一善心，一切神仙都会保佑他们。可见，禅宗经过数百年的演进，除有一部分已加入中国文化核心部分（如前述儒、佛的相互作用、相互糅合）外，另一部分则大量融入民间习俗、行为习惯、思维方式、存在方式之中。

禅与审美文化、建筑文化、书法、艺术、典籍等也很好地结合起来。以宋代为例，禅宗的清规，有时连反佛的学者也能欣赏。例如，僧众之堂中，众僧周旋步伐、威仪济济、伐鼓考钟、内外肃静、一坐一起等清规，曾使程颢这位大理学家深深激动。理学家也很欣赏禅院的幽静美。福建理学家朱熹就常常偕门徒出游访禅。1178 年，朱熹偕门人数人与僧端友到福州鼓山涌泉寺，并留有记事石刻。朱熹还曾为同安梵天禅寺法堂门题词。朱熹到泉州开元寺，书写了一副对联："此地古称佛国，满街都是圣人。"现仍悬挂于门口。在泉州，还有朱熹手书"普现殿"匾、"勇猛精进"匾（在草庵寺）、"小山丛竹"匾（在资寿寺）。从体育文化看，拳术是一种健美方式。拳术是禅师们的传家之宝，"禅师妙得兵家策"（王十朋：《梅溪集》第 47 卷）。宋代福建泉州南少林寺（南宋泉州府志《嘉定温陵志》中记载有泉州"少林寺"之地名）中僧人擅长南拳。南拳最主要的拳种叫"太祖拳"，又称"五祖拳"，它发源于泉州，以后流行于中国南部地区。泉州是南少林的一个中心，亦是"南拳"的中心。从建筑文化看，宋代福建的禅寺建筑数量多，且建筑水平高。当时每一个县都有数十座甚至数百座佛寺。《三山志》称，福州 13 个县的寺院，"庆历中至一千六百二十五所，绍兴以来至一千五百二十三，今州籍县中，犹一千五百四"。其他各州、县的寺庙也不亚于福州。据宋初福建籍学者杨亿统计，建州各县寺院，建安 351 个，建阳 257 个，浦城 178 个，崇安 85 个，松溪 41 个（《宋朝事实类苑》第 61 卷）。寺院建筑本身，就是建筑艺术。以现存宋代福建所建所修寺院看，如福州华林寺大殿，北宋乾德二年（964）建，有殿、法堂、环峰亭、绝学寮等。大殿为单檐九脊顶，面阔三间，进深四间，虽历经明清两代重修，却仍体现唐宋建筑风格。福州市北岭的崇福寺，创建于宋太平兴国二年（977），经历代重建发展，气派不凡，梵宫屹立，殿宇巍峨。位于现闽侯县的雪峰崇圣禅寺，乾宁元年（894）建，宋太平兴国三年（978）改今名，其规模宏大。支提禅寺，宋开宝四年（971）建，僻居闽东山隅海陬的霍童山。该寺由法眼宗文益的弟子了悟禅师创建。支提禅寺历宋朝300多年，一直是闻名天下的丛林之一，当时盛传"不到支提枉为僧"。位于福鼎市鳌峰山下，始建于后晋，宋政和年间重修的栖林寺，规模甚大，居闽东古刹之首。宋代福建名刹中还有厦门南普陀寺、莆田广化寺、邵武华严寺、泉州开元寺、泉州承天寺、南安雪峰寺、漳州南山寺等，都是宋代所建或重建，是宋代建筑艺术的体现。如开元寺的东西塔雄伟壮观，是宋代多面多角楼阁式石塔的典型。再比如，福建的禅寺中珍藏着诸多艺术珍品、宝贵典籍和名人墨宝。支提寺有宋开宝四年宋太祖所赐"支提山华严禅寺"匾额、宋太宗雍熙二年赐"支提山雍熙禅寺"匾额。宋开宝年间朝廷首次出版的佛教大藏经（简称《开宝经》）中《南藏》的明刻本，至今仍保存在支提寺。该寺中还留有宋状元王十朋、明探花游太初等的诗文，存有宋井、宋碑。该寺可称为宋代文化的一个博物馆。福州鼓山涌泉寺，五代时建，宋代真宗赐额"涌泉禅寺"，寺中藏经驰名国内外，其中有明清两代翻刻的佛教经书、高僧著述7500多册。仅以上例子便可说明，作为文化遗存的禅寺及其藏品，其文化价值是很高的。

四

最后，我们看看禅宗各派元、明、清时的一些情况及对当时福建的影响。

元代，曹洞宗、临济宗较盛。曹洞宗的行秀，俗姓蔡，河内（今河南洛阳一带）人。他的《万松老人评唱天童觉和尚颂古从容庵录》得耶律楚材重视，表明当时曹洞宗多少有一点生气。临济宗在元代时，武宗赐印简（1202～1257，字海云，俗姓宋，山西岚县人）"临济正宗之印"的玉印。

元代福建籍禅师妙高（1219～1293），字云峰，长溪（今霞浦）人。自幼对佛教经典有特殊兴趣，长成后拜师吴中云梦泽公，受具戒，法名妙高。又在杭州径山寺谒见高僧无准，无准推荐妙高于偃溪门下。迁往江苏宜兴大芦后，妙高即成为偃溪的"嫡嗣"。后来，妙高到金陵（今南京）

蒋山寺担任主持 13 年，僧徒达 500 之众。至元戊子年间道教兴盛，加之忽必烈"崇教抑禅"，使禅宗大伤元气。为振兴禅宗，妙高在廷辩中以犀利谈锋阐明禅宗教义："西天四七，东土二三，达摩诸祖，南能北秀，德山临济，棒喝因缘。大抵教是佛语，禅是佛心……"（《佛祖历代通载》第 22 卷）廷辩虽未能引起元朝对禅的重视，但已显示妙高才华的出众。

明代禅宗几家中，尚能维持一定规模的，就是临济、曹洞两宗了。而临济一系，又稍盛于曹洞。这里应提的是在福建弘法的圆悟与元贤。圆悟（1566～1642），号密云，俗姓蒋，宜兴（今江苏宜兴）人。他在当时是佛门显赫人物，"剃度弟子，三百余人"（道忞《明天童密云悟和尚行状》）。他曾住天童寺（在今宁波）逾十载，立完整规制，当时该寺住僧 3 万余人。又至天台通玄寺，四方学者日盛。他弘法 30 年间，驰走各地。60 岁时，在福建福清黄檗山寺，为明第一代黄檗主持开法和尚。元贤（1578～1657），字永觉，俗姓蔡，建阳（今福建建阳）人。他先习程朱之学，后决意学禅。他 40 岁时，始从慧经。元贤曾先后住持福州鼓山涌泉寺、泉州开元寺、杭州真寂院、剑州（属于福建）宝善庵，圆寂于清顺治十四年（1657）。他的语录及诗文、杂著合编为《永觉元贤禅师广录》，共 30 卷。元贤撰有多种"灯录"、多种"经解"。在佛教史上，禅僧注经，还是少见的，而元贤一人竟有几部经注，表明这位福建籍僧人是一位禅教兼重的僧人。元贤所处的时代，禅宗各派已每况愈下，如他所说的那样"宗派旧有五，今惟临济、曹洞二宗"。建州自宋以来，历代理学人才辈出，而该地在明代又出了元贤这样一位名僧，所以人又称建州为禅学渊薮。明代人元末于崇祯二年（1629）为《建州弘释录》作序，其中曰："余……尝游闽中，知建州（今建瓯）为理学渊薮；后阅《传灯》诸书，又知建州为禅学渊薮。"《建州弘释录》不是"灯录"，而是一部建州地方性名僧"史略"，其中所记，自唐至明，共 77 人。书中对建州禅学人物十分推崇。

明清时期福建的正规禅宗确实衰退了，但是，民间百姓崇仰禅宗之风却依然很盛。福州涌泉寺、西禅寺、雪峰寺、玄妙寺，莆田广化寺、梅峰寺，泉州开元寺、承天寺、崇化寺，厦门南普陀寺，漳州南山寺等等，香火都很盛。民间百姓祭拜菩萨，实际上将菩萨与民间俗神等同，敬佛的习惯融入百姓生活中，这种文化氛围，有利于禅宗文化的普及化。这一时期闽籍高僧不多。我们在这里应提到清末出家而后闻名全国的圆瑛禅师。他生于 1878 年，圆寂于 1953 年，俗姓吴，法名宏悟，取字圆瑛，后来以字代名，别号韬光，福建古田人。圆瑛十几岁时出家于福州鼓山涌泉寺，拜莆田梅峰寺的增西为师，又依涌泉寺妙莲和尚，后又在雪峰寺修行，并从江苏常州天宁寺冶开法师习禅五年，从宁波天童寺敬安习禅六年。圆瑛在宁波七塔寺慈运禅师那里亲承法印，为临济正宗第 40 世；在雪峰寺达本禅师处又嗣心灯，传曹洞宗第 46 世。圆瑛一人传临济、曹洞二宗，这在中国佛教史上是不多的。光绪三十四年（1908），圆瑛 31 岁，第一次在福州涌泉寺开讲佛经。1914 年，圆瑛 37 岁，即被推为中华佛教总会参议长。1929 年，他与太虚共同发起成立中国佛教协会。1953 年，中国佛教协会在北京成立，圆瑛被推举为第一任会长。这显示了禅宗闽传宗师代不乏人。

（原文载福建省政协民族宗教委员会、福建省宗教研究会编
《宗教与现代社会》，福建教育出版社，1997）

禅宗洪州系福建籍禅师百丈怀海、黄檗希运、沩山灵祐的美学思想合论

禅宗洪州系百丈怀海（唐长乐人）、黄檗希运（唐福清人）、沩山灵祐（唐霞浦人）有丰富的美学思想。他们的审美经验比其前代人的审美经验更为心灵化和境界化，更体现空灵虚幻的意境。洪州系福建籍禅师的禅宗美学思想在传统审美观的突破和中国古代美学思想的提升方面，做出了学术贡献。

一　顿悟的审美经验

禅宗的宗教哲学极为主观，然而禅师们却经常把自己的整个身体面对自然而敞开，设计其特有的生存或存在方式。从洪州系禅宗百丈怀海、黄檗希运、沩山灵祐的审美经验中可以看出，他们对于自然，采取了一种特殊的"观"的姿态，认为这样更易于得到禅慧，更可能获得"解脱"。

光明之悟。佛教讲涅槃、寂灭，却又有一种光明崇拜。佛教认为，光明是佛的智慧的象征，它朗照世界和人心，能显扬真理、破除迷信、去除无明（与光明对立的是作为一切烦恼愚痴根源的无明）。佛教常以"光"或"光明"名经，如《放光般若经》、《成具光明定意经》（二经名见僧肇《不真空论》）、《金光明最胜王经》（见《楞伽师资记》）等等。佛也有以"光"命名的。据《无量寿经》，阿弥陀佛的13个称号中就有12个是有关光明的，如无量光佛、无边光佛、无碍光佛等。在佛教看来，光明来自真

73

如，真如自体所具有的智慧便是光明，它永恒不灭，具有无量功德，遍照四法界。《祖堂集》第14卷《百丈和尚》："师（百丈怀海）见沩山。因夜深来参次，师云：'你与我拨开火。'沩山云：'无火。'师云：'我适来见有。'自起来拨开。见一星火，火起来，云：'这个不是火是什么？'沩山便悟。"百丈怀海从沩山灵祐的一番话中顿悟到的，是般若智慧的光明，主要是心光（心中的智慧），亦称为心灯。心灯对于禅宗十分重要，正如慧能所说："一灯能除千年暗，一智能灭万年愚。"（《坛经校释》）在禅宗看来，每一禅者的觉悟虽不是经外在灌输的，但须借助一定的机缘，其形式往往是一对一的心传；心传之所以可能，是因为每一个人都像是一盏灯，具有光明的因子，本来就可点亮。先觉的禅者的任务，只是借助某些机缘，用自己的灯上燃着的火种把那些还未点亮的灯一一点燃。这是一种光明崇拜，它体现的是禅宗"悟"的美学思想。禅宗对光明的悟，不是经过理性安排，不是有预定过程的觉悟，而是具有突发性、偶然性、特殊性、个体性的悟。

偶然之悟。洪州系禅宗之悟，表现出强烈的重机缘的倾向。黄檗希运说："三乘教纲只是应机之药，随宜所说，临时施设，各各不同，但能了知，即不被惑。""何以如此？实无有定法如来可说。"（《古尊宿语录》第2卷《黄檗希运断际禅师》）。这里的悟，是重机缘的偶然之悟，是忽然之悟；而为了启发学生，老师常常是应机施设，使学生有机会释然而悟。换言之，每一位禅师的觉悟都各有不同，具有不可重复的、一次的性质。我们再看一例。香严智闲原先师从百丈怀海，但参禅不得。后又参沩山。沩山对他说，他在百丈那里问一答十，问十答百，聪明伶俐。接着沩山要香严智闲讲讲"父母未生时"（典见《筠州黄檗山断际禅师传心法要》中记载的慧能与追到大庾岭的惠明的对话）。香严被问住了，茫然不能答。于是回房找平时所看经文，也未能找出能酬对的句子，只得叹曰"画饼不能充饥"。几次想请沩山点破，沩山不允，说："我说底是我底，终不干汝事。"香严于是心灰意懒，一把火烧了平时看的经卷文字，告辞沩山而去。一天，香严正除草，抛起一块瓦砾，打到一竿竹子，啪地发出一记声响，忽然之间，他对"父母未生时"之问就有了了悟（见《五灯会元》第9卷《香严智闲禅师》）。这是一种仅仅发生一次的机缘。香严觉悟后，沐浴焚香，遥礼沩山，说：和尚慈恩超过父母，当时如果为我说破，那么就不会有今天的觉悟。还写了一颂："一击忘所知，更不假修持。动容扬古路，不堕悄然机。处处无踪迹，声色外威仪。诸方达道者，咸言上上机。"这就说明，偶然之悟在洪州系禅宗中是极为重要的。这样从偶然中获得的觉悟，能刻骨铭心，永远不会退失。"机缘"的这种一次性、不可重复性、个体性、直接性和顿然性，几乎把人生的任何一个空间、任何一个时间都网罗了进去。它一方面极其平常，另一方面又极其特殊。其意义在于，它直接就构成禅者觉悟这一事件本身。在洪州系禅宗看来，在觉悟的那一刹那，觉体与觉用统一于禅者的独特的生命活动。

黄檗希运总结这种顿悟的审美经验云："惟传一心，更无别法；心体亦空，万缘俱寂。……说之者，不立义解，不立宗主，不开户牖。直下便是，动念即乖，然后为本佛。"（《筠州黄檗山断际禅师传心法要》）

二　把自然心相化的审美境界

禅宗依据其空观，把万物万象视为纯粹现象——作为色（法）的自然。把"色"看作现象，同时把本属于客观世界的物理现象视为纯粹的视觉上的直观，并转移为心境的直观，从而把自然心相化，这便是禅宗的审美境界。

洪州系禅师的审美境界便是这样。《五灯会元》卷九《仰山慧寂禅师》中记有这样一则公案："沩一日指田问师（仰山）：'这丘田那头高，这头低。'师曰：'却是这头高，那头低。'沩曰：'你若不信，向中间立看两头。'师曰：'不必立中间，亦莫住两头。'沩曰：'若如是著水看，水能平物。'师曰：'水亦无定，但高处高平，低处低平。'沩便休。"沩山是仰山的老师。沩山在田间劳作中随机设问，以启发仰山。从物理观点看，田的两头高低是可以测量的，但禅宗是不应从物理观点看问题的。仰山把沩山判定高的一头说成低，将低的一头说成高；但沩山认为这样判断还不够，而必须"不必立中间，亦莫住两头"，就是说，不必有法执我执。沩山还进一步启发，设问：如果向田中灌水，那田的高低不就自然看出来吗？仰山回答也很妙：水是不一定的，高低是不一定的。这种回答正符合佛理：本体是空的，而就对空的觉悟而言，要通过种种因缘来为之做解。换言之，"空"是通过"山水"的因缘而被领悟的。禅宗把自然和人生看空，是基于佛教的因缘和合观的。这种观点认为，自然界和社会人生变动不居，是没有自性的。例如，某一片雪花的飘落是偶然的，并不具必然性，因此它是没有本质的。这就是佛教的纯粹的直观。看看沩山与仰山如下一则公案："师（仰山）在沩山时，雪下之日，仰山置问：'除却这个色，还更有色也无？'沩山云：'有。'师云：'如何是色？'沩山指雪。仰山云：'某甲则不与摩。'沩山云：'如何是色？'仰山却指雪。"（《祖堂集》第18卷《仰山和尚》）"这个色"是仰山所见雪之色，与沩山所见雪之色不同，因此沩山仍指雪为答。当仰山表示自己看法与沩山不相同时，沩山就把仰山之问重复了一遍。而仰山因为他与沩山所见雪之色不同，就亦指雪为答。这里体现的是禅宗把自然心相化的"即色即空"的道理。雪的颜色都是白色，这是一个抽象的白的概念，为常识。但是在仰山和沩山看来，"这个色"，是一个直观；同时，"这个色"在沩与仰之间的当下是不同的，两人从各自的"这个色"所见的只是自己之所见，而所领悟的也是自己之所悟。"色"在禅宗的感性经验中极为重要。"色"是什么？是感性，是现象。禅者通过空观色，或通过色观空；色，是纯粹现象，它可以成为心的证物。因此，佛教把"色"视为心相（心像），视为"境"，它是一种审美境界。这种境界，形象地说，便是"若论佛法，一切见成"（《五灯会元》第10卷）。"见成"有"现成"的意思。"一切见成"是说，一切都是纯粹的现象。"一切见成"或"即色即空"，是佛学空观的原理，然而这一普遍原理要使各个学僧领悟，则须借助于种种特定的机缘。沩山灵祐有一句名言："从缘得入，永无退失。"（《古尊宿语录》第25卷《筠州大愚（守）芝和尚语录》）其意思是：如果觉悟是通过因缘（缘起）的门径获得的，那么这种觉悟就非常巩固，永远不会退失。"缘"是什么？如果"缘"（对象或尘、境）总是给人以烦恼和诱惑，仅是空的觉悟（心）的障碍，那么，这不是真正的"缘"。"缘"应是超越之境。"从缘悟人"之"缘"应是直观中刹那构成的，它不可重复，因此，它才"一切见成"，才"即色即空"。

禅宗洪州系禅师的审美意境强调，空的寂灭与色的生动是统一的，境界是心与色的交会点；寂灭与生动融会于空的直观，它是禅宗感性经验的本质所在。百丈怀海有一句名言曰："一切色是佛色，一切声是佛声。"

（《古尊宿语录》第2卷《百丈怀海大智禅师语录之余》）一些和尚以为皈依佛教就是学经论、习禅律、起知解，而百丈怀海却认为，感性的意义最重要，认为"一声一色，一香一味"作为纯粹感性之境，都是佛法。他的弟子沩山灵祐同样强调，要做一个"情不附物"的"无事人"；看自然和世界，不起分别，不起情见，就能达到"秋水澄渟，清静无为"的境界。这个境界尽管是一个视听寻常的自然景致，然而因为看的人"情不附物""清净无为"，它也就能产生触发觉悟的效果。可以说，中国人的审美之眼迅速地从类比方式向直观方式跃进，这是从禅宗开始的。禅宗带给中国美学的一个极其基本而且影响极其深远的变化，便是一种审美境界。境界在佛教那里，是人的六根及其所对之对象。这种对象可以称为法、尘、色、相、意，也可称为境。境，在禅宗看来，是人心的刹那逗留之地，它指心灵的某种非理性的状态，它是直观或自觉。《古尊宿语录》第2卷《百丈怀海大智禅师语录之余》中说："于一一境不惑不乱不嗔不喜，于自己六根门头刮削并当得净洁，是无事人。"这是说，要把一切声色都当作佛的现象来看待。这就是境界。黄檗希运也说："且如瞥起一念，便是境。若无一念便是境忘心自灭，无复可追寻。"（《古尊宿语录》第3卷《黄檗断际禅师宛陵录》）就是说，人心缘于所见，一起念，就会产生境界，如果不起念，就不会在所见之境上住念，把境忘了，心也就自然寂灭了。他还认为，从法见空，则可以产生境，即空境；如果心空，则一切境均是空境。在黄檗希运看来，空就是色，色就是空，这就是境界。

三 "隔"与"不隔"

洪州系禅宗对审美中的"隔"与"不隔"有一系列论述。百丈怀海云："只如今但不被一切有无诸法阂①，亦不依住不阂，亦无不依住知解，是名神通。"（《古尊宿语录》第2卷《百丈怀海大智禅师语录之余》）百丈怀海将"阂"与"不阂"成对使用，并认为，眼耳鼻舌应不贪染于一切有无诸法，才不会被法所"阂"；但同时也不能对"不阂"执着，这样的

---

① 阂：阻隔不通。

执着就是"隔"。黄檗希运也认为，"情生则智隔"（《古尊宿语录》第2卷《黄檗希运断际禅师》）。他又说："多知多解反成壅塞"（《古尊宿语录》第2卷《黄檗希运断际禅师》）。他还强调，"性即是见，见即是性"，这意味着性自无障碍，就不会有"隔"；而"若言隔物不见、无物言见，便谓性有隔碍者，全无交涉"（《古尊宿语录》第3卷《黄檗断际禅师宛陵录》）。沩山也认为，情见生起就隔障了智慧，因而要做到"情不附物"；反之，如果"情附物"，那就是"情见"。

所谓隔，是指禅者囿于情见、见闻觉知、语言等，造成见性、悟理的障碍；所谓不隔，是指超越的觉悟，是意通、见性、悟理，它迅如霹雳电闪，不容思量拟议。"隔"与"不隔"，其实是心色关系论域中的问题。在智慧之眼的直观之下，心色获得沟通，刹那间成了一个东西，即空的直观。空的直观是不可思议、不可分析、当下现成、超越的，它既置身于心色（心物）关系中，又把这种关系打破，使心色（心物）两者获得沟通并进而融合为一体。从而，心性合一、心境合一、体用合一、形上形下打成一片。这是禅宗审美直观的产物。近代王国维的《人间词话》也讲"隔"与"不隔"，主要是就写境而言，"写景之作……如雾里看花，终隔一层"，"写景之病，皆在一'隔'字"，"语语都在目前，便是不隔"。按照王国维的说法，"具眼之人"以一双智慧的法眼去直观现象，他写的景物能"都在目前"，这就是"不隔"；而"隔"则是思量拟议、过分倚重语言的表意功能，反而无法达到一种意境。王国维也是将"隔"与"不隔"作为审美中的心物关系问题、意境问题而加以论述的。它告诉人们，人与可能世界的关系，本质上是人与自由创造的关系；人不仅寻求意义和价值，而且能自己设定理想目标，寻求无限发展的可能性，然后又让这种可能性在主体活动中"不隔"地转变为新的、理想的、美的世界。显然，这与洪州系福建籍禅师百丈怀海、黄檗希运、沩山灵祐的禅宗美学思想的影响有关。

（原文载本书编委会编《面向新世纪初的福建佛教》，

宗教文化出版社，2003）

关于杨时在理学思想史上
地位的几点考察

杨时（1053~1135），字中立，号龟山，官至龙图阁直学士，卒谥文靖。杨时是宋代著名理学家、洛学向闽学过渡的最重要思想家。本文试就杨时在理学思想史上的地位问题做几点考察。

一　关于理学登上社会历史舞台问题

儒学在几千年的发展变化过程中经历了各个阶段，其中在宋元明阶段则表现为理学。理学思潮在宋元明三朝的涌动，是中国思想史上十分重要的现象。

理学思想是如何登上社会历史舞台的呢？理学产生于北宋。作为思潮，理学的产生不是孤立思想运动的结果。理学是在历史变革时期，在经济、政治变化的冲击下，封建社会思想家为寻找长治久安之道所做的一次全新的尝试。具体地说，北宋能产生理学，从经济根源上说，是由于北宋土地分配方式发生重大变化，已由以国家占有权为主的土地所有制形式转向以私人占有权为主的土地所有制形式。这一重要经济变化引起在政治方面做出适当调整和变革，并向思想家们提出一个尖锐的课题：在经济、政治变化的冲击下，原有的理论模式如何在新条件下进行更新、改造以适应新的经济关系，以重新论证封建统治的合理性，为社会体制的一系列调整提供总的依据。在这种情况下，产生了理学。理学登上社会历史舞台，是以北宋"庆历新政"和"熙宁新政"两次社会改革（即范仲淹和王安石分别发起的改革）为背景的。它最早是从疑经思潮开始的，表现为一些儒者纷纷起来按照自己的理解发明义理，排《系辞》、毁《周礼》、讥《书》、黜《诗》。比如欧阳修首倡《易传》非孔子所作之说，胡瑗主张以义理说《易》，孙复以义理解《春秋》，等等。他们的理论勇气鼓舞着后继者们。于是便出现了北宋五子：周敦颐、二程（程颢、程颐）、张载、邵雍。到南宋有理学集大成者朱熹。

在整个宋代理学中，以二程为代表的洛学是北宋最重要的理学派别。

二程理学（洛学）将中国文化重伦理重道德的传统精神推至极致，从而引出复杂的思想文化效应，表现在以下三方面。

第一，用"理"的哲学思想对礼治秩序进行重建。二程理学对中国思想至为紧要的影响之一，便是在新的哲学基础上重构传统礼治思想。"礼"是中国思想文化中强劲的意识形态。它由初民的祭祖仪式发展而来，经孔子、子思、孟子、荀子以及董仲舒等哲学家的反复改铸，终至形成具备完整哲学体系与礼仪程序的礼治秩序，强有力地规范着人们的生活行为、心理情操以及是非善恶观念。然而，东汉末年以来，礼治秩序趋向式微。魏晋南北朝时期的反礼法思潮活跃一时，隋唐时期人们的礼法观念也颇为薄弱。此种情形，至理学推出之后，为之一变。理学家们立足于理本体说，用"理"的思想对礼治哲学展开了新的阐述。程颐在释《论语·八佾》"林放问礼之本"一章时说："礼者，理也，文也；理者，实也，本也；文者，华也，末也。理是一物，文是一物。"将理与礼的关系解释为本末、文质关系。对礼的重新诠释使礼在以理为最高范畴的伦常系统中获得至关紧要的地位，礼的权威性与普遍必然性在更高层次上得以确认。理学家们不仅高扬"天理"在宇宙大系统中的位置，而且对现实的礼仪秩序加以勾画。其总体特征便是在人伦关系中强制注入以理为依据的尊卑名分。二程认为：父子君臣，天下之定理，无所逃乎天地之间。这样，经过二程"理化"的人伦关系，成了一个"理"的网络。理学家们在重构礼治秩序时，还对体认礼秩序的桥梁加以营造，以沟通内心之理（性）与外在之理（礼）的联系。由于礼在传统社会不是用来培养人际亲情，而是确认个人在人伦网络中所处的交点，因此，在对礼的体认中，必须压制、约束带有自我色彩、个人色彩的情感因素，亦即"人欲"。成书于汉代的《礼记》，是中国礼治秩序的经典著作。正是这部著作，明确提出"天理"与"人欲"对立的观念，着意于恢复和强固礼治秩序的宋明理学家对儒家传统的反人欲观念做了极致性的发展。二程提出：灭私欲，则天理明矣。在理学家们看来，伦常道德的崇高，是在灭绝个体快乐、幸福与利益的自我净化过程中显示出来的。

第二，"内圣"经世路线的高扬。二程理学对封建社会后期中国思想的又一深刻影响，便是将传统的"内圣"之学提到空前的本体高度，从而造成中国经世路线的转向，进而规范中国传统政治文化心理。经世，亦即治世，是中国儒学传统的精义。在原始儒学中，它既包括客观功业的"圣"，即"外王"之学，也包括主体自觉的"仁"，亦即"内圣"之学。儒学创始人孔子便主张学人事的"下学"与达天命的"上达"彼此系于一线，不应相互割裂。《论语·宪问》："子曰：'不怨天，不尤人，下学而上达。知我者其天乎！'"皇侃在《论语义疏》中也说："下学，学人事！上达，达天命。"然而，孔子以后，"内圣""外王"之学发生歧异。荀子力主"外王"之学，孟子则着力发挥孔子经世学说的另一侧面——内在的"仁"学。孟子的性善论、养气论、仁政论等，都是力图说明只有内在的道德品质才是出发点、立足处和本质关键所在。思孟学派的代表作《大学》对孟子设计的由内而外的经世路线做了更具体的阐述，即修身、齐家、治国、平天下。二程理学高扬了这些思想。

第三，理想人格的建树。宋明理学是一种伦理学主体性的本体论，它孜孜讲求"立志""修身""涵养德性，变化气质"以完成"内圣"人格。"内圣"人格是中国传统文化精神在封建时代的最高表现形式。其意蕴有三。一曰："孔颜乐处。"程颢曾说："昔受学于周茂叔，每令寻仲尼、颜子乐处，所乐何事？"（《二程遗书》第2卷）程颐说："颜子在陋巷，'人不堪其忧，回也不改其乐'，箪瓢陋巷非可乐，盖自有其乐耳。'其'，字当玩味，自有深意。"（《二程遗书》第12卷）"孔颜乐处"，实际上是指圣贤之乐不在外物，而在自我，是自我意识到自身与万物浑然一体，达到真善美慧高度统一的境。二曰："民胞物与。"张载在《西铭》中提出"民吾同胞，物吾与也"的命题。"民胞物与"，其意为：百姓都是我的同胞，万物都是我的朋友。这种"民胞物与"的博大胸怀，体现出一种广阔的"宇宙意识"。二程同样具有此种宇宙意识，强调"自一身以观天地"

（《二程外书》第11卷）。中国知识阶层正是在这种宇宙意识中，引发出强烈的社会道德责任感与庄严的历史使命感，从而将个人人格的完成，置于大众群体人格的完成之中。三曰："浩然正气。"所谓浩然正气，即执着于人格理想与道德信念，不为任何外来压迫所动摇。程颢诗《秋日偶成》颇得其中意境："闲来无事不从容，睡觉东窗日已红。万事静观皆自得，四时佳兴与人同。道通天地有形外，思入风云变态中。富贵不淫贫贱乐，男儿到此是豪雄。"宋代理学建树理想人格的理论与观念，对于中华民族注重气节、注重道德、注重社会责任与历史使命的文化性格，无疑产生了深远影响。张载庄严宣告：为天地立心，为生民立命，为往圣继绝学，为万世开太平。这显示了人的伦理主体性的崇高与伟大。其中传递出来的社会责任感、历史使命责任感以及道义责任感，闪烁着理想人格的灿烂光辉，体现着理学的精神价值与道德理想，成为中华民族精神文化的"脊梁"。

二 关于杨时在维护与传播洛学及由洛学过渡到闽学中所起的历史性作用问题

杨时维护洛学、传播洛学、光大师门以及在由洛学过渡到朱熹思想中所起的重大作用，使他在中国思想史上占据了重要地位。

1. 杨时维护与传播洛学、光大师门

洛学是奠定宋明理学理论基础的重要学派，但这一学派在北宋时曾多次遭禁。作为洛学著名传人的杨时（他1081年便已师事程颢），与统治者禁洛学的行为进行了顽强抗争。杨时自觉地传播洛学、光大师门，在二程弟子中堪称佼佼者。

元祐年间，洛学第一次遭禁。宋哲宗元祐初年，洛学创始人之一程颐虽然在旧党领袖司马光、吕公著的支持下由布衣一跃而为帝王师（任崇政殿说书），但不久即因卷入洛蜀党争而遭攻击，先是被贬，后又放归田里，继而任涪州编管。遇赦后一度复官，旋又被追夺官爵。此时，洛学被官方所蔑视，但在士大夫中仍享有很高声誉。就在洛学处境困难之时，杨时于元祐八年（1093）在赴浏阳任知县时，绕道洛阳，由游酢引荐，师事程颐，遂有"程门立雪"之佳话。而后，杨时于1096年又与程颐论《西铭》。

宋徽宗1101年上台后，洛学再一次遭打击。徽宗于崇宁二年（1103）起又禁洛学。这次学禁一直延续了22年，终徽宗之世（止1125年）都未解禁。在这22年中，杨时不忘师训，在"学者胶口无敢复道"的情况下，仍著书立说，讲学授徒。他在这期间维护洛学的一个重要成果是校订了《伊川易传》，阐扬程颐的思想。程颐著《伊川易传》，未及成书而疾，临终授门人张绎，不久张绎卒，书稿散失。后谢良佐得残稿，此稿中"错乱重复，几不可读"，杨时用一年多时间整理书稿。经杨时校正的《伊川易传》广为流传，影响颇大。如后来朱熹《周易本义》一书就吸收了《伊川易传》的思想。《伊川易传》后来还被定为科举取士的官书。

杨时维护洛学，但在当时并不能振兴洛学，这是因为当时政治环境不稳定。宋钦宗靖康元年（1126），金兵南进，围京师，始"除元祐党籍学术之禁"①，任命杨时为右谏议大夫兼侍讲。为了平息太学生和京师万人伏阙上书活动，朝廷又任命杨时为国子祭酒。这时，统治者使用洛学学者只是为了装潢门面，并不想真的将洛学作为治国的指导理论，这种局面维持到宋室南渡后。直到杨时卒，洛学实际上也并未真正抬起头来。

但应肯定，杨时维护洛学有其时代意义。洛学把封建政治伦理原则提到最高的层次，把本体论的"天理"作为最高的绝对的精神实体，以此为封建统治做最好的论证，为封建经济政治体制的革新与发展提供了总的依据，使儒家哲学能充分发挥它的社会功能。这是最符合北宋时代需要的本体论思想。洛学提出的具有无穷规定性的"天理"，是理学世界观的基石。洛学使北宋中期开始的思想运动经过低层次的政治伦理理论的探讨之后，上升到高层次的从哲学上论证新的历史阶段封建统治的神圣性和合理性，为社会精神的统一提供了理论支柱，从而完成了时代向宋代哲学提出来的任务。洛学与当时已经建成的经济政治体制密切配合，为后期封建社会提供理论，这在当时是顺应历史发展、符合时代精神的。杨时不顾重重阻力，坚持维护洛学，既显出他的远见卓识，又体现出他的执着追求。

2. 杨时在从二程思想过渡到朱熹思想之中所起的作用

杨时在倡导理学理论模式的过程中，把理学的重要学派洛学引进福建，成了洛学向闽学过渡的最重要人物。

① 《宋史》第23卷《钦宗》，中华书局，1977，第424页。

福建地处东南一隅，其接受中原文化有一定的阻隔。从初期福建理学看，虽早在北宋嘉祐七年（1062）便有福州处士陈烈、陈襄、周希孟、郑穆（称"海滨四先生"）倡理学于闽中，但他们的影响并不大，其理学思想当时并没有在福建发展起来。而杨时归闽，传授洛学，其学术影响甚大。他著述甚多，其中《中庸义》一书影响最大。杨时受学于二程时，曾"得其绪言"，深知《中庸》之书的重要，但是，当时士子们对《中庸》"阙而不讲"，因此杨时立意著《中庸义》，以追述二程之遗训。杨时的其他著作也是应用了二程理学思想和方法来研究学问的成果。这些著作在福建传播，影响着福建学者的思想与方法。特别是杨时推崇"四书"的精神、研究义理的方法，为福建学术研究开辟了新天地。杨时十分重视讲学授徒，培养了一批福建籍的理学学者。杨时的一个门人胡宏，是湖湘学开创者张栻的老师，另一个门人罗从彦，是闽学开创者朱熹老师李侗的老师。据《宋史·罗从彦传》载，罗从彦于政和二年（1112）自延平（今南平）赴萧山拜杨时为师，开初似乎对杨时之说还有所怀疑，后徒步赴洛阳亲见程颐，问有关《周易》之学，听程颐之教，再对照杨时的说法，感到"亦不外是"，即发现杨时传播的确是程颐的学说。于是归而师事杨时 20 余年。通过讲学、著述、授徒，杨时成了北宋理学南传鼻祖，是倡道东南取得显著学术成就的学者。

杨时倡道东南的功绩，为朱熹所肯定。朱熹在《祭李延平先生文》中写道："道丧千载，两程勃兴。有的其绪，龟山是承。龟山之南，道则与俱。"全祖望在《宋元学案·龟山学案》中也说，杨时是"南渡洛学大宗"。《宋史·杨时传》中说："暨渡江，东南学者推（杨）时为程氏正宗。"并肯定，朱熹之学得程氏之正，其原委脉络皆出于杨时。"道"，在宋儒是指圣人之道。程颐在为其亡兄撰《明道先生墓表》中云："周公殁，圣人之道不行；孟轲死，圣人之学不传。……先生生千四百年之后，得不传之学于遗经，志将以斯道觉斯民。"这里所谓的圣人之道、圣人之学，已隐括了"道学"两字在其中，其意是指周公、孔子以来儒家传统文化。因此，杨时在东南传"道"，实是传播儒家传统文化及其在宋代条件下发展出来的成果，尤其是洛学。当然，其中隐含杨时自己的理解、诠释。杨时理解、诠释的侧重点在理气论、心性论、格物致知论等。杨时的整个思想体系，仍是洛学的延伸，这是其思想的主要倾向。杨时实为沟通二程与朱熹的中介人物。

杨时学术虽主要是传播洛学思想，但也加入自己的学术阐述。这种传播与阐述当然具有学术价值。把杨时学术摆在中国文化大格局中，更可看到，其学术体现中国文化的内在精神。如天人合一、知行合一、情景合一、阴阳交替、推己及人、察己知人、直觉体悟、博览泛观、严密分析、整体平衡、辩证求中、经世致用等，都在杨时学术思想中有深刻体现。换个角度，我们还可以把中国文化分解为若干主要的坐标系统，然后再逐一分析杨时学术在其中的地位。这些坐标系统可以是：人生与社会理想构成，价值系统构成，伦理意识构成，制度与礼仪构成，生活方式与习俗构成，心理与心态构成，家庭与社会关系构成，等等。这些坐标系统，可以说反映与规定了中国文化的基本内涵。中国文化的主干部分，都应该在这些坐标中得到确认。杨时的学术思想，在这些坐标中，都有自己的位置。今人对杨时思想许多方面所做的论述也都是围绕着这些坐标展开的。对此就不赘述了。

三　关于东林书院的创设与得名问题

杨时曾在毗陵（晋陵）寓居两次，累计 18 年，起讫年限为 1111 年（宋政和元年）至 1128 年（宋建炎二年）（见《重修毗陵志》）。毗陵、晋陵实系同地之异名，作为郡，就是宋代的常州，下辖晋陵、武进、宜兴、无锡四县；在宋代称为晋陵县，为常州州治。杨时在这一带活动了 18 年是事实，但难断定他在无锡讲学 18 年，因为这期间他还会在其他各县活动，而且还在萧山任职，1115 年 5 月前又曾前往将乐县探视阔别了"十有四年"的亲人。1116~1122 年，杨时主要在常州一带生活，他到无锡讲学并创设东林书院，当在这个时期内。

东林书院为杨时所创，这是明代所公认的。明代重建东林书院的当事者们在追溯东林书院渊源时，都肯定了这一点。明刘元珍《东林志序》曰："东林之有书院也，以明道也；龟山杨先生创起于前，泾阳顾先生①继

---

① 指顾宪成。

起于后。"（载清康熙《无锡县志》第 39 卷《碑记》）常州府《府碑》（明万历三十二年四月）曰："无锡旧有东林书院，为龟山所创。"（载《东林书院志》第 14 卷《公移》）高攀龙也说过："无锡故未有讲学者；有之，自宋龟山杨先生始。今东林，其讲学处也。"（高攀龙：《高子遗书》第 9 卷上《东林会约序》）这些出自明代人的话，肯定了杨时创东林书院的功绩，特别是高攀龙更是高度赞扬杨时在无锡教育文化发展史上所起的重要作用。

东林书院"东林"二字，并非地名，而是从杨时《东林道上闲步》一诗取名。这一看法出自清代钱肃润。他在《东林书院前记》中曰："东林书院者，宋杨文靖公龟山先生讲道地也。地以'东林'名者何？先生素爱庐山之胜，尝于（庐山）东林（寺）道上感而有赋，诗曰：'寂寞莲塘七百秋，溪云庭月两悠悠。我来欲问林间道，万叠松声自唱酬。'斯言也，有道存矣。及归而讲道锡邑，其地即以'东林'名。"（《十峰文选》第 3 卷，明华允诚《高忠宪公年谱》附刊本）

自南宋初年杨时离去后，东林书院便废弃了，元代"至正（年）间废为僧庐"（清光绪《无锡金匮县志》第 6 卷《学校》），直到明代万历三十二年（1604），顾宪成、高攀龙才集资重建。顾、高等人恢复该书院时名称仍用"东林书院"。东林书院重建之后，顾宪成、高攀龙在制定院规时，在歌仪一项中，就将杨时的《东林道上闲步》诗列于所唱诸诗之首，此点亦可作为东林书院确是得名于杨时那首诗的佐证。

东林书院因高攀龙、顾宪成等人学习杨时的风范开展讲学与政治活动而盛极一时，从而在中国思想史上占有重要一席。

四 关于杨时著作的历史流传问题

杨时卒于南宋初年。他的著作曾刻印多次，但只是收集杨时著作的部分余卷，宋、元、明、清各有其版本。

宋代有十五卷本的旧写本。近人傅增湘《藏园群书经眼录》第 14 卷《集部三·南宋别集类》记载曰："龟山先生集十五卷，宋杨时撰，旧写本，南昌彭氏知圣道斋藏。十行二十一字。卷一至三书，卷四上书、策问，卷五经筵讲义，卷六经解，卷七史论，卷八辨，卷九王氏字说辨，卷十记，卷十一序，卷十二题跋，卷十三杂著，卷十四墓志铭，卷十五哀、辞、祭文、传。"该十五卷本《龟山先生集》刊印于宋咸淳五年（1269），并有《渌江丁应奎书》序文。从这些可知卷目、刊印时间，也可看出，其中疏略了诗歌部分。

元代有至顺四年（1333）的三十五卷本《龟山先生集》（见《藏园群书经眼录》第14卷）。但这一版本在元代付梓后印数可能极少。傅增湘的《藏园群书经眼录》所录的是三十五卷本的明刊本。

明代有弘治十六卷本《龟山先生集》。该本编辑者程敏政在《龟山先生集·序》中写道："龟山先生文集三十五卷不传于世久矣。馆阁有本……重加汇次，为十六卷如右，藏予家。"（转引自万历《杨龟山先生集》四十二卷本卷首）程敏政在弘治十六卷本序中没有说他看到的三十五卷本是元刊本还是明刊本，但谈到的情况有两点很有价值。一是指出明弘治十六卷本是根据元代至顺三十五卷本摘抄而成的。十六卷本的刊行者李熙说："程篁墩（程敏政）学士手录宋儒龟山杨文靖公（杨时）所著诗文并杂著凡若干，籍为一十六卷。"（《龟山先生集·序》，载万历《杨龟山先生集》四十二卷本卷首）李熙的这段话也说明，元至顺三十五卷本中收有杨时的诗歌，十六卷本摘抄三十五卷本，其中也收有杨时的诗歌。而宋代十五卷本是没有收杨时诗歌的，由此可知十六卷本所依据的元代三十五卷本确实存在。二是看出三十五卷本行世之年代不长久，甚至不久便成孤本，因而"不传于世久矣"，仅"馆阁有本"。李熙总结明弘治以前杨时著作的内容及流传情况后指出：龟山殁后，至明万历年间，这近500年中，其著作只有少量传世；能遗留到万历年间的杨时著作，都收在十六卷本中了。

到了明代万历十九年（1591），林熙春重刊《龟山先生集》十六卷本时，将其定为四十二卷。

清顺治年间，杨时裔孙令闻所刊的也与万历本四十二卷同。

《四库全书总目》曰："龟山集四十二卷，宋杨时撰……旧版散佚。明弘治壬戌（十五年，1502年）……重刊，并为十六卷。后常州（府）东林书院刊本（三十五卷本）分为三十六卷。宜兴刊本又并为三十五卷。万历辛卯（十九年，1591年）……重刊，定为四十二卷。此本为顺治庚寅（七年，1650年），（杨）时裔孙令闻所刊，其卷帙一仍熙春之旧云。"（见

《四库全书总目·集部·别集类九》）四库馆的学者们几乎阅遍了内府藏本、通行本、各地采进本及私家藏本，他们认为，杨时著作集最全的，就是明弘治十六卷本了。

五　余论

可以把杨时思想看成是福建理学思潮的逻辑起点。北宋嘉祐七年（1062）"海滨四先生"在闽中倡理学，是福建理学思潮的时间起点，但若从逻辑起点看，福建理学思潮是始于杨时的。因为，"海滨四先生"倡道闽中并未形成一股思想潮流。而杨时则不同，他使洛学入闽，并掀起福建理学思潮。杨时及其在福建的传继者罗从彦、李侗、朱熹，在理学史上都占有重要地位。杨时的三传弟子朱熹在福建开创闽学，标志着洛学闽学化至朱熹而完成。朱熹在师承杨、罗、李的基础上，兼采众说，"致广大，尽精微，综罗百代"，建立起庞大的闽学体系。闽学（朱熹理学）无论是从其理论架构上看，还是从其思辨的精密性上来说，都远远超出中国以往任何一个哲学体系。但若追溯思想学说的脉络，我们也可以说，无杨时在福建传播洛学，也就不可能有朱熹理学的出现。可见，杨时对福建以及全国理学的发展来说，都具有里程碑式的作用。

从我国近几十年宋明理学研究状况看，对杨时的研究理当加强。我国以往在研究宋明理学过程中，对杨时、罗从彦、李侗这些洛学向闽学过渡的人物不谈或少谈，以为只要研究洛学代表人物二程、闽学代表人物朱熹，再加上对北宋周敦颐、张载、邵雍的研究，就可基本理出北宋理学向南宋理学以及洛学向闽学过渡的头绪来。这种思路影响了人们深入开拓研究。这些年，福建的理学研究者们提出，要重新确认游酢、杨时、罗从彦、李侗等学者在中国思想史上的地位问题，并写出一部分论著，这也是理学研究、传统文化研究越来越深化的具体体现。

在中国，每一个人身上都留有传统文化各种深浅不同的烙印，因而对传统文化的研究，也是对民族、国家乃至地区的政治、经济、伦理道德、风俗习惯等层面现实状况进行深刻认识的重要基础。研究传统文化，对我们深刻了解国情、民情，建设现代化的社会主义国家，是不可或缺的。经济要起飞，除了经济本身因素之外，还必须有文化的因素，这也是为中外历史所证明的。传统文化研究，不仅是面对古人，更重要的是面对今人。一个民族、一个国家、一个地区的人们，若在思想理论上缺乏深沉的历史感，缺乏对传统的认真反思，在现实中就容易犯孤立地看问题的毛病，特别容易表现为短期行为。因此，我们不可小看传统文化研究的现实意义。我们当然也应从认识传统文化现实意义的角度来看待杨时理学的现实意义。

（原文载明溪县政协文史资料委员会、明溪县杨时文化研究会编
《杨时研究文集》，福建人民出版社，2008）

游酢的价值追寻之道

　　游酢（1053～1123），字子通，又改字定夫，号广平，建州建阳禾平里（今建阳区麻沙镇长坪村）人，宋神宗元丰五年（1082）登进士第。历官萧山县尉、河阳知府、泉州签判、和州知州、汉阳知军、监察御史、太学博士、府学教授等，又历舒州、濠州而卒，享年71岁。葬于和州历阳县车辕岭（今安徽省含山县杨头区林场）。追封朝奉大夫，赠大中大夫，赐文肃。清德宗光绪十八年（1892）从祀孔庙。

　　游酢生活的时代离今900多年。那是一个什么样的时代？经过10世纪初唐朝的灭亡和五代十国的混乱后，中国于10世纪60年代初建立了北宋王朝。北宋虽然在政治上没有统一整个中国，但它在中国文明对人类文化遗产的巨大贡献方面却达到了顶峰，在当时世界上首屈一指。在那时的世界上，宋朝人口最多、物产最富饶，在文化的许多方面都处于领先地位。特别是北宋的道学文明气象，值得大书一笔。而游酢则是道学文明中的一位贡献卓著的学者、思想家。

一　游酢对天理价值的把握

　　北宋王朝通过太祖以来60多年的努力，其政权的合法性得到了普遍的认同，它的"偃武修文"政策有利于恢复知识、思想和信仰世界，有利于建立制度化的文化支持系统，但要从根本上确立民族的信心，确立新的思想秩序，则应当依赖人们对于同一文明和共同伦理的认同。当时异族政权一直很强大，以至于赵宋王朝只能在缩小的空间中与辽、夏政权交往，宋王朝在文明中的中心位置始终难以凸显。北宋前期思想界一直在讨论历史上的"正统"问题，这种讨论从政治延伸到文化领域之后，思想的追求便注目于儒家学说中历久弥远的伦理道德原则的返本开新，以证明宋朝政权不仅承负天赋的正当性，而且还需开创新的文明。孙复、石介等便在他们的著作和讲学中表达建设新的文明的意图和焕发儒家圣人之学的强烈愿望。随着学术探讨的深化，士人们的理想主义的表达渠道也更多了。士人们回顾历史认为，中唐以来，国家权威失坠，是社会的道德沦丧、伦理崩坏、人们漠视社会合理的秩序性导致的，以致社会陷入危机中。他们提出的根本拯救方法便是"心"与"性"的自觉。为此，程颢、程颐等理学家们便从历史典籍中寻找思想资源，并虚构出一个所谓儒家的"道统"来，把过去仅仅是道德要求和行为规范的伦理思想提升为至高无上、超越一切的本原的"天理"。从而奠定了宋代正统派理学的基础。在程颢、程颐看来，天理是普遍权威性的价值体系，格物致知则是人们把握天理的基本方法。而如何把握格物致知便是洛学中人们要探究的问题。二程的福建弟子杨时和游酢都投入这种探究之中。杨时将格物界定为反身而诚，进一步的落实便是在诚意中体"中"。"中"在杨时思想里是实在的，"尧咨舜，舜命禹，三圣相授，惟中而已"（《龟山学案·语录》）。这个"中"又是"诚"，是天之道；只是对这个天之道的把握，需要落实在人心，即落实在人心的喜怒哀乐未发之际。

游酢继承洛学关于天理思想的宗旨，与杨时是一致的，但他把握天理价值的基本途径却不同于杨时。游酢首先强调，把握洛学的天理学说，关键在于要在人心中确认，以性与天道为内容的天理学说的价值是不可以沦失的。他说："是性与天道，仲尼固尝言之。"（《论语杂解》）游酢认为，孔子曾说到性与天道，但儒家最强调的是，"夫理之所不载，安在其为仁耶？"就是说，儒家的仁，其根本还是理。他还说："其不可隐者，其理也。"（《论语杂解》）他认为，理不可以沦失。理之所以不可以沦失，是因为理不仅代表最高价值，而且对人的认识方向、得失、正误、深浅、偏全等，会产生不同的影响。在游酢之前，张载就意识到，认识过程必有情感、意志、利欲心等价值意识的参与，主张用端正的、积极的价值意识以促进认识。显然，游酢继承理学开创者的价值思维定式，加以发挥，从而产生理不可以沦失的重要看法。其次，游酢强调道德的世界（"天下"）价值。从他的《论语杂解》《孟子杂解》《中庸义》《二程语录》等著作中，可以看出，他以道德伦理作为评判一切的准则，意在提高人的教养，甚至将世界的价值归于道德伦理价值之中。修身、齐家、治国、平天下的泛道德主义，在游酢著作中处处得以体现。这是一种追寻世界的道德价值的努力。

对天理价值的这种道德倾向把握，其实是一种严重内倾的意义追寻。意义是主体对于人与世界关系的体认和领悟，从另一个角度看，也是人对世界、事物、事实的评价，是对这个世界、客观事物、已发生的事实对于人意味着什么、对人有什么价值的揭示。人在评价事实过程中，有主体需要参与其间。而需要是多方面、多维度的，可能对某一方面、某一维度的需要能满足，而对另一方面、另一维度的需要则不能满足。因而，同一事实对于同一主体的意义往往是不相同的。传统儒家对道德意义的追寻也因此在不同时代有不同的侧重点，不可能完全一致。当今我们看传统儒家的这种追寻，总的来看是有助于在心性方面对儒家做精深细微的阐发并付之践履。当然，宋儒挖掘价值本体"理"的成立依据，使理在道德认知与实践中得以体现，但也有其消极方面，即在很大程度上使价值建构中主体性过度张扬。这实际上是消解理学家们"为天地立心，为万民立命"的价值宗旨，也不利于使儒家真谛变为社会需要努力的方向。

游酢的价值追寻风格决定了他的价值建构的重心。对于这一问题，高令印先生在他的《游酢评传》中做了精细的剖析。一是游酢强调圣贤境界，包括圣德、中庸之境等，所追求的是"人类和个人两方面的价值的最高实现"，是"发自自己的内在生命力，是自己生命力的要求"，"由此提高和升华人格的自觉性"，"这是人之所以为人之所在"。二是游酢强调"践履功夫"。即加强道德修养，包括"主敬""慎独""改过""达孝""诚身"等。从中可以看出，游酢对儒家的践履功夫有很深的理解，并有独到之处。三是游酢强调修齐治平。游酢将"正心以修身"提到"自强而不息"的高度，同时由修身推至"事亲""上孝""中悌""下慈"；强调跨出家庭范围而走入社会，就要治国平天下，而这正是"《中庸》所谓'合外内之道也'"。从而我们不难看到，游酢对"内圣外王"的儒家思想的价值追寻是值得称道的。①

把价值的重心置于伦理学问题上，建构合乎主体需要的伦理型的意义系统，这是一种古老的智慧体现。虽然北宋时期，城市由封闭型发展为开放型，商业和交通也十分发达（从当时画家张择端所绘《清明上河图》中便可见一斑），但当时时代主导价值观仍是追求人与天地和谐共生，以及乐天知命、济物安仁等传统观念。一般来说，中国古代价值体系从孔子创立儒学以来，历代虽有小的变化，但基本上具有稳定性。这种价值的稳定性对于封建社会的秩序稳定性来说，是不可缺少的。

二　游酢对道的“包容”与“极限”的价值意境的把握

游酢是程门四大弟子之一，他的价值追寻重在标示洛学的价值本体的意境。

按杨时的看法，“中”是一种意境，而这个“中”便是诚。杨时把万物根源与价值源泉、宇宙本体与价值至境通过体“中”而融通合一了。杨时的这一说法是后来儒者都认可的。

但是对“中”又应如何理解呢？“中”的意境是什么呢？对这个问题的阐述，游酢是有特色的。他从追寻道的价值的角度出发，认为包容和极限应是其意境。他认为，有包容、极限，宇宙本体与价值至境便融通合一了；而这种合一，能够使本体价值化、价值本体化。游酢说：“乾曰大哉，坤曰至哉。大则无所不包，至则无所不尽。”（《易说》）乾卦说大，坤卦说极；大则什么都可以包容，极则什么都有极限。游酢实际上解释了“中”的真正意境是包容和极限。从包容与极限的价值依据出发，游酢认为，作为有德行的人，应当不断探求这种包容与极限，这也就是探求道。要“终日乾乾，反复于道也”（《易说》），这才是自强不息的人一天到晚所孜孜以求的。中国古人讲“至”，常常与至境、极至联系起来讲，多半指的就是价值至境、善的极至，它与“中”、与宇宙本体的“道”是相通

①　参见高令印《游酢评传》，中国翰林出版公司，2002，第139～160页。

的。游酢赋予包容与极限这种价值意境以纯善、至善的品质。他将"至"与《易》的坤卦联系起来讲。他认为，坤卦说的是极；至，指的是善的极至的境界。这是一种生命精神。这种生命精神在游酢看来是充实于内而形之于外的。当其充实于内，乃是主观的、内在的精神，乃是"心"或"性"；当其形之于外时，便成了客观的外在的精神。这种精神通过人们的文化创造活动而表现出来。所以游酢说："斯理也，仰则著于天文，俯则形于地理，中则隐于人心，而民之迷日久，不能以自得也，冥行于利害之域，而莫知所向。"（《孙莘老〈易传〉序》）游酢说："天地之心，其太一之体与？天地之化，其太和之运与？确然高明，万物复焉；隤然博厚，万物载焉，非以其一与？"（《书明道先生行状后》）他用追问和反问的方式提出问题，表达着自己的看法：天地的用心，是混沌之气的本体吗？天地的化育，是冲和之气的运用吗？上升而显得高旷敞亮，覆盖着万物，下坠而显得宽广厚重，负载着万物，不是统一了吗？阳气从此张扬，阴气从此凝聚，减少与增长，充满与虚空，见不到形象，不是由于和谐吗？一连串的追问与反问，道出了游酢的思路：万物的复往循环，天地的厚德载物，都统一于气，它是和谐（亦即"中"），它是善的极至境界、"道"的境界。而明道（程颢）先生，则已达到了这样的境界。在游酢看来，"道"的境界应是"融心涤虑""观诸天地之际"（《书明道先生行状后》）的境界。"融心"是融合一己之心。按游酢的说法，便是"本诸心也"（《论语杂解》），而本于一己之心，就是本于道本身。在儒家哲学中，"心"是一个具有虚灵知觉功能的自然的器官，即孟子所说的"心之官则思"（《孟子·告子上》）。当"心"所具有的虚灵知觉功能施行恰当时，才与"理"合一。故宋儒注重心的工夫，将这一工夫确定为对喜怒哀乐未发之中的体认，其中最重要的是使人心归于真实无伪（即"诚"）。而真实无伪的最大阻碍是人心为物所累。所以游酢主张，要"涤虑"，即注重应物而不累于物的气象涵养以及对物的消解（"涤"）。游酢虽然仍然主张要"观诸天地之际"，没有直接否定客观世界的存在，但是他不断强调以"心"为本，这便对陆王心学起了开启作用。但是，说游酢已迷失了程门路径，遁入佛门，就有些夸大其词了。

三　游酢的与道结合的心性论对道体价值的追求

　　游酢论性，是从"天命之谓性"的角度出发的，从人性即天理的角度去研究。人之性，是由天命所赋予的，就是"天命之谓性"。游酢从与"道"结合的角度来讲这个性的道理。他说："天之所以命万物者，道也；而性者，具道以生也。因其性之固然，而无容私焉，则道在我矣。夫道不可擅而有也，固将与天下共之。"（《中庸义》）这说的是，天把自己的法则下降于人，这就是道，而人性就是由这个纯善的道所赋予的。从而便可以说，人人心中本来就具有这种纯善的道。游酢上述话语的关键在于，他处理心与性，是强调道体的，即认为道是性之本体。而这个道，在游酢的许多论述中指的都是道德本体，即道体。因而，可以说，游酢从道德本体角度看性的问题，性便不仅是哲学本体，而且也是道德本体；性既是本体论范畴，也是人性论范畴；性既然是善，那它对人生便有重大意义和作用（"固将与天下共之"）。这便是游酢的道体说。游酢在《易说》中说，"财成天地之道"（是指裁制补成天地的道体）。好比说协调处理阴阳，这是"体天地交泰之道也"，即体察天地之气交融而生万物的原理。这些表明，游酢道体说有很明确的价值导向，它便是对道的内心体验。游酢一生，始终保持着自己对道体的珍贵体验。他在自己的著作中提醒人们，要以坚强的意志努力克制嗜欲，加强道德修养，"以主敬穷理为吾子勉"（《静可书室记》）。

　　道体说是对张载性论的深化。张载是宋儒中最早提出"性与天道合一"命题的学者。张载提出这一命题，是有感于秦汉以来学者多是"知人而不知天"（《宋史·张载传》），因而便把目光转向作为人性深层根据的天道论。张载从人的价值本体的角度看待作为宇宙本体的"太虚"（即"气"），认为太虚既是宇宙本体（万物化生的本原），又是价值本体（道德性命的本原），它便是"诚""仁""善"等实理，是道德价值的总根源。他指出，气在遍润万物的过程中显现出"诚"；而这个"诚"便是"仁"，"仁"的存在就是"理"。于是，张载便有"合虚与气，有性之名"以及"仁在理以成之"（《张子语录》）的命题。照这种理解，仁就不只是社会中的一种道德了，而具有超道德、超社会的宇宙本体的"理"的意义了。这是一种本体和主体合一的哲学学说，它由张载开启，而到游酢、杨时时，便发展为道体说。

与道结合的心性论（道体说）既然把道体的善看作道德的本体的善，那它自然也是天理的善的规定。洛学的开创人二程，就是要以天理的善作为当时人的生存依据。杨时在与游酢的通信中也认为，"顺性命之理"应是"圣人"的根本思想："圣人之作《易》也，将以顺性命之理。"（《游酢文集》第8卷《与游定夫书》）杨时的这一表达同样反映的是游酢的思想。游酢自己就说过"顺性命之理而已"（《易说》）的话。这样的表达更符合孟子的尽心、知性、知天的原意，同时也贯穿了与天理的善结合的心性论的基本思想。但无疑，这也使本来有较多外倾性的洛学内倾化。这种内倾化，对于宋代儒学在心性方面的精深细微的阐发与实践，即挖掘价值本体的成立依据以及道德认知与实践，当然有重要意义；但也使价值建构的相对性因素增长，这不利于普遍价值观的确立。

道体说对胡安国开创的湖湘学派产生过重大影响。胡安国（1074~1138），字康侯，学者称武夷先生，原籍福建崇安（今武夷山市）。他与游酢、杨时以及谢良佐辈义兼师友，在两宋之际以私淑洛学自任。胡安国的季子胡宏（1105~1161），"开湖湘学源之学统"（《宋元学案·五峰学案》）。他的"大哉性乎，万理具焉，天地由此而立矣""万物皆性所有"（《知言》）等一系列论述，都把与道结合的性作为最高范畴，体现出他所继承的游酢的道体说的思想传统。

四　余论

游酢的价值追求定位，没有脱离封建社会的大的价值定位——儒家价值观，没有脱离游酢所继承的洛学。游酢是洛学的首要传人，在程门四杰中，一般称游（酢）、杨（时）、谢（良佐）、吕（大临）。游酢20岁便在京师见程颢，是年程颢即召游酢任教职。此时游酢放弃词章之学，而改为理学。而游酢与杨时同在程颐门前"立雪"，则是师事程颢九年以后的事。

所以后人曰："孔孟之道得二程而明……二程之教得游（酢）、杨（时）而广。"① 作为程门中坚的游酢，视二程所推崇的《大学》《中庸》为神圣的经典而坚定地践履之；同时，他在继承洛学的同时也有自己的独到见解。南宋朱熹对游酢的一些独到思想很重视，他吸收过游酢的一些见解。如朱熹在《孟子集注》中采用游酢的"欲诚其意，先致其知"的见解；在《论语集注》中采用游酢的"《学而》一篇，大抵旨在于务本"的见解。

追溯闽中理学发展史，应肯定，闽中理学的最初发展，主要归功于游酢与杨时两人载道南归后的倡导洛学。而后世杨时多有重名而游酢却少为人知的原因是多方面的。游酢卒时，正值北宋灭亡前 3 年（1123），当时国家处于极端混乱之中，无暇顾及思想理论问题，当时游酢及其弟子的思想不被人重视也不足为怪。杨时卒于南宋建立后的第 9 年（1135），并且生前担任过经筵侍讲等要职，在抗金问题上也提出过激烈主张并影响当时民众，且社会地位高，门人也多，所以影响大。再加上，游酢大量著作未能流传下来。明人徐渤在《红雨楼题跋》第 1 卷中提到，游酢著作留存下的仅百分之一。以上种种原因正可说明，我们现在所能追寻到的游酢思想可能只是零星；但就是这一点零星，也有许多思想的闪光点。我们现在对游酢思想的研究，不能脱离当时社会，也不能拘泥于游酢思想的细节末枝，而是要从游酢的思想中看到他对理学所做的贡献。我们在对游酢思想的历史追寻中，还要领悟出可以值得弘扬的哲理和有益的教诲，使之成为现代文明建设的有益补充。

（原文载《朱子学刊》总第 12 期，黄山书社，2003）

---

① 参见左宰为《游酢文集》所写的"序"。

武夷山的学术文化传统

武夷山脉,雄峙于福建西北、西南,是福建最高而又最长的一条山脉,它又有大武夷、小武夷两个称谓。本文所称武夷山是指小武夷,即专指武夷山市境内方圆60多华里,丹山碧水、别具一格的武夷山风景区。小武夷,是人与自然和谐的名山,它不仅风景优美,而且人文荟萃,是历史文化名山,有"地灵人固杰,人杰地益胜"(参见舒芬《武夷山志·序》)之美称。在思想文化史上,它是三朝理学之薮,宋代理学最大学派——闽学学派的摇篮;它有悠久的书院文化传统;历代文人墨客在此山中云从星拱,流风相继。武夷山中,学术文化人物众多,成就卓著,其中,朱熹等在中国文化史上占有重要地位。

一　武夷山的闽学文化传统

据清代董天工《武夷山志》记载:宋元明清(迄乾隆初)四朝,仅先后在崇安(今武夷山市)武夷山风景区内隐居的文人、高士就有19人,结庐读书讲学的名儒有43人,来武夷山游览寻胜的学者名臣有387人;其中著名理学家有47人,而以闽学学者为多。

闽学是宋代理学濂、洛、关、闽四大学派之一。闽学是由南宋大思想家、大教育家朱熹开创的,朱熹的学术思想是这个学派的学术主张,所以闽学又称朱子学。朱熹晚年在福建建阳考亭讲学,因此闽学学派又称考亭学派。

闽学学派形成于武夷山的武夷精舍。该精舍位于九曲溪畔的隐屏峰下。精舍地广数亩，设计精巧，在当时武夷山建筑中算一巨观。朱熹在武夷精舍讲学，历时八年（1183～1190）。这八年中，闽学学派的基本学术力量汇聚于武夷精舍。南宋王遂《重修武夷书院记》中这样记载："朱熹之讲学武夷，诸生不远千里而聚首执简。"可见当时武夷精舍名气很大。闽学学派成员众多，仅有名字可考的朱熹门人就有 511 人。闽学学派的学者们原先固然也处在各种各样的社会关系之中，但是一般的社会关系还不能满足学术研究的特殊需要，因而他们聚集在武夷山，在导师朱熹的指导下开展学术活动。可以说，武夷山为闽学学派的成员们创造了一种"小气候"，使成员们有更多机会在志同道合的气氛中一起接受师说，切磋学问，探讨问题，酝酿课题。在武夷精舍，朱熹的《四书集注》完稿。在《四书集注》中，朱熹阐述了自己的一套价值理想、思想规范、人格标准以及实践方法等。《四书集注》在武夷山的完成，标志着理学思想、宗旨、理论论题、学术规模都在朱熹学说中确立起来了。朱熹学生中留有著作者达 72 人，他们中多数人曾在武夷精舍接受师说，探讨学问，在武夷山留下了历史的脚印。

在武夷山形成的闽学，虽以地域起名，但不以地域标宗，也不以地域限流。闽学是朱子学派，它不限于福建地区。作为宋代理学中成就最大且相对独立的闽学，随着该思潮在地域上的广泛分布，其地位在元、明、清三朝中的长期独尊，其思想影响的加深和社会作用的强化，便被人们普遍地称为"朱子之学"或"朱学"了。朱子学在元、明、清三朝受到最高统治者的尊崇，成为封建国家的官方意识形态。同时，朱子学又是一种文化成果。宋末以来的众多学者通过对朱子学的苦心力索，产生种种诠释、理解，也出现新的创造，这是朱子学延续的表现。这种延续更形成一种文化系统和思想发散，因而朱子学深深影响了元、明、清三朝的学术流派和学者。因为朱子学具有文化普遍性的一面，所以它能够超越社会结构的差异，被人们作为传统加以继承和发展，直至当代。朱子学从 13 世纪起还跨越中华民族的地域界限，影响东北亚的朝鲜、日本，东南亚的新加坡、越南等国，也在西方产生一定影响，因而朱子学又具有国际性。朱子学如此广泛、长久的传播、影响，追溯其源头，是在武夷山。这里是朱子学的形成地。这里积淀、凝聚了丰富、深刻的思想内涵，铭印着朱子学派学者们的思想感情、思维方式，寄托了他们的向往与追求。

二 武夷山的书院文化传统

"夫山固有仙则名，尤必待名贤而始名也。"（参见蓝陈略《武夷山纪要·自叙》，转引自清董天工《武夷山志》）朱熹筑精舍讲学于武夷山，这个山的名气大起来了。武夷山作为传播古代社会文明的文化带，人们常将其与泰、华、恒、嵩并提。宋以来，多有鸿儒在武夷山中设立书院，讲学授徒，使武夷山的学术教育事业在数百年中长盛不衰。初步统计，宋以来武夷山历代书院及讲学处有 20 多处。

书院制度是中国古代学制中的一个组成部分，它对保存中国古代典籍和宣扬儒家学说都有重要作用。宋代以前的书院，不是学校，而是藏书和校勘书籍的处所；到宋代时，书院才指讲学的地方。但宋初书院规模不大，且数量少，不久均相继衰落。宋高宗南渡以后，书院才发达起来。南宋书院的发达，发轫于朱熹修复白鹿洞书院；之后，朱熹又兴复岳麓书院。此后，各地相继成立书院，延聘名儒学者讲学于书院。当时在福建，书院的设立很普遍，而分布比较集中的地方是闽北，尤以武夷山为最。武夷山书院的发展与讲学风气之盛与朱熹的提倡极为密切。武夷山的书院文化传统尤以武夷精舍最有代表性。朱熹创武夷精舍之后，众多门徒在这里被培养成材；朱熹的理学思想也从这里传播出去。朱熹逝世后，武夷精舍受到历代官府重视。南宋末改为紫阳书院，由官府拨给学田。明正统十三年（1448）改为朱文公祠。明正德十三年（1518）以及万历年间都重修过。清顺治十六年（1659），崇安县令韩士望再予重修，次年因大风袭击而圮毁。清康熙二十六年（1687），官方出资修建，康熙皇帝御笔亲书"学达性天"匾额赐武夷精舍，同时颁赠各地学宫。康熙五十四年（1715），文渊阁大学士理学家李光地（1642～1718，福建安溪人）与当时闽浙总督觉罗满保倡导扩建。此次扩建后，武夷精舍焕然一新。关于武夷精舍的文化影响，清人董天工在《武夷山志·原序》中说："迄朱文公开紫阳书院，四方响道者云集，诸贤儒相继星拱。"武夷精舍对后代学风启迪良多。元、明、清三朝，许多学者在武夷山从事文化创造活动过程中弘扬朱子精神，使中华传统文化得以光大。从文化学视野研究武夷山的书院文化，便要通过考察武夷山历代书院的构筑与分布，廓清这些书院产生和发展的时代背景，了解它们所发挥的社会作用，揭示蕴含其中的历代文化创造者主体的思想活动、文化传播与交流的方式、文化变迁的历史以及在其中所显现出来的文化精神、民族性格等等。在当代改革开放的大气候下，武夷精舍的书院文化传统更引起人们的重视。

三 武夷山水孕育出绚丽多彩的文学作品

武夷山风景区，丹峰夹峙，溪水抱流，峰逐波转，水随峰流，山川景色明媚动人。碧水丹山陶冶了一代代文人墨客，孕育了绚丽多彩的文学作品。

游武夷的诗文，风格多样，有的绮丽，有的婉约，有的伟岸，珠玉连篇，美不胜收。南朝时就有关于武夷美的描述。齐梁时著名文学家江淹，是最早用文字表达对武夷山水赏识的文人。他曾任职于建安（治所在今之建瓯）之吴兴（今之浦城）。他在《江文通集·自序》中写道："地在东南峤外，闽越旧境也。爰有碧水丹山、珍木灵草，皆淹平生所至爱。"自此以后，人们便把"碧水丹山"作为武夷山的代称。南朝时的顾野王（吴人，字希冯），随父到建安（今建瓯），曾泛舟九曲，游览了武夷诸胜，感叹道："千峰竞秀，万壑争流，美哉河山，真人世之所罕觏也。"后来他在武夷讲学著书，对崇安文化的发展做出了很多贡献，所以史书上有"崇人知学自野王始"之说。宋朝以来，文人墨客游武夷的更多，他们的纪游诗文绚丽多彩。如宋代大诗人陆游在《黄亭夜雨》中写道："未到名山梦已新，千峰拔地玉嶙峋。黄亭一夜风吹雨，似与游人洗俗尘。"其诗洒然拔俗，引人遐思。宋代大词人辛弃疾在《咏武夷》诗中吟道："行尽桑麻九曲天，更寻佳句可留连。"大思想家、大学者朱熹也对武夷山水着了迷，他在《九曲棹歌》中吟道，"武夷山上有仙灵，山下寒流曲曲清"，"九曲将穷眼豁然，桑麻雨露见平川，渔郎更觅桃源路，除是人间别有天"。宋高宗时宰相李纲（邵武人）来到武夷山，吟道："行行路近武夷山，秀气蜿蜒百里间。苍石插天云缥缈，碧溪通壑水弯环。神仙恍惚谁能识，洞府深沉自不关。"宋朝刘斧在《游武夷山记》中描述武夷山的峰峦岩岫"峭拔奇巧，高下相属，吞吐云雾，草木蒙茸，寒暑一色"。武夷山的美妙处，在于它山拥丛峰，流水九曲，人称武夷有"三三六六"之胜，"三三"指水，"六六"指山，山环水绕，各尽其妙。明代学者、大旅游家徐霞客在他的游记中说，武夷山"岩既雄扩，泉亦高散，千条万缕，悬空倾泻，亦大观也"。明代大学者王守仁（阳明）游武夷山时作诗云"溪流九曲初谙路，精舍千年始及门"，表达了他对九曲溪和前代学者所建书院（精舍）的迷恋之情。清代著名诗人袁枚游武夷山期间，宿武夷岩，下幔亭登舟，盛叹所见景物的尽善尽美。他在《游武夷山记》中以文论山："武夷无直笔，故曲；无平笔，故峭；无复笔，故新；无散笔，故遒紧。"近代以来关于武夷山的诗文，与前人相比，具有一种开朗俊健的时代特色。如郁达夫在其《南游吟草》中就吟道："武夷三十六雄峰，九曲清溪境不同。山水若从奇处看，西湖终是小家容。"郭沫若 1962 年游武夷时写有《游武夷》诗一首："玉女方淋浴，慵妆傍镜台。虹桥横水断，云幔逐波开。大块多诗笔，扁舟一酒杯。坐观天入峡，深幸雨中来。"费孝通游武夷时吟道："谁说造化心无计？武夷山水如此奇。独石兀立成千峰，涓涓细流汇曲溪。"武夷山的九曲溪畔还有众多的摩崖石刻，灿烂多姿，风格各异，是艺术精品、文化宝藏、文物中的瑰宝。文人们留下的关于武夷山的诗、文、题字很多，仅清代董天工在《武夷山志》中就辑录了 500 多位诗人咏武夷山的诗词 1400 余首。描写武夷山的文学作品，为武夷山水增色，并能唤起人们对祖国山河的热爱，激励人们要有旷达的胸襟、高远的志趣，其中的文化内涵十分深厚。

武夷山大王峰南麓的冲佑观，是文人们来武夷必游之处。它建于唐代，宋代大中祥符二年（1009）下诏扩建，增修屋宇 300 多间，建筑面积 1 万多平方米，历代赐田累计 1 万多亩。宋代著名道士白玉蟾及其门徒曾活动于此处。宋朝廷还安置了一批冲佑观提举和主管，他们是一批著名文人。据载，自宣和三年（1121）起，至南宋末，有 25 人提举或主管冲佑观，他们是：程振、刘子翚、张维、林大中、辛弃疾、黄家存、王顺愈、黄度、李祥、陆游、彭龟年、张栻、傅自得、朱熹、叶适、吕祖谦、郑侨、王自中、薛叔似、陈舜申、刘光祖、魏了翁、赵善湘、张忠恕、黄幹。其中大多数是当时名儒，他们的道德文章为世人所崇仰。他们之中，任数最多的是著名诗人陆游，他先后任冲佑观提举三次；任职时间最长的是南宋永嘉学派的开创者叶适，任期达 13 年之久。刘子翚是崇安人，理学家，朱熹的老师；辛弃疾为著名诗人；朱熹是大思想家、大教育家、文化巨人；张栻、吕祖谦是与朱熹并称为"东南三贤"的著名学者；魏了翁是与真德秀齐名的著名理学家；黄幹是朱熹大弟子。朱熹、张栻、吕祖谦、魏了翁还是从祀孔庙的公认大儒。宋代提举或主管冲佑观的这些文人们，为武夷山留下了许多字字珠玑的美文，作品流芳百代，使武夷文化更添异彩，他们的人文精神对后代人产生了很大的影响。

（原文载《朱子文化》2007 年第 3 期）

宋学精神与宋代福州文化

中华民族精神是中国文化的本质和核心。它的存在，广泛地表现在中华民族的物质文化、精神文化和生活实践中，特别集中地反映在中华民族的各种意识形态中，并深深地渗透到中华民族的思维、语言和社会心理中。其发展与中华民族各个时代的精神紧密相联。时代精神是一个民族在一个时代由其特殊的精神需要、精神状态和精神力量所构成的精神特征。在宋代，中华民族精神与宋代的时代精神结合的体现便是宋学精神。宋学精神的根本点，在于复兴儒学。宋学精神对宋代福州文化进步的推动，体现为宋代福州理学的昌盛与科举文化的发达。

一　宋学精神与"闽中四先生"

从五代开始，儒学的发展遇到了困难，当时称为儒学"大坏"。作为中国文化负荷者的士子们，挣扎在一个漫长的文化转型期。到了北宋，土地分配方式发生重大变化（由国家占有权为主的土地所有制形式转向私人占有权为主的土地所有制形式），这一重要经济变化引起政治方面的适当调整和变革。这样，时代便向思想家们提出了一个尖锐的课题，就是在经济政治关系变化的冲击下，如何尽快完成文化转型，形成新的理论模式，以适应新的经济关系，从而重新论证当时政权的合理性，为社会体制的一系列调整提供总的依据。在这种情况下，产生了宋学。宋学也可称为理学，因为它是以阐明义理为宗旨的。宋学登上历史舞台，是以北宋"庆历新政"和"熙宁新政"两次社会改革（即范仲淹和王安石分别发起的改革）为背景的。它最早是从疑经思潮以及编史活动开始的。当时一批儒者纷纷起来排《系辞》、毁《周礼》、讥《书》、黜《诗》。例如，关于《易传》的作者是否是孔子的问题，从汉代至唐代，都沿袭《史记·孔子世家》《汉书·艺文志》的说法，肯定孔子作《易传》，但是到了宋代，就有人不相信孔子作《易传》，甚至不相信文王演周易、伏羲画八卦。北宋欧阳修就在其《易童子问》第3卷中根据《易传》中的系辞、文言、说卦等文义和文体不一致所造成的"众说淆乱"，指出《易传》不是孔子所作而是后世学者所作。还有苏轼在元丰元年十一月十九日写的《庄子祠堂记》一文中提出，《庄子》33篇并非庄子一人所作，其中不少篇章不符合道家思想，"皆出于世俗，非庄子本意"。欧阳修在编写《新五代史》时还指出，像石敬瑭、石重贵这样卖国求荣，甘当"儿皇帝""孙皇帝"的人，已经难以用"人理"来对他们进行评价了。这实际上已经提出了"理"这个问题的重要性。特别是"宋初三先生"（朱熹这样称呼胡瑗、孙复、石介三人），对理学（新儒学）的兴起，有着直接的影响。他们治经，注意探求经书之本义，寻求"圣贤旨意"，将经典作为哲学而不是作为训诂对象来看待。这是一种义理之学，也称之为宋学。宋学是相对于汉学而言的。汉学，是自汉以来以解释经典字义为主、将经典作为历史材料看待的训诂之学。而诸如胡瑗、孙复、石介，他们治经大大不同于汉儒。他们不拘泥于字义训诂，而是直求经书的"微言大义"，探寻所谓圣贤的精神所在（义理）。胡瑗的《周易口义》、孙复的《春秋尊王发微》等都对经书做新的理解。胡瑗、孙复、石介开了义理解经的先河，也可说开理学之先河。所以，朱熹把他们称为"宋初三先生"。

而稍后于"宋初三先生"讲学北方之时，即仁宗时期，福建的"闽中四先生"已在福建讲学。"闽中四先生"即陈襄、郑穆、陈烈、周希孟，都是侯官（今福州）人。"宋仁之世，安定（胡瑗）先生起于南，泰山（孙复）先生起于北……闽海古灵（陈襄）先生于安定辈盖稍后，其孜孜讲道……其倡道之功，则固安定、泰山之亚，较之程（二程）、张（张载）为前茅焉。"（《宋元学案·古灵四先生学案》）可见，"闽中四先生"稍后于"宋初三先生"而稍前于二程与张载，是在中国东南倡导宋学、义理之学的重要学者。陈襄，字述古，学者称古灵先生，生于宋真宗天禧元年（1017），卒于宋神宗元丰三年（1080），官至天章阁侍讲。他一反当时学者崇尚辞章之风，而潜心于孔孟知天尽性之义理，在家乡侯官及福建北部浦城积极办学讲学。郑穆，字闾中，系陈襄的妹夫；陈烈，字季慈，称季甫先生；周希孟，字公辟。他们都以"经术"授徒，而不是以文辞应科举。他们都建有聚徒讲学的学舍、书堂。这些不是启蒙私塾，而是带有私人性质的书院。当时福建地方官对"闽中四先生"很尊重。蔡襄是当时著名官员，他调知福州时就"延见处士陈烈，尊以师礼"（《闽中理学渊源考》）。欧阳修对"四先生"也极尊重，"而陈襄、郑穆方以德行著称乡里"，"公（欧阳修）皆折节下之"（《闽中理学渊源考》）。可见，当时官方对"闽中四先生"十分敬重。"闽中四先生"轻辞章、重义理，用力于孔孟知天尽性之说，强调儒家伦理纲常，他们"实操道化之始以丕变旧俗"（《闽中理学渊源考》）。他们在福建传播的是宋学精神。

宋学精神，是一种理想主义精神，它的思想是出于重建国家秩序的动机。赵宋王朝，其空间地域是比较狭小的，因为当时中国北方存在辽、西夏等少数民族政权，它们控制着大片国土，这就使得宋王朝在 11～12 世纪的中国文明中很难凸显自己的中心地位。特别是由于受异族文明的冲击，中国传统的儒家文明在宋初生活世界中，很难谈得上有指导力。于是，宋代思想界总是不断地讨论着历史"正统"和"尊王攘夷"等问题，明确强调要重建中国古代文明中的君臣、礼乐等"中国之常道"，要廓清异端邪说。这样的讨论，有助于学术思想的活跃和营造宽松的文化环境。随着文化环境更加宽松以及士人对赵宋王朝政权合法性的认同，许多士人对国家提出了更加高调的理想主义要求。为使人们从根本上认同国家权威和增强民族信心，宋代知识分子有意识地倾向于倡导一种"道"的思想理论，以求统一人们的思想。程颢、程颐等理学家提出"天理"的思想，朱熹理学理论体系在南宋时期的建构，都是系统化理论化的理学思想的代表。理学反复凸显的儒家典籍是《大学》《中庸》，以之为载体表达当时士人的理想。理学用超越现实的"理""天理"来重新清理现实中所有的自然知识和社会知识，重构了一个新的知识、思想和信仰系统。它是儒学的复兴，对重新确立儒学文化的意义和士人的社会地位具有重大作用，它体现了宋代的时代精神。当然，宋学在体现宋代时代精神的同时，也继承了中华民族的传统文化。中国有着十分漫长而又成熟的农业文明，儒家和道家的伦理中心主义和"天人合一"的文化精神，以及以稳定、秩序、节制、中庸为根本特征的思想和行为规范，被中华民族各个时代的人们所普遍认同。它们形成了一种文化模式，并以其内在的、不知不觉的、潜移默化的方式制约和规范着后来各个时代中国普通人的行为，赋予中国人的行为以根据和意义。虽然政治经济制度对人们有更直接和强烈的影响，但中国传统文化模式的影响力却具有持久性和稳定性，只不过它在宋代发生了一点符合时代精神的变化而已。

二　宋代福州理学家王苹、黄榦

在宋代，福州理学家中尤为突出者是王苹和黄榦，他们的学术代表着宋学精神推动下的福州理学文化的水准。

王苹（1082～1153），宋代福州福清人。他师事理学奠基者二程，是洛学传人，同时又是洛学向陆九渊心学过渡的关键人物。王苹的哲学贡献在于强调"一己之心"就是"道"本身。王苹在召对时对宋高宗讲："尧、舜、禹、汤、文、武之道，相传若合符节，非传圣人之道，传其心也；非传圣人之心，传己之心也。己之心无异圣人之心，万善皆备。故欲传尧、舜以来之道，扩充是心焉耳。"（《宋元学案》第29卷《震泽学案》）后来心学的以心为理、心外无理的精神，在王苹思想中其实已非常明确。心在儒家的哲学中，本是一个具有虚灵知觉功能的自然器官。儒家注重心的功夫，但并不认为"心"即理。二程等将这种心的功夫确定在对"喜怒哀乐未发谓之中"的体认上，其中最重要的是使人心归诚，即真实无伪。而真实无伪的最大阻碍是人心为物所累，因此人就要注重应物而不累于物的气象涵养。但是，二程所强调的只是自我意识的控制，而不是对引起人心萌动的对象的客观性否定。而王苹却将心的功夫导向对物的消解。王苹讲："人心本无思虑，多是记忆既往与未来事，乃知事未尝累心，心自累于事耳。康节诗：'既往尽归闲指点，未来都是别支吾。'故君子思不出其位。"（《宋元学案》第29卷《震泽学案》）王苹虽然没有直接否定事物的客观存在及其进入人的意识之中，但是他通过对物的存在的连续性的否定，使事物的存在过程被切成毫无关系的碎片，使物的存在成了一种当下的存在；尽管这种存在不失为一种存在，但结果则完全成为一种虚化的存在。物已成为碎片，那么与理为一的心，只能成为毫无任何确定性可言的当下感发了。王苹不仅开启了后来的陆王心学，而且比陆王心学走得更远，完全已失其步伐，迷其路径，遁入佛学。故全祖望针对王苹的上述问答指出"此亦近乎禅家指点之语"（《宋元学案》第 29 卷《震泽学案》），确实是这样。它证实了王苹的确是开理学"心学"之先声的关键人物。从中也可看出，宋代福州士人对理学是有很大学术贡献的。

黄榦（1152~1221），福州闽县（今福州）人，南宋理学家。他是大理学家朱熹的大弟子和女婿，跟随朱熹 26 年，是闽学学派（即朱熹学派，或称考亭学派）的最重要学者之一。朱熹逝世后，黄榦理直气壮地维护朱熹学说。黄榦在学术上主要是固守师说，但对师说也有所发挥。他认为，道之体不是一，而是二。他说，"非其本体之二，何以使末流无往不二哉"；"所以为阴阳者，亦不出乎二也"。（《黄勉斋先生文集》）在黄榦看来，道作为宇宙本体不是一，所以作为道之用，作为道派生的万事万物才有二。黄榦更偏重论述道之用，即偏重道的应用方面。他认为理的本体更体现在用上，这样才不会使体用割裂，因此他说："洒扫应对事虽至粗，然其所以然者，便是至精之理。"（《黄勉斋先生文集》）因为理体现在日常行为中，所以本来一些高深难释的哲学问题，黄榦用日常生活中的事例来解释，就十分明白了。在道统问题上，黄榦论述了朱熹的道统地位、道统观念，指出圣人相传的谱系和儒家基本价值的传统；指出不同时代会产生不同的圣人，他们共同构成了一个正统的传承，这种传承不一定是直接接受，也可以是超越时代的"心法"之传。黄榦认为，朱熹集儒家道统之大成。他列出道统的传授次序：尧、舜、禹、汤、文王、武王、周公、孔子、颜子、曾子、子思、孟子，以及宋代的周、张、二程、朱熹。黄榦把"传承道统"看成是朱熹的最大成就。黄榦还发挥朱子学遍求诸家的优点，他对朱学以外的其他学派，没有采取一概排斥的态度。比如他认为，"尊德性"不可否认，它和"道问学"结合起来就是正确的了。他说："尊德性所以存心，而极乎道体之大；道问学所以致知，而尽乎道体之细。"（《黄勉斋先生文集》）即认为"尊德性"和"道问学"二者结合起来才全面。在朱熹殁后的若干年，闽学学者都尊黄榦为道统的继承者，使之居于闽学学派领袖地位达 21 年之久。这是当时公认的。后来黄震在《黄氏日钞》中也说过：朱熹门人号高弟者，遍于闽、浙和江东，独勉斋先生强毅自立，足任负荷，同门有误解，勉斋一一辨明。

以王苹和黄榦为代表的福州理学学术文化，在整个宋学文化中占有重要地位。

三　宋学价值观引导下的福州科举文化的发达

科举制历经隋、唐、五代，到了宋代，宋太祖又对之进行了一系列改革。改革主要有以下两点。一是确定殿试制度。皇帝亲临殿试，显示朝廷对科举取士的重视。殿试的实质是皇帝亲自掌握选拔官吏的权力，录取的进士成为"天子门生"，防止大臣利用科举收纳门生，形成朋党。二是改善考试方法。这就是实行糊名（又称弥封）、誊录制。糊名，就是将试卷上考生姓名、籍贯、家世等封贴起来，依据试卷上的成绩来定取舍，然后再揭开封贴。誊录是指为了防止主考官辨认考生笔迹，派人将考生试卷另行誊录。这种制度大致保证了士人在考试中的机会均等，也使竞争相对公平。科举取士制度的改革影响到官吏的来源构成。严格而完善的考试制度，使普通读书士子站在同一起跑线上与世家子弟竞争。这使世袭贵族操持政治的状况在宋代大有改变。普通士人凭借个人奋斗，通过科举考试，有机会进入政治机关，有些人还入阁拜相，处于权力的宝塔尖上。宋代科举取士制度的变化带来了社会文化的大变化。从根本上说，宋代科举取士制度的改革，离不开宋学价值观——儒学复兴精神的引导。

宋代福州是儒学文化较发达的区域，举进士者多达 2247 人。宋代福州儒学文化的发达，自然主要是宋学价值观的引导，同时也有经济与社会发展的背景支撑。宋朝统一后，南方经济的发展突飞猛进，南北交通比前代更为畅通。福建与阿拉伯等地区的经济文化交往更为密切。南迁的北方移民大量入闽，带来了中原文化，经济重心逐渐南移，使福建文化发展有了更为坚实的经济基础。再加上许多著名人物在福州任职，大大推动了福州文化教育事业的发展，如蔡襄、曾巩、梁克家、赵汝愚、辛弃疾等，都有力地推动了宋代福州文化的发展。福州科举文化之所以发达，是与此有关的。

（原文载福建省炎黄文化研究会、中共福州市委宣传部编
《闽都文化研究》，海峡文艺出版社，2006）

玄武信仰与民间祠祀

玄武信仰与民间祠祀关系密切。民间祠祀是人们表达自己对神灵祈求的方式。道教的民间祠祀在民间有一大片生存的土壤。民间祠祀反映了中国信仰神的实用性。泉州民间祠祀中，玄武神的地位很高。

民间信仰只要约定俗成，而不需要宗教那样完整的理论体系、严密的伦理道德规范、自成体系的组织与教规教义。民间信仰属于庶民，同时又具有浓厚的历史文化积淀。民间信仰深入生活、富于乡土气息和人情味，具有广泛的民众性。对民间信仰要认真加以研究，取其精华，弃其糟粕。

道教信奉的玄武，其形象为披发、黑衣、仗剑。其脚踏龟蛇，或龟蛇二物之像置于其旁，因此其形象慢慢趋向龟蛇合体。玄武像旁侍从者执黑旗。玄武神是水神，为北方之神，与青龙、白虎、朱雀（即朱鸟）合称四方之神。北宋时因避讳，改玄为真，称为"真武"。

研究玄武信仰，要与道教哲理、民间祠祀结合起来分析，还要研究其与民俗文化的关系。

一

玄武信仰的形成，是宗教家有意识构造宗教神的意愿的体现。玄武"帝格"由汉代谶纬家初次构建，到南朝陶弘景的道教神谱中得以定型。

汉代谶纬家，以阴阳五行学说为骨架，对宇宙起源与结构、人间伦理与道德都颇为关注。他们所造的神话常含有较深的象征意义。当时谶纬家造"五帝五灵"。它指的是"东方苍帝",神名灵威仰,精为青龙;南方赤帝,神名赤熛怒,精为朱鸟;中央黄帝,神名含枢纽,其精为麟;西方白帝,神名白招矩,精为白虎;北方黑帝,名叶光纪,精为玄武。五帝五灵其为五行、五方、五色的象征。从中可知,玄武(北方黑帝)神早在汉代就已在神话中出现了(《太平御览》第1卷《鬼神部》)。后来,玄武进入道教体系之中。道教是产生于汉末的宗教。道教有好几套至上神系统,有多样的信仰风貌,但都与"玄"的理论有关,与《道德经》相联系。张鲁曾叫弟子学老子五千文(即《道德经》)。道教至上神系统更以被至上化的老子(即道教的"太上老君")为至尊。在道教中,太上老君是大道主宰、万教之主。加上《道德经》的广泛流行,老子哲学的"无极""玄"等便成了太上老君各种称呼变化的依据,如称太上老祖、混元老祖、无极老祖、无极圣祖、无极至尊、混玄圣祖、玄玄上人等。这些称呼,有的是太上老君的异名,有的则另立神话与传说。"玄天上帝""玄武帝"便是道教神话与传说构建过程中出现的一位道教神,其中冠以"玄",便是以《道德经》中"玄之又玄"为依据而延伸到道教神之中的表现,也反映了老子思想对道教神仙系统、道教的造神运动的深深影响。

南朝时,玄武神被正式列入道教神谱之中。人们希望生活在稳定的意义系统之中,总是力图在他们所能接触到的文化中寻找超验的可能。宗教这种超验的方式,是中国传统社会人们的一个意义来源。魏晋时人们追求的玄学,就是人们对超验的追求无法扼制的冲动的体现。玄学中包含老、庄理论以及汉代黄老之学的积淀。这又为道教理论与实践体系提供了理论框架。老庄的宇宙系统观本来就是玄而又玄,无法证伪,因而给人们神化的可能;老庄超然世外的人生哲学也吻合道教守神保精、养气全真的宗旨。于是,老、庄的"玄"融入道教之仪式、方法、神谱及理论中的速度加快。从葛洪、陆修静到陶弘景,一大批士大夫在理论上引进"玄"的哲理及老庄道家其他思想,并与巫仪方术相嵌合,构筑道教理论体系,组织神谱,制定种种道教规范。于是,在东晋南朝,然后在北朝,道教成熟起来了。成熟的道教体系,包括理论、神谱、仪式、方法,是在葛洪、陆修静、陶弘景这些宗教家手中完成的。葛洪《抱朴子》内篇,开首便是《畅玄》:"玄者,自然之始祖,而万殊之大宗也。"接下来又大加发挥"玄"

之微、之远、之妙。陶弘景造的道教神谱，以元始天尊为首，左右分布"五方道君"。这五方道君（或称"五老"）便是：东方青灵始老，南方丹灵真老，中央玄灵黄老，西方皓灵皇老，北方五灵玄老（即玄武）。这样，在道教神谱、道教殿堂之中，玄武便堂堂正正地上了神位。

由此可知，玄武神是在南朝陶弘景的道教神谱中得以定型的。

二

玄武信仰与民间祠祀关系密切。特别是在泉州一带，民间玄武祠祀有长期影响。

民间祠祀是人们表达自己对神灵的祈求的方式，是希望把人们的要求转告给神仙，再把神仙的庇佑传达给人们。它又进一步营造了大众信仰的心理氛围。道教的民间祠祀在民间有一大片生存的土壤。齐醮祈禳、禁咒通符、印剑镇妖、占卜扶箕、令牌考召、祈雨止风、镇宅镇墓……在民间长盛不衰。民间祠祀是万物有灵观念的体现。早在春秋战国时期就有众多的民间祠祀。秦灭六国，但灭不了大大小小的民间祠祀。汉高祖代秦，搜集秦与六国之巫，皆用之，这无疑是对民间信仰的一大鼓励。所以汉代巫鬼信仰最盛，民间祠祀也特多。特别是西汉末王莽时，民间祠祀已多得不可计数，以至应接不暇了。民间祠祀是中国古代源远流长的信仰传统。由于它与人们的现实生活最为贴近，所以数千年来在民间生生不息，保持着顽强的生命力。同时也以这种生命力滋润着佛教与道教。特别是佛教、道教面临衰弱局面时，便到民间信仰中去寻找新的生机或新的生长点。由于有这样一些关系以及其他种种机遇、缘由，儒释道三教的神祀与民间神祀逐渐同化。人们广祀神祇，多方求拜，却并不注意三教分别，而是关心能否祈祷免灾、祈祷是否灵验。老百姓对民间神明感到特别亲切、实惠。老百姓对佛、道信仰的遥远目标并不感兴趣，对天地祖先信仰又被老百姓认为是最上层人物的事，而能慰其心、能遂其愿的便是民间祠祀了。民间神祀反映了中国人信神的实用性。某种神灵验，即大盛；不验，即不去祀之。民间神祀的神的创造，没有一定的规制，大到山川河流，小到木石鸟兽，更多的则是人鬼之祠祀。所以民间祠祀既多且杂，又代有更替。这比某个固定的信仰要方便得多。民间祠祀甚至还得到统治者承认，加入国家祀典。宋元以后，对民间影响较大的祠祀又历朝加封。如对湄洲妈祖神的祠祀便是。民间神祀也有得之于佛教、道教的。关于玄武神的民间神祀便得自道教，但它又是交叉的，因为玄武神本来就与民间的神祀有关。民间神祀与佛教、道教有转化交叉的一部分内容与流变不定的一些形态。如元代道教的全真教，信仰宋代成为神仙的钟离权和吕洞宾；又有五祖七真的说法（五祖即王玄甫、钟离权、吕洞宾、刘操、王重阳；七真即重阳的七个弟子）。这里更融入民间有高尚事迹的人的名字。这也是道教信仰简易化趋势的反映。这种趋势在宋代便已发生，因而宋代造神数量和范围比起前代来分别有所增加和扩大。宋代修建醴泉观，得一龟一蛇，于是便将醴泉观改名为真武观，还给真武塑了像（披发黑衣仗剑、蹈龟蛇，从者执黑旗），后来又加了个封号叫"镇天真武灵应佑圣帝君"（《云麓漫钞》第3卷）。这时，真武与天蓬、天猷和翊圣三个真君合称为"四圣"；同时，原先的玄武与青龙、白虎、朱雀而成"四灵"的尊位依然不变。明公共道德与民间信仰的结合更加密切。不但有玉皇大帝、三清（玉清境、上清境、太清境分别为元始天尊位、太上大道君位、太上老君位）、张天师、三官、玄武神、文昌帝君、萨真人、王灵官、东岳大帝、碧霞元君、八仙等，还有晏公、关公、财神、五通神（五显神）等这些民间流行的神入道。一些地方小神，也归道士去主领。这时期，道教与民间信仰结合得越来越密切了。

泉州民间祠祀中，玄武神（即玄天上帝、上帝公）的地位很高。宋代泉州海外交通昌盛，于是玄天上帝作为水神更受人顶礼膜拜，当时人们将其看作海上保护神。元代，泉州作为大港口，水神玄武自然更受崇敬。加上元朝统治者起于北方，由北方大神庇护其国泰民安更是统治者的愿望，所以元代特别尊奉真武（玄武）。当时传说，武当山就是真武大帝的神山。而泉州供奉真武帝的香火一直很盛，这也与元代以及明代统治者的尊奉真武有关（明朱棣起兵，从北方南下，就在旗上标"真武"二字，显出神威。从朱棣当皇帝，便崇祀真武）。现存的泉州真武庙就有建于宋代的法石真武庙、晋江的崇真寺等。现存的泉州真武庙就有建于宋代的法石真武庙、晋江的崇真寺、晋江安海的霁云殿，都祠祀真武（玄武）。祠祀玄武神，其仪式与方法历代有更替，但都离不了请神驱鬼、避邪、治病、祈祷等等，主要法术离不开求签等等。求签是一种企图预知前途吉凶祸福的方法。签上写着种种字句，以暗示吉凶。签又有所分类，比如有家宅、婚姻、自身、占病、求谋、官讼、山坟、失物、六甲等类。签类书大体都出自元代或明初道士之手，当时签的形式与内容与近代灵签几乎完全一样。清初黄宗羲对签有这样的看法："作为隐语，皆持两可。应之而福也，则人以言福者为其验；应之而祸也，则人以言祸者为其验。由是倾动朝野，押阖乾没。"（《南雷文约》第4卷《七怪》）同时要看到，设立神谱，建斋打醮，禁咒书符，占验扶乩，除了满足信奉者祈福消灾的心理需求外，也肩负着"遏恶从善"即整顿人间伦理秩序的重任。

三

文化是理性与非理性、压抑与冲动互相制约的系统。人类要生存得更好、更自由、更轻松，就要不断发明、创造、进取，这就造成了超过现实的可能，造成人与人之间的对立、矛盾、纠纷乃至战争。为此，人类就创造了一系列的社会规范，借以协调这种欲望与现实的冲突，才产生了一系列道德准则，借以解决人与人之间的矛盾；也产生了一系列发明创造，尽可能满足人类不断增加的需求。这样，"欲望"与"规范"彼此制约，不断变化与发展，便构成了人类文化的重要内容。在封建社会，对士大夫欲望的规范是通过内心自觉升华方式，即完善人格来实现的；而对文化水平较低的人们来说，是通过外在的"礼法"来约束的，而道教及民间信仰的一系列"善恶报应""祸福无门，惟人自召"等说教，则使这种外在的约束力更增强了一份控制和监督力量。

民间信仰与宗教既有联系又有区别。严格意义上的宗教必定与信仰有关，而信仰崇拜未必都是宗教。如民间信仰，只要约定俗成，而不需要宗教那样的完整理论系、严密的伦理道德规范、自成体系的组织与教规教义。民间信仰属于庶民，扩及庶民日常生活层面。民间信仰都具有浓厚的历史文化的积淀。民间信仰贴近民间、深入生活，富于乡土气息和人情味，具有广泛性民众性。从地域意义上说，玄武神在道观中（如在武当山道观中）便是宗教意义上的神，但是这个神长期以来早已走向民间，因此又成为民间意义上的神，是民间信仰的对象之一。像玄武神这样的情况，在中国神仙系统中不为少见。中华民族是一个多神信仰的民族，突出表现为因地因时而异的民间信仰以及品类众多的神（包括地方神）。民间信仰与宗教，都具有浓厚的历史文化的积淀。因此，对民间信仰与宗教文化（包括道教文化）要认真加以研究，取其精华，弃其糟粕。

（原文载《道韵》第 3 辑，中华道统出版社，1998）

论叶向高

叶向高（1559～1627），字进卿，福建福清人。于万历十一年中进士，授庶吉士，任编修、皇长子侍班官、南京礼部右侍郎、礼部尚书兼东阁大学士等，累官至内阁首辅。在明代历史上，叶向高是三朝元辅、两入中枢的著名人物。本文围绕叶向高的历史地位问题，谈一些看法。

一　叶向高政治活动时期的社会大环境

历史人物纷繁复杂、千姿万态，但对他们的认识有一个基本角度，即不能脱离历史人物所活动的具体环境。只有把特定的历史人物置于特定的历史时代中去考察，才能把握具体历史人物的本质特性，又才能谈以史为鉴、引古筹今等问题。这是历史人物评价的一个大局。把握住这个大局，才会使我们对历史人物的评价不出现或少出现偏差。对叶向高的评价，首先就应把握这一大局。

叶向高进行高层政治活动时期是万历末年和天启初年。明朝发展到这一阶段，已进入了它的末期。此时，封建社会的矛盾已充分暴露，社会危机日益加深，资本主义生产关系有了萌芽，阶级关系比以前复杂。可从两方面观察当时的社会大环境。

一方面，封建政治的腐朽已达极点。当时的封建统治者，在无穷贪欲的驱使下，竞相疯狂地兼并土地。一小撮皇室贵族垄断了全国耕地的1/7，江南富庶地区的耕地竟被他们霸占了1/2，从而使广大农民沦为佃农。明中叶以来推行的"一条鞭法"，其结果是积弊日深。它使田赋税收无节制地增加，万历时便已达239万余两；加上官吏贪暴、豪绅掠夺，广大农民破产流亡，造成了明代后期农村经济凋敝和农业生产力严重萎缩。许多地区连年灾荒，而封建统治者依旧对这些地区进行穷奢极欲的掠夺。在统治阶级内部，骨肉之间的争夺与残杀层出不穷。为加强封建专制主义统治，君主越来越重用近臣，从而造成阉党窃夺权势、厂卫统治肆虐全国。宦官专权是明中叶以来政治中最为突出的问题之一。英宗、代宗、宪宗、孝宗、武宗等皇帝，长期不问政事，不同大臣见面。明末的皇帝更加腐朽糜烂。明神宗深居后宫，纵欲玩乐，长期不见朝臣。这时期封建政治腐朽的又一突出表现便是最高统治者加强对经济的干预，以便敛收更多财富据为皇室所有，"矿税"的征收表现最为激烈。叶向高曾一针见血地指出，"自矿税事兴，百姓皮骨俱尽"，"取彼（百姓）膏脂，填此漏穴，敛之既极其难，散之又极其易"（《署南户部上请止钦取钱粮疏》）。当时有识之士皆看到"矿税"对国家生存的危害。如李三才说："近日奏章，凡及矿税……此宗社存亡所关，一旦众叛土崩，小民皆为敌国，陛下即黄金盈箱，明珠填屋，谁为守之？"（《明通鉴》第72卷）皇室的"崇聚财贿"，"使小民无朝夕之安"（《明通鉴》第72卷）。又如，叶向高看到了当时形势是"乱形已兆"（《署南户部上请止钦取钱粮疏》），"朝廷之举动，悠悠泛泛，如浮不系之舟；扰扰纷纷，似涉欲风之浪"（《催考察疏》）。

另一方面，阶级关系复杂化。在农业因封建剥削加重而陷入危机的同时，城市工商业却有较快发展，市民阶层在政治上有所表现，因而当时阶级关系复杂化。由于城市中涌入大量从农村来的廉价劳动力，城市工商业的原始资本积累速度加快。16世纪以来，在东南沿海地区，民营的纺织、造纸、制瓷、冶铁等手工业部门，出现了资本主义生产方式的萌芽。工匠制度的改革，减弱了各行业手工业中的封建依附关系，促进了家庭手工业向工场手工业的转化。据《明神宗实录》中记载：万历年间，出现了"机户出资，机工出力，相依为命"的带资本主义性质的生产关系。这一生产关系，尽管处于萌芽状态，且受到沉重的封建生产关系的束缚，却是一种新的促进力量。这股力量在政治上的表现，就是东林党人的出现。东林党人不满朝政腐败，要求改革现状。其首领顾宪成、高攀龙等，于万历三十二年（1604）在无锡重建东林书院，讲学论政，抨击当朝权贵，反对矿税监，反对阉党。东林党人代表了中小地主的利益，与新兴市民阶层比较接近，对市民有一定的了解和同情。他们的活动，客观上反映了新兴市民阶层的要求。而在江南地区，与工商业发生联系的中层、下层地主日益增多，以农民为主体的反封建斗争队伍也涌入了手工业工人和城市平民等新兴社会力量。这就使明末的阶级关系和阶级斗争状况发生了某些新的变化，也更为复杂。

叶向高在这样一个社会大环境中从事高层政治活动，面临着重重矛盾、众多难题。百孔千疮的明朝腐朽统治既已到了积重难返的地步，它又如何能解决各种社会重大矛盾呢？它又如何能调整好新的阶级关系呢？这是一个没有任何个人能解决重大社会矛盾、扭转逆势、解决危机的时代。这是农民起义暴风雨来临的前夕。

二　叶向高第一次任首辅：在危机四伏的政局中难求善治

明朝自朱元璋洪武十三年（1380）起废除中书省，罢丞相，提高原来在中书省下的六部的地位以分管全国政务，并都直接听命于皇帝。这大大加强了封建君主专制。明成祖朱棣即位后，选翰林官入直文渊阁，参与机务，遂有内阁。入直阁臣，虽然被明成祖视为"耳目腹心"（《明书》第65卷《职官一》），但也仅仅是"备顾问而已"（《明史》第109卷《表第十·宰辅年表一》）。仁宗、宣宗以后，阁臣品位提高，职权加重；嘉靖以后，内阁"列六部之上"（《明史》第72卷《职官一》），并有"票拟"之权（即由首辅主持，对中外章奏加上批语后呈送给皇帝）。尽管阁职渐崇，阁权日重，但究内阁职掌，却并未超出"备顾问而已"。可以说，整个明代，阁臣的地位实际上还是文学侍从之臣，做着翰林分内应做的事情。他们并无汉、唐宰相的实权。事无大小，他们都要秉承皇帝旨意行事。内阁只是皇帝加强专制统治的工具而已。所以，尽管仁宗、宣宗以后，内阁号称宰相，但如有的阁臣真的以丞相自居，号令廷臣，驱使六曹，便迟早要遭罢官或逮治的。例如万历初年张居正任首辅，威柄之操，几于震主，死后却惨遭抄家之祸。总之，在明朝的政治体制下，阁臣一般是不可能有什么作为的。即使有抱负的阁臣，也难求善治。

叶向高于万历三十五年（1607）五月与王锡爵、于慎行、李廷机并名入阁（闽人入阁，始自杨荣，又有陈山。因闽人语言难晓，此后 200 年中无闽人入阁。叶向高入阁，首破 200 年中福建人无人入阁之例）。该年十一月叶向高入朝时，于慎行已卒，王锡爵坚辞不出，因此，当时内阁中实际上仅朱赓、李廷机、叶向高三人。万历三十六年（1608），首辅朱赓卒，次辅李廷机杜门不理事，于是叶向高遂独相。但叶向高入阁八年、独相七年中，竟一次也未能向神宗皇帝当面进言。明神宗朱翊钧从万历十八年（1590）元旦召见阁臣申时行、许国、王锡爵、王家屏后，过了 25 年，即万历四十三年（1615）四月才因张差闯宫一事召方德清、吴崇仁二相入内商榷。因而，万历三十五年入阁任职至万历四十二年的叶向高，当然是一次也未能当面向皇帝进言，而只能书面上疏。叶向高的上疏，"忧国奉公"，"帝心重向高"，"然其言大抵格不用"（《明史》第 240 卷），但也偶尔用叶向高的意见，如"福王之国"问题。福王朱常洵为郑贵妃所生。神宗宠信郑贵妃，以至于长期不立皇长子朱常洛为太子；立朱常洛为太子后，又留福王在身边，不让福王很快就国。郑贵妃的内侍姜严山及"妖人"王三诏用"厌胜术"，诅咒皇太后、皇太子死，拥福王。郑贵妃的专横引起满朝上下官员议论纷纷。大臣们强烈要求福王之国，而皇帝却对郑贵妃无可奈何。这是朝政易发生不稳的关键时候。当神宗叹"此大变事，宰相何无言"时，内侍递上叶向高的奏折。叶向高在奏折中说："臣与九卿所见皆同，敢以闻。"（《明史》第 240 卷）叶向高又上疏曰："且速定明春之国期，以息群喙，则天下帖然无事。"（《明史》第 240 卷）叶向高的建议，神宗皇帝决定采纳。但是，郑贵妃又借口"明年冬太后七十寿辰"，福王应留下庆贺。神宗听信郑贵妃，下令内阁宣布谕意：仍留福王在身边，不之国。叶向高坚持不宣，神宗帝派人问叶向高。叶向高讲明大义，说明若宣此谕，"朝端必不静。圣母闻之，亦必不乐"（《明史》第 240 卷）。结果，"帝不得已从之，福王乃之国"（《明史》第 240 卷）。叶向高处理福王之国问题有魄力，有胆略。因此，《明史》称他"有裁断，善处大事"（《明史》第 240 卷）。

但是，明神宗对叶向高的许多建议，如对请增阁臣、请留尚书孙丕扬、请补缺官、罢矿税等，对他的用人理财之策，大抵不采用。皇帝将宦官视作心腹，宦官几于手握皇纲，辅臣不敢一问，阁臣等于碌碌充位。现实的黑暗，依附地位之苦，使得叶向高毅然选择退隐的路子。万历三十六年，叶向高向神宗递上了"乞休第一书"。

叶向高要求退隐却得不到神宗皇帝的批准，几年中为此发了许多感慨。

他在《答林兼宇》中说自己"如网中之鸟，奋飞不能；釜中之鱼，煎熬更急"（《苍霞续草》第 18 卷）。在《答胡隆宇》中说："至今未得脱离（内阁），危苦之情，笔端难诉。"（《苍霞续草》第 18 卷）在《答孔淇澳》中说："今欲止而不得止，不得止而又不容不止，不容不止而又不得止。"真是"千古所无之遭"（《苍霞续草》第 18 卷）。

他在许多书信中，对当时的社会危机表达了深深的忧虑。如说，"时事艰难，束手无策"（《苍霞续草》第 17 卷），皇帝"深居日久，更防太阿旁落，臣下一言一动，皆以为窃权"（《苍霞续草》第 17 卷）。而各种矛盾纷繁复杂，"北人与南人争，外衙与内衙争，内衙门又自为争。即其人不争，而附丽推戴者又为之争……如此则安能而不厌？安得而乐从乎？"（《苍霞续草》第 17 卷）对宦官专权，他极为不满，说："愚独怪：外戚之祸止于汉，而宦官之祸更历代而不能去，其故何也？"他认为，"世主操近习太弛，近宰相太疏。轻重之势成，而宽严之用失"（《苍霞草》第 2 卷）。"上隔下纷，而独使居中之人坐罪受苦，恐亦千古以来所未有之景象也。"（《苍霞续草》第 17 卷）"今日之事，譬如著棋，当局者既非高手，旁观者亦无善著。"（《苍霞续草》第 20 卷）"昔人谓，两姑之间难为妇。以今观之，两妇之间亦难为姑，而况其不止于两哉。"（《苍霞续草》第 17 卷）在充满危机的境况下，他确实是"进退俱穷，拔身无策"（《苍霞续草》第 17 卷）。

叶向高要求离职的决心，在《与南京吏部诸公》中表达得至为感人。书中说，当家人听到他要离职的消息时，"举家欢喜，以为借此可出长安门"，却不料，"主上勉留"，因此回乡之事"又成画饼"。他是多么悲伤，乃至"一番痛哭"。他叹道："仕宦之苦，一至此哉。"他恳求吏部诸公帮他"卸担息肩，出春明而去"（《苍霞续草》第 18 卷）。他希望摆脱皇权政治，遁迹山林，去拥抱春光明媚的大自然。这是由于现实的黑暗、理想的挫折，逼迫他到大自然中去寻求精神归宿。叶向高确实不愿卷入现实黑暗政治，他多么希望能回到"天高皇帝远"的"世外桃源"似的福清乡下老家，去寻觅一块属于自己的"净土"。这是在无可奈何境地中的无可奈何的选择。叶向高的这一种思想，既不同于那种自觉或半自觉的同流合污或醉生梦死地虚度年华，也区别于强烈的抗争。他要逃出污浊的上层人士是是非非的圈子，去开掘适情怡性的人生境界，追回现实中失落的自我。我们看出，叶向高并没有为官僚机器所完全同化。当他刚一进入中央中枢官僚之内，便深感自己无法与之相融，于是便一而再，再而三地要挣脱它。

从叶向高大量乞休书及给他人信件中所表达的情绪、想法中，也可看出，他特别注重对皇上的道德感化。在宗法社会的中国，道德的威力始终被看作德治的精义。叶向高在错综复杂的矛盾旋涡中，仍坚持履行伦理义务，让"求善"与"求治"联系起来。"求治"从"求善"的原则中推导出来，伦理原则是政治原则的佐证。他关注民族、国家的命运与民生的疾苦，希望王朝对国家的管理能够走上正轨。他愿放弃名与利，哪怕自己受种种委曲，也在所不惜。他在上疏中处处体现出这种精神。他的上疏何等的悲哀，又是何等的自我克制。他忍受了孤独、抑郁，希望最高统治者能理解他的愿望和心情。但是，神宗皇帝已麻木不仁，他对叶向高的忠言都无反应了。这不能不说是时代的悲剧。在无可奈何之中，叶向高叹曰："臣未有尺寸可报国家。"（《苍霞续草》第17卷）

在万历年间，叶向高乞休六十二疏始得准。万历四十二年八月二十日，神宗圣旨说，叶向高"连章恳请，情词之苦，至不忍闻"，鉴于此，皇上"成卿雅志"，于是准予乞休。叶向高谢恩说："皇上赐臣'准回籍'三字，便为万幸。"他要"自此晦迹林泉，投身药饵。虽安危休戚尚自关心，而毁誉是非尽堪塞耳"（《纶扉奏草》第30卷）。

三 叶向高第二次任首辅及其与东林党人的关系

天启元年（1621），熹宗朱由校旨召叶向高。旨曰："旧辅叶向高匡时伟器，经济宏才。今国家多事之秋，正赖元臣。"叶向高当时即辞召命，他称自己"禀赋孱弱"，同时有病在身，"怔忡佗僚，寝食失常"，"一日之中眩晕数次"，"望圣明鉴臣病苦真情"。但是，皇上不允，旨曰："朕日望卿来。"叶向高只好上京。途中又诉说患病，"陈乞以免"。皇上又下旨："卿辅弼元臣，中外倚赖。前奏：闻命就程。日望卿来佐理，何乃复有此请？便着差去行人，敦趣前来，以副朕伫望。"（《续纶扉奏草》第 1 卷）叶向高实在辞不掉，只好赴任。

第二次任首辅对叶向高来说，真是苦不堪言。他在给人的信件中说："老病残生，若复有出山之念，便当为鬼神所诛。此行盖不得已。"（《续纶扉奏草》第 1 卷）"今屏居数载，烦言稍息，岂可又投身群嚣之场，重其罪戾哉。"（《续纶扉奏草》第 1 卷）他说，他本决意不出，其故有三，"往事惊心，一也"；"苦不寐之病"，二也；"士大夫门户已成"，三也。但他为什么又出山呢？他说："今为辽事，不得不一行。……若不力疾一行，人将罪以避难忘恩。"（《续纶扉奏草》第 1 卷）尽心尽忠这一纲常观念使叶向高不忍坚辞圣上之意；同时也是强烈的社会责任感、爱国之心驱使他二次赴任宰辅。而个人的病痛只能置之度外了。因此，他绝不是为显赫的功名、丰腴的利禄而再度出山的。当然，他知道，自己此次赴京，仍无力挽救明朝廷的危机，"兵戈讧于外，朋党成于内，挽回消弭茫然其未有策也"；他也知道此次赴任"殊难以久居"（《后纶扉尺牍》第 2 卷）。

叶向高第二次任首辅做的一件重要事情是"请戚继光荫谥"。他高度评价戚继光的平倭之功："故都督戚继光，当嘉靖季，倭奴人寇海上，浙直闽广无不摧残，蔓延十载，莫能少樱其锋，独继光在浙，数有战功"，"累战俱捷"。叶向高强调，"国家之得以有闽，不至沦于岛夷者，分毫皆继光力也"，"国家所患，南倭北虏耳。继光破倭于南，御虏于北。自正、嘉以来，推名将者，孰不以继光为第一？"叶向高认为，当前"奴酋猖狂"，"蜀事又告急矣"，"中外仓皇"，这时表彰戚继光的功勋，并加谥，可以"慰英魂于九原"，使"海内英雄豪杰，当必有闻风兴起"，为国家出力。叶向高强调："当此艰难之秋，使今日有继光其人，当望其下风为之百拜"。他上奏，表彰俞大猷。这是倡导表彰民族英雄，激发爱国情绪，以抗击辽兵入侵。熹宗同意叶向高的意见，下旨曰："戚继光素著勋劳，未蒙优叙。览卿等奏，朕知道了。着该部即行议复还，并俞大猷，都与他谥。称朕悯念劳臣之意。天启元年十二月初九日。"（《续纶扉奏草》第 2 卷）

叶向高这时又面临着如何对待东林党人的问题。

东林党人是一批经济上受排斥、政治上无势力的中下级官吏和地主阶级知识分子。他们看到明朝政治局面腐朽不堪、农民斗争和新兴市民阶层的斗争此起彼伏，为挽救明朝的统治危机，便组成一股政治力量，与代表大地主利益的阉党以及浙、楚、齐、宣、昆各党（天启时合而为阉党）展开激烈斗争。他们中的主要人物顾宪成、高攀龙，因在东林书院讲学议政，因而被称为东林党。东林党的职位一般都不高，如杨涟为常熟令，欧阳东风为常州知府，周孔教为应天巡抚，高攀龙为光禄寺卿。就是被浙党目为东林巨魁的李三才，也不过是个淮抚。李三才反对矿税监的态度非常坚决。坚决反对矿税监的人物还有冯琦、胡圻、叶向高、陈于廷、周嘉谟、汪应蛟、王纪、孙玮、张问达、李若星、蔡毅中、汤兆京、郭正域、李邦华、姚思仁、张缙芳、金士衡、萧近高、欧阳东风、姜志礼、余懋衡、曹于汴、邓渼、周起元等。他们都著政声，对阉党强暴极为不满并与之斗争。东林党人从顾宪成"争国本"开始，直到"梃击""红丸""移宫"三要案，都是围绕慎选继承人问题而与阉党斗争的，中心问题是权力。天启年间，阉党之首魏忠贤在宫廷、内阁、六部以及四方督抚中都遍置死党。死党中还有五虎、五彪、十孩儿、四十孙之号。魏忠贤勾结明熹宗的乳母客氏，出任司礼秉笔太监兼领厂卫，以"传奉"和"批红"控制内阁、六部，又以厂卫为工具迫害官吏。魏忠贤乱政，已到了明朝黑暗统治的高峰。阉党与东林党人的矛盾是封建结构内部的矛盾。在中国封建社会，对封建结构内部矛盾的斗争方式一般有两种。一种是通过公开的政治辩论和竞争战胜对方，建立起自己一派稳定的统治，这在春秋战国时期、唐代初年较为普遍。另一种是通过政治阴谋手段和欺骗手法甚至武力镇压手段将对立面搞垮。从统治阶级来说，上述两种方式是经常使用的，而在宋代以后则更多地使用后一种方式。如南宋初岳飞和秦桧关于和战的辩论，结果便是使用了阴谋手段将岳飞杀害掉。明代的东林党人与阉党的斗争，虽然双方争论的问题表面上是纠缠在一些宫廷琐事上，但实质是权力问题与如何治国的问题。这时的阉党利用手中的权力，对东林党人进行残酷迫害，而东林党人的力量是难以与阉党相抗衡的。

　　叶向高当时的处境，是夹在东林党和阉党之间的。皇帝对阁臣，"论利害，则共扛阁臣于事中，惟恐其有一毫之推诿；论事权，则共摈阁臣于事外，惟恐其中有一毫之干涉"（《后纶扉尺牍》第1卷），"今日阁中，乃天下第一攒锋聚镝之地，而阁臣乃天下第一困穷无告之人"（《苍霞续草》第 16 卷），"阁臣言轻如鸿毛"（《苍霞续草》第 17 卷）。在古代文官中，叶向高绝不比别人软弱或缺乏独立性。实际上，叶向高早在万历年间便已站在东林党人一边了。他坚决支持李三才，痛斥矿税监。他一针见血地指出："矿税之行，欲竭天下膏髓以予福王。"（《东林列传》第 17 卷）其矛头几乎已指向神宗皇帝了。这不能不说明叶向高的胆识之大了。问题在于，社会结构和时代形势限制了他的思想。在一个支离破碎、险状不断的社会中，尽管首辅的身份使叶向高视野比较开阔，关注的问题比较宏大，能较多地了解社会重大矛盾（他在《续纶扉奏草》第 14 卷中指出，魏忠贤这批人"多穷凶极恶之事，骇人听闻"）；但也确有进退两难之处。高官的身份带来的惧怕冒险的心态以及对皇权的依附性和隶属性，使他最终未能与阉党摊牌。他考虑到魏忠贤不易除掉，因此他在《论魏太监事情揭》中仅向皇帝建议，对魏忠贤"听其所请"，"且归私第"。魏忠贤知悉，大为不满。叶向高同情东林党人，甚至自己就是东林党人的一分子。另据《明史》第 240 卷载，给事中章允儒请减上供袍服，阉党从中挑动皇帝，欲对章施以廷杖，叶向高极力救助，才免了对章的廷杖。御史率众指斥宫禁，得罪阉党，是叶向高对其进行救助。给事中陈良训上疏中抨击阉党，魏忠贤要下他诏狱，也是叶向高对其进行救助。当时，"忠贤既默恨向高，而其时朝士与忠贤抗者率倚向高"。他还难以承担坚决反抗黑暗政治的使命。他终于失去了自觉把握历史的机会，退出了与阉党斗争的前哨。他再次选择了退隐的道路。他在《苍霞余草》第 7 卷中说，第二次入阁以来，"既受事，则见内外情形大异。往日阁臣，权寄愈轻。徒掉三寸舌，哓哓争论，终无益于事"。他叹曰："余老矣，病日以甚。无时不思归。"他连上六十七疏乞休。天启四年（1624）七月，熹宗朱由校终于批准了叶向高的乞休。

天启四年七月，叶向高在给熹宗的《辞朝奏陈要务书》这一临别奏章中讲了几点，对皇上备诉忠言。

第一，叶向高说"养身之道，莫善于寡欲。寡欲则心志清明，筋骸强固，非但延年，亦可广嗣"，"寡欲之义，万不可不留神也"。这是在提醒最高统治者，不要过于贪欲，敛财要有节制。

第二，君臣一体相关，无分彼此。叶向高说："君臣之分，虽尊卑隔绝，然君为元首，臣为股肱；君为腹心，臣为手足。一体相关，无分彼此。"但是，在当时，君对臣子威势过猛，连"数十年不行之廷杖"都恢复了。他也认为，臣子们"不无过激"的言论，对"君臣一体之义"，"所伤多矣"。"长此不已，将至上下相猜，政事阻格。"他举历史事例。苻坚欲伐晋，其臣下曾阻曰，晋虽僻处江南，然君臣辑睦，尚未到可图之时。但苻坚不听，终至在淝水之战中惨败。叶向高希望，皇上"当多艰之日"，要"深怀一体之念"，要善于"委任大臣，优容言者"。他强烈呼吁，皇上对大臣"廷杖之事，万万不可再行"，并对以前的历次谴谪大臣事件，加以改正，重新召回被廷杖的大臣。同时，他认为，大臣们向皇上的论奏，也应"务平、务实、务婉、务明"，"勿以忠爱之心而过为激昂之说"，"勿以藩篱之见而轻开祸衅……之门"。

第三，对于诸如党争之事，叶向高说，邪正善恶，历史自有公论，"国朝中，官之邪正善恶，昭然青史，并未尝枉却一人"。因此，叶向高认为，假如官员们"必以愤激之心，作快意之事，彼此纷拿，终至决裂，而愈无以自解于悠悠之口矣"，"此臣之所忠告内外之诸臣者也"。

第四，对当时动乱之势产生的原因，他分析道："自古祸乱之生，多起于凶岁，以民既穷饿无聊，非为盗贼不足救死。'绿林'之啸聚，'黄巾'之横行，皆此类也。"他指出，当今"江南洪水为灾，数十年所仅见。国家财赋之区尽化为冯夷之窟"，"山东地方，复苦荒旱，疮痍未起，沟壑又填"，"东南之民，最苦织造"。他建议，当此灾伤至极，要暂停一二年，缓民织造之苦，择其可缓者"暂停一、二年，亦收拾人心之一道也"。他指出，当时"国家财力半竭于边陲"，"各藏俱空"，只能"专靠内帑"，而"今内帑亦穷矣"，"东西之役未休，额饷之亏日甚"。这一境况本一清二楚，可是户部却一直对皇上"支吾"，"廷臣亦遂恬然不复谈及"。对此，叶向高极为忧虑，他深恐事穷势极，局面将不可收拾。

叶向高恳切地说，他所讲的这些"虽人所共知，而实则国家精神命脉、治乱安危之大几，毕系于此"，他"自度昏庸衰老，力不能为，恐负误国之罪，不得已而去，去而不忍不言，所望皇上自爱其身，而又与群臣通为一身，群臣亦皆以皇上为身"。的确，当最高统治者醉生梦死之时，叶向高却看到了船破浪险、巢危风急。他惦记着国家的"治乱安危"，这是深深的忧患意识。忧患，会给人的心理带来困扰和压力。必须有一种强大精神力量做支撑，忧患才能在人的意识中长久存在。忧患意识体现着深沉的道德信念及理性力量。叶向高当时的忧患，是有非常明确的时代内容的，简括之，就是忠君爱民忧国，在社会灾难不断加深的情况下忧郁苦闷，彷徨迷惘。他没有如东林党人期望他的那样，承担起与阉党誓死斗争的重任。应当如何看这个问题呢？笔者认为，叶向高作为传统型的古代知识分子，我们是不能要求他一定要冒杀头灭门的危险去与阉党拼个你死我活的。叶向高与古代无数传统知识分子一样，并不具备个体的自主性和社会批判精神，他在人格上仍然依傍外在权威，屈服于皇权，不敢与现实的政治势力做过于强烈的抗争。这是他的历史局限性。

叶向高乞休后，终于回到了家乡福清。这是既部分实现自我愿望，又比较安全有利的途径。这条道路有个人的意义或价值，当然也摆脱不了在现实压力下变形屈服的痕迹。儒家和道家思想的深刻影响，明代社会组织的高度整合性，以及官场的经历，造成了叶向高心理素质上的依赖、早衰等等，他没能达到后人所期望的坚定程度。但后人应该历史地看这个问题，而不能过多地责备古人。

就在叶向高乞休回乡之后不久，东林党人遭到阉党的残酷镇压。这是当时形势发展与斗争双方力量悬殊所必然造成的结局，绝非个人力量所能左右的。魏忠贤先逮捕汪文言，天启五年又逮捕杨涟、左光斗，又逮捕高攀龙、周起元、周宗建、周顺昌、黄尊素、李应升、缪昌期等七人入狱。当然，还不止此，更多的人，如李若星、梅之焕、耿如杞、胡士容等，都因与阉党有怨，而被诬陷，或下诏狱，或遭遣戍。又编制《天鉴录》、东林《同志录》、《东林点将录》和东林榜，以倾陷东林党人。

叶向高作为内阁中的东林党人，同样被魏忠贤倾陷。他家曾被数百小阉包围鼓噪。魏忠贤将他列入"东林榜"。《东林点将录》（王绍徽等撰）将他目为"党魁"（《明史》第240卷）。历史的确如叶向高所说，自有公论。《明史》第240卷曰："向高尝右东林。"叶向高站在东林党人一边，与阉党斗争的事实，昭然于史，为叶向高的政治生涯画上了一个句号，永远为后人所铭记，也足以澄清人们对叶向高的种种误解。历史上，既然阉党魏忠贤等都认定叶向高是东林党人的"党魁"，那么叶向高反对阉党这一事实还有什么可值得怀疑的地方呢？

四　叶向高的治学观：尊崇理学，不拒西学

孔子创立的儒家学说，奠定了中华民族传统文化的基石。宋明理学，是以儒家思想为主干融合佛、道思想而创立起来的。特别是理学的集大成朱子学，恢复了先秦儒家的形上智慧，以理与太极为统摄，重新树起天人合一的道德文化意识，从而重建了儒家道统，强化了中华民族的文化根底。明中叶以后，阳明学盛行，从而朱子学有衰弱之势。针对这种状况，叶向高强调："国家尊崇宋儒，士以理学名世。"（《苍霞余草》第8卷）他赞扬理学的濂、洛、关、闽诸大家。他说，汉代，"学术湮而才益杂"，"至宋，而儒术彬彬，远追洙泗之传"，那时，周敦颐"才术通敏，凡所临莅，皆有治声"，二程"开陈详说以诚意感悟上心"，杨时"辟王氏经学，排靖康和议"，张载"论治人先务，讲求法制，粲然可行"，朱熹"所至兴学校、明教化，天文、地志、律历、兵机无不洞究"。他盛赞："夫世以《太极图》、《西铭》、《定性》诸书为诸儒重也。"（《应天乡试录》）他说，"汉唐以来，以杂途词章取士，置德行……于不讲。至宋而濂、洛、关、闽诸儒乃绪邹鲁之微言，转相授受。鹿洞，鹅湖，始有书院，以聚徒讲学"；在明代，"其大指与三代同"，但是，"末流之弊逐功利而迷本真，乃反甚于汉唐"，所以，"贤士大夫欲起而维之"，"复修濂、洛、关、闽之余业，使人知所向往"（《苍霞续草》第2卷）。

叶向高对朱熹及朱子学说的贡献说了很多赞扬的话。他说："朱子之学同于孔子，有孔子不可无朱子也。"（《苍霞续草》第5卷）"自朱子之道尊而孔学益明"（《苍霞续草》第5卷），朱子"其学问之所至，功业之所竟，必足以为天地立心，为生民立命"，"吾以为自孔子而后，儒者之有实用未有远过于朱子者"（《苍霞续草》第5卷）。他甚至认为，对朱子学尊崇与否关系到国家存亡，"朱子当宋之南而欲挽之北，历事诸帝以尊宋攘夷为事，而诸帝不能用也，宋遂不复北而并于夷元"，因此"一圣一贤者，其身之合与不合，言之用与不用，非但关当代之存亡"，甚"而天地之所以晦明，运会之所以升降，生民之所以为华为夷、为人为兽，皆于此决之"。可见，如何对待朱子学，"非如寻常谋国之士争一事之是非，计一

时之得失已也！"（《苍霞草》第 5 卷）。

叶向高遵循朱子遗教，推崇《大学》《中庸》。他说，"圣门之学，惟曾子独得其宗"，而曾子之学，始于"三省"，终于"一贯"，"其所修证具于《大学》、《孝经》，而此二书不高谈性命，不捷取工夫，其最易简实落处在以'忠恕'解'一贯'"。又说："《大学》一书，其关键只在'诚意'。""子思受曾子之传而作《中庸》，亦只言'慎独'，言'诚'。"他感叹道，近儒"学术败坏，皆起于宗之不明"，因此，要"挽末学而绍圣统"（《苍霞余草》第 6 卷）。

叶向高回顾福建文化的发展过程，肯定宋代福建诸理学家对福建文化发展所做的贡献。他说，"闽在上世，不列于职方"，"至无诸佐汉"，"爰登图版"。然而，当时"草昧新开，经纶未具"。六朝时，福建的地位"差同宾服"，即未能成为中华文化的重要部分。自唐代常观察使（常衮）来福建，"建学兴文"，这时起，福建人"衣冠始奋"。王氏兄弟据闽称雄，"初犹小康，终则大乱"。到了宋代，杨时（龟山）传河洛之学，"诸大儒接踵继起"，"邹鲁之名由此而著"，明代"绪其业"。而从"渊源所自"看，却"实本宋儒"。"故宋儒之功于闽，不啻辟鸿蒙而开天。"（《苍霞续草》第 2 卷）他强调，是"四大儒"（即闽学的杨时、罗从彦、李侗、朱熹）起着"张闽"的作用，即对福建文化做出贡献。这四人属延平府人，故"闽人之诗书而兴，逢掖而奋，蒸蒸济济，甲于宇内者，本之皆出自延（平）。故夫延士之盛衰亦吾闽之所视以为轻重也"（《苍霞续草》第 1 卷）。

叶向高特别强调理学中的实践躬修原则。他把宋学与明代学术做比较，认为"宋人实"而"今人虚"；"宋人纯"而"今人杂"。认为"欲救今弊"，就"必先正学术"，明"知行、居敬、躬行、穷理"。他强调"事功"（《应天乡试录》）。他推崇理学"布衣之士"陈剩夫（真晟，福建镇海人，终身布衣，其学近似吴与弼，然无师承）、王心斋（王艮，泰州学派创始人，泰州人，受业于王守仁，又时时不满其师之说）、胡敬斋（居仁，江西余干人，从吴与弼学，绝意仕进，以讲学为业），认为他们重视践履，因此，成就"最著"。而"近世士大夫以讲学为诟病矣"。如果近世士大夫都能像胡居仁他们那样"直行真修"，那么，"近世学风""其孰能病之"？（《苍霞余草》第 8 卷）

叶向高生活的年代，西学开始东渐。意大利人罗明坚、利玛窦是当时进入中国传教的西方人。利玛窦身穿儒服，与名士们饮酒赋诗，并引经据典，谈风化习尚、哲学理化。士大夫皆乐于与之交游，叶向高就是其中之一。另外，叶向高曾作《职方外纪·序》，可算是介绍西方文化的一篇文章。其中说，西方人"言天主，则与吾儒'畏天'之说相类"，"其言'舆地'，则吾儒亦有'地如卵黄'之说"。叶向高对"舆地全图"（世界地图）很感兴趣，说："凡地之四周皆有国土，中国仅如掌大。人愈异之。"他说："今泰西艾君复有《职方外纪》，皆吾中国旷古之所未闻，心思意想之所不到。"认为"其言皆凿凿有据"，"此书刻于浙中，闽人多有索者"。所以，当艾君重梓该书时，叶向高便为他作序（《苍霞余草》第5卷）。叶向高还在《西学十诫初解·序》中说"学之多端"，"大西人""其学以敬天为主，以苦身守诫为行，大率与吾儒同，而辟佛尤甚"。他称赞道，搞西学的这些外国人，"其人皆绝世聪明，于书无所不读"，"其技艺制作之精，中国人不能及也"。他自称，"余向亦习之"。他得出结论："东夷、西夷、先圣、后圣，其揆一也，岂不信哉！"（《苍霞余草》第5卷）可见叶向高对待西学的态度还是比较开明的。

总之，叶向高作为明代重要宰辅，是一位有见识、有理想、有贡献的政治家。其政治实践、文化观念、人格倾向、治学原则等，都是值得我们很好地研究的。

（原文载《福建文史》1996年第12期）

李贽思想的方法论原则

在 16 世纪的中国，封建专制制度进一步强化，儒道互补的传统理论思维的框架也更加凝固化、程式化和绝对化，空虚僵化的学风和门户之见日趋严重，理学日益萎缩。这种局面严重束缚人们的思想，扼杀创造精神。生活在这一时期的李贽（1527～1602），通过对理学的批判，坚决反抗封建专制主义，为启蒙思想开了先河。李贽的政治哲学值得肯定的东西很多，他的思想方法在当时也具有独特性，同时也有一些值得批评的地方。本文仅就李贽思想的方法论原则做一点分析。

一 历史主义的否定原则

李贽的学术活动时期是在明代嘉靖、隆庆、万历年间。这时封建政权的极度衰败、腐朽已从各方面表现出来。皇帝安居深宫，荒淫晏乐，迷信神仙，实权落在太监之手。从宪宗开始，经孝宗以至世宗，皇帝不上朝，不见大臣。由于政治的腐败，中央集权的政府很难维持。同时，农民暴动和少数民族起义此起彼伏、连绵不断。在这种情况下，统治集团内部矛盾和斗争也愈演愈烈，封建社会的基本矛盾暴露得越来越充分。

李贽敏锐地看到了这一点，从他对当时腐败政治和学术界的虚伪、欺骗的猛烈抨击中可以显出他的立场。他认为当时社会政治的腐败和虚伪的官方学风、御用学者有关。满朝高官，平居无事，只知打躬作揖，终日匡坐，表面上侈谈仁义，而实际上追求私利；这些人平日"同于泥塑"，而当国家"一旦有警，则面面相觑，绝无人色"，以致"临时无人可用"（《焚书·因记往事》）。他尖锐地指出，封建统治者的"德、礼、刑、政"都只是束缚人民的工具而已："夫天下之人不得所也久矣。所以不得所者，贪暴者扰之而'仁'者害之也。'仁者'以天下之失所也而忧之，而汲汲焉欲贻之以得所之域。于是有德礼以格其心，有政刑以絷其四体，而人始大失所矣。"（《焚书·答耿中丞》）提出这样深刻的观点，表明李贽对社会历史有卓越的洞察力。

中国的封建统治者们把符合封建统治利益的政治观念、道德规范等立为名分，定为名目，号为名节，制为功名，在社会关系中形成一张宗法性的伦理政治关系网络，体现在观念形态上就是"三纲""五常"，它就像网罗一样紧紧地控制着明代人的思想。传统思维方式也由理学从原则到方法被全面定型为一套系统程式，具有稳定性和连续性。至王阳明出现，冲破了程朱的思维方式。王阳明认为，人的经验只会把人引入迷途。他要求人们以自己的"良知"来判断是非，依赖"自我"来确定自己的行动。他的"良知"说虽然从总体上仍是要人们去自觉维护封建伦理纲常，但从一定意义上说又是一种人类自觉的表现，是对传统思维方式的一种背离。王阳明的后学循此前进。其中王阳明的弟子王畿一派从良知是宇宙本体、人心是判断是非的标准出发，进而否定传统的封建伦理纲常，否定以"圣人"的言论作为是非标准，宣称这一切都是外在的和虚伪的。李贽会见过王畿和泰州学派的罗汝芳，并拜王守仁的弟子、泰州学派的创始人王襞为师。李贽比王畿等人更深刻地否定传统的儒家思想和封建伦理纲常。

李贽断然否认孔丘思想是"道冠古今"的说法。他说，儒家只不过是六家中的一家，"既分为六，则各自成家"。每一家"各各有一定的学术"，各家有各家"必至之事功"。他比较儒、释、道三教，倒认为儒教真正是"博而寡要，劳而少功"（《焚书·孔明为后主写申韩管子六韬》）。他直接指出，六经、《论语》、《孟子》不过是"有头无尾""得后遗前"的残缺笔记，其中所记孔、孟的言行也不过是"因病发药，随时处方"的具体意见，只能在当时起到头痛医头、脚痛医脚的临时作用，根本不能作为"万世之至论"（《焚书·童心说》）。李贽坚持多种思想可以并行共存，坚持自由争论的原则和怀疑批判的原则，反对盲目信仰主义，反对所谓孔丘的思想是"道冠古今"的说法。他说："夫天生一人，自有一人之用，不待取给于孔子而后足也。若必待取足于孔子，则千古以前无孔子，终不得为人乎？"（《焚书·答耿中丞》）李贽就是这样运用历史主义的否定原则，对传统思想权威大胆进行分析，提出自己的怀疑，表明自己鲜明的批判立场的。

李贽进而否定韩愈以来的"道统"说。"道统"说以为，有一个超越历史的永恒的"道"。李贽认为，这是把"道"和人事割裂开来，是割裂了"道"和历史、"道"和社会的关系。李贽提出："道之在人，犹水之在地也。人之求道，犹之掘地而求水也。然则水无不在地，人无不载道也审矣。而谓，水有不流，道有不传，可乎？"（《藏书·德业儒臣前论》）他认为，既没有离开具体人事而存在的"道"，也没有失去了"道"的历史。理学家说，汉、唐"道失传"了，李贽尖锐地反问：这两个朝代"何以能长世也？"因此他认定，"道统"说是"以一语而诬千百载之君臣"（《藏书·德业儒臣前论》）。

作为卓越的思想家，李贽对文学和史学的态度也坚持了历史主义的否定原则。他反对拟古主义，反对前后七子的假古董。他认为，"天下之至文"绝不在于字句、结构等形式上的追求。他主张有感而发，反对无病呻吟，认为作家创作都是自然而然、不得不然的，所谓"蓄极积久，势不可遏"（《焚书·杂说》）。他极力赞赏那些能广泛描绘社会生活，展现多样人物、故事、情节的作品。他撇开当时盛行的伪古典摹习之风，以极大的热情评点《水浒传》《三国演义》《琵琶记》《幽闺记》等。他大胆赞扬流传在市井之间的一批通俗文学。他认为文学只有真假问题，不得以时势先后论优劣。他对历史人物的分析也很有特色，如认为秦始皇是"千古一帝"，武则天有"知人之明""爱养人才"。他把不被重视的武将李广、李陵和名将卫青、霍去病列为"名将"，还把陈亮的地位摆得比朱熹、陆九渊等还要高。这表现了他"以其是非堪为前人出气"的批判精神。

二 强调个体作用的"自治""自理"原则

李贽的思想作为封建社会日趋没落、资本主义开始萌芽时代的一种民主思想，它肩负的使命是批判封建专制主义和程朱理学。封建专制主义压抑人们的个性和情感，程朱理学摧残人们的精神和理智，它们使愚昧无知、麻木不仁、虚伪说教充塞整个社会。李贽始终把其主要矛头指向冷酷残暴的封建关系，指向理学教条，强调个性、情感、精神、理智的独立性。为此，他特别推崇人的本体地位，推崇主观精神，强调个体的"自治""自理"原则。

李贽强调"天下无一人不生知"，李贽的"生知"来自王阳明的"良知"说。王学之所以能为李贽所用，是因为王学特别推崇人的主观精神，反对崇拜旧权威、旧教条。王阳明认为，"良知"本体处在"未发之中"，无前后内外，是浑然一体的、自足的、十全十美的，没有与之对立的不善。李贽是从强调个体作用的原则的角度来接受"良知"说的。他与封建"正统"派耿定向争辩的一个主要问题就是，耿定向主张"圣人，人伦之至"，李贽主张"圣人，未发之中"。这里的"未发之中"就是李贽所说的"生知"。他说，"天下无一人不生知"，"亦无一刻不生知者"（《焚书·答周西岩》）。它实际上是针对严重束缚个体的理学，强调"我"是主宰，"我"不必也不应该皈依别的什么；强调人自有"觉"，人自有"致一之理"。这是对作为认识主体、社会主体的人的肯定。当然不应否认李贽"生知"说的先验论的一面，但强调人的主体功能，是对人的价值以及人在认识中重要地位的一种肯定。实际上，"认识既不是起因于一个有自我意识的主体，也不是起因于业已形成的（从主体的角度看）、会把自己烙印在主体之上的客体；认识起因于主客观之间的相互作用，这种作用发生在主体和客体之间的中途，因而同时既包含着主体又包含着客体"（皮亚杰《发生认识论》）。李贽当然不可能有这种思想，但他确实很强调个体意识，突出个体作用。他肯定作为社会主体的人"无一人不生知"，这就很自然地会推导出人在本质上是平等的、人应当自主自立这样一种思想来，所以他说："上自天子，下至庶人，通为一身矣。"（《李氏文集·明灯道古录》）

李贽从强调个体作用的原则出发，倡导平等观念。在男女、圣凡、君民关系上，他都提倡平等。他认为，见识长短不能以男女而分，"谓男人之见尽长，女人之见尽短，又岂可乎？"（《焚书·答以女人学道为见短书》）他认为，那些身受封建礼教束缚的妇女如果敢于不听礼教"俗语"，敢于"出世"，即不株守礼法，那么她们的见识就高过那些株守礼法的男子。他在《初潭集》中称赞了古代许多有胆略、有见识的妇女。他还主张圣凡平等、君民平等。他说："勿以过高视圣人之为可也。尧舜与途人一，圣人与凡人一。"（《李氏文集·明灯道古录》）他明白地说："夫天生一人，自有一人之用。"（《焚书·答耿中丞》）表现了在当时条件下极强的自主自立意识。

李贽从强调个体作用的原则出发，提出"穿衣吃饭"是"人伦物理"的观点。道学家的伦理说教是"去人欲，存天理"。李贽则一针见血地指出，这些说教是"非民情之所欲"的"恶言"。他说："穿衣吃饭即是人伦物理"（《焚书·答邓石阳》）。为了揭露道学家们于心之外别立道心的欺骗性，李贽明确地提出"无私则无心"的观点（《藏书·德业儒臣后论》），表明李贽对市民阶层追求"自由私产"的"私心"和发展私有经济的愿望的尊重。当然，李贽过分强调利己主义的私心，有偏颇之处，但在当时历史条件下他主要是为了要求个体的自主、独立，为了肯定普通百姓的自主自立的主体功能，它表明一种人的觉醒，是一种启蒙思想。

李贽对黄老"无为"政治的向往也表明了他对自治自理的执着追求。在《焚书·送郑大姚序》中，他提出"至道无为，至治无声，至教无言"的理想。所谓无为，并不是消极的无所作为，而是反对统治者过多地干扰人民，反对用严刑峻法和封建道德去束缚人民，主张让每个人各得其所。他反对儒家用礼乐刑政治天下的"君子之治"，认为这是社会动乱和人民痛苦的根源。他认为最好的政治是不干涉人民，"将民实自治"，"而民自理也"（《焚书·送郑大姚序》），明确主张"自治""自理"。他的政治理想是"至人之治"。在这种政治下，人们可以发展其个性和才能，不过分别受封建名教和政治的束缚。李贽的自主自立的自治思想表明他有极强的社会和历史责任感。他幻想有一个统治者和被统治者相安无事、没有矛盾、没有斗争的世界，这当然是不切实际的。他所向往的黄、老政治也是局限在阶级社会的范围之内。如他这样描述自己的社会政治理想，"富贵利达所以厚吾天生之五官，其势然也。是故圣人顺之，顺之则安之矣。是故贪财者与之以禄，趋势者与之以爵，强有力者与之以权，能者称事而官"，"有德者隆之虚位"，"高才者处以重任"；"不问出入，各从所好，各骋所长，无一人之不中用"（《焚书·答耿中丞》）。生活在私有制和剥削阶级环境中的李贽，局限于他的眼界，他的理想政治实际上并未摆脱阶级社会的基本的不合理。

李贽在真理观上也表现了突出主体意识、强调个体作用的原则。早在战国时，庄周就曾举例说明有不同的认识主体必定有不同的认识、不同的真理，从而对人的认识能力和知识的可靠性抱怀疑的态度。庄周怀疑论的真理观是主观主义的，同时也是对那个时代现实社会秩序不满的一种反映。李贽继承了历史上的怀疑论的真理观，他大胆地提出了"是非无定质、无定论"的怀疑观点。结合当时的社会情况来分析，李贽提出这一观点的目的在于用是非的相对性反对把孔子的言论及其价值绝对化，打破"以孔子之是非为是非"的思想垄断局面，提倡对任何问题都应独立思考。这一观点在当时条件下具有反对经典束缚、解放思想的积极作用。

李贽坚持以主体为中心蔑视外在权威，强调人自有"觉"的自主原则，表明李贽在寻求一种实现精神自由的方法，表明了个体的自主性。他认为个体不应依傍任何外在精神权威，而应依据内心准则而自由行动，这是带有启蒙性质的萌芽思想。但李贽把人的能动性强调到了极致，因而不免陷入主观空想，往往只能给人以精神安慰，不能解决实际问题。

三　追求理想人格的"绝假纯真"原则

为追求理想人格，历史上许多批判家都喜欢美化和夸大自然（包括生理的自然、生活的自然），认为"回到自然"才是恢复或解放人性。庄子是我国最早提出自然人性论的批判家。他要求回到原始状态，那是非现实的、空想的主张，但他对理想人格的执意追求则是难得的。李贽同样追求"回到自然"的人格理想。他取前人理论的合理内核，并推而广之，极而言之，使前人提出的一些概念具有了新的内涵。比如，在对"道"的理解上，李贽渴望找到与宋明理学家不同的而为自己所需要的"道"。他的"道"是返璞归真的自然人性，李贽称之为"童心"。"童心"是对生理的自然、生活的自然的一种追求。他说："夫童心者，真心也。若以童心为不可，是以真心为不可也。夫童心者，绝假纯真，最初一念之本心也。若失却童心，便失却真心，失却真心，便失却真人。人而非真，全不复有初矣。"(《焚书·童心说》)他也把"真心"称为"妙明真心"(《焚书·解经文》)。李贽以"童心"自比、自期,让"妙明真心"自由驰骋,表明他傲视权贵、淡泊名利的人格独立精神,体现了他对扼杀个性发展和个人进取的封建伦理意识的反叛,强烈反映了他"回到自然"(包括生理的、生活的自然)的愿望。他把这一愿望称为"绝假纯真"。他认为,人本来具有道义性,人的道义性不是宋明理学所讲的义理,而是童心。义理会蒙蔽童心,义理灌输得越多,童心丧失得越多,只有那没有受到义理熏染的赤子之心才是"纯真"的"童心"。人要明了这种"童心",才有人的自我实现,才能形成理想人格。按李贽的话说,就是要复"真心"做"真人"。李贽绝不赞成那种只知践履"六经、语、孟"所规定的道德观念的、抑制人的自然情性的"圣人"人格。在李贽看来,生活艰难贫困不算真正的贫穷,而不闻"道"才是真正的贫穷。他说:"吾所谓穷,非世穷也,穷莫穷于不闻道。"(《焚书·卓吾论略》)显然,李贽勇敢地摒弃了传统中国知识分子的依附人格。马克思说:"任何解放都是使人的世界即各种关系回归于人自身。"①李贽的"绝假纯真"原则,就是追求"使人的世界即各种关系回归于人自身",亦即对个性解放和对理想人格的追求。这一思想对后人的启迪也是巨大的。比如,"三言"的作者冯梦龙和伟大的戏曲家《牡丹亭》作者汤显祖,都受到李贽思想的影响。

当然,李贽"绝假纯真"的局限性也是明显的。首先,李贽多是凭感觉和信念来阐释这一问题的,缺乏完整独立的逻辑力量,"绝假纯真""童心"等的提法既无确切含义,又无客观标准,难以做到,因而这种思想很容易被传统思想所吞没。其次,"妙明真心""童心"指的都是先天存在的精神状态,实际上是李贽对佛教以及王阳明的"良知"说进行研究后提出的,并没有跳出主观唯心论的圈子。所以,李贽的主观战斗精神虽然值得同情和赞赏,但他的战斗理论武器却有很大的局限性。

(原文载许在全等编《李贽研究》,光明日报出版社,1989)

---

① 《马克思恩格斯文集》第 1 卷,人民出版社,2009,第 46 页。

试析李光地的双重人格和蜡丸密疏

一 双重人格

在封建社会中，人格和社会结构、传统文化，仿佛是互相耦合的三位一体。封建社会中的知识分子，其人格表现为双重性：既有理想人格，又有依附人格。在李光地身上，也是如此体现的。

儒家理想人格可以归结为"内圣外王"四个字。一般来说，"内圣"就个人内心的崇高修养而言，"外王"就个人在社会中发挥的巨大作用而言。"内圣外王"的思想蕴含在《大学》之中：格物、致知、诚意、正心、修身，可谓之"内圣"；齐家、治国、平天下，可谓之"外王"。"内圣外王"的理想人格体现了儒家的道德追求和社会理想。对封建社会知识分子来说，这种理想追求在行动中表现为由士而仕，由"修身齐家"进而"治国平天下"，辅助帝王，为君王制定治国方案。

李光地在其著作中也一再强调这样的理想人格。第一，他肯定格物致知的重要性。他认为，"程朱以穷理言格物致知，盖其重也"，"穷理而至于知本，然后其理穷；致知而至于知本，然后其知至"。他又说，"朱子言知至者，全体大用无不明"，"朱子所言极致之地"（《榕村全书》第8卷《尊朱要旨》）。表明他极为赞赏朱熹的格物穷理说。第二，他强调"志""义"。在他看来，做人要有奋斗目标，这是"本"，即"立志以端其本"

（《榕村全书·大学古本说》）。这种观点实际上是强调一定世界观指导的重要性。在世界观的指导下，他认为，还要"敬义知行，如目视足履，一时并用，有此则有彼"。就是说，敬、义是和知、行并用的，它们不可分割。他认为，"敬虽稍先于义"，但它们"正如目之于足，几微毫发之间"（《榕村全书·中庸篇》）。第三，他强调"诚"。"诚"的含义是"体天地万物之性于身者"（《榕村全书·中庸篇》）。传统儒家思想相信："诚者，天之道也；思诚者，人之道也。"（《孟子·离娄上》）这是强调自我修身要达到人伦秩序与宇宙秩序的和谐。传统儒家相信，人心中具有一种价值自觉的能力（"仁"或"良知"等等），这种能力的存在虽然不是像客观事物那样可以由知识来证立，但每一个人都可以通过"反身而诚"的方式而感到它的真实不虚。人如果立志要成为真正的"人"，就必须用种种修养功夫来激发这一价值自觉的能力。这是中国传统儒家思想的重大特色之一。李光地反复强调这个"诚"，把"诚之至"看得十分重要，他是把诚看作儒家价值之源、理想之至。第四，他认为，只要能正心诚意，便可治国平天下。他说"知至然后能诚意，以正心修身而家国天下不可得而治也"（《榕村全书》第8卷《尊朱要旨》）。

但在古代，知识分子人格在很大程度上受大一统皇权政治所制约。古代知识分子通常被称为士。士阶层从一开始产生之时便充当沟通封建社会意识形态结构和政治结构的一种力量。中国封建王朝的重要基础是宗法家族制度，这使得在中国封建社会中，封建等级制度与宗法家族制度一直是交织在一起的，从而在社会关系中形成一种宗法性的伦理政治关系网络，体现为三纲五常。知识分子在这个网络中，就像其中一个网结，不得不依附各种关系而生存。在家要孝敬父母，求学要服从先生，做官要尽心忠君。这样，在封建社会知识分子中，能真正表现独立人格者真是凤毛麟角；相反，倒有很多知识分子的依附人格却表现得颇为突出，如热衷仕途，委身现实封建政权。李光地一生也摆脱不了这一窠臼。他沉湎于"应帝王"与封建愚忠之中。他的一生表明他确实忠诚于康熙皇帝。他为康熙帝出谋划策、运筹帷幄，确实不遗余力。他想在康熙这个"真龙天子"身上实现治国平天下的理想。在这种情况下，李光地的个体主动性、能动性是很难发挥的。这也是封建社会中知识分子的通病。

但是，既然封建社会中知识分子一般都具有理想人格和依附人格的两重性，那就可以肯定，在一定的范围内，只要社会条件允许，他们也要努力为发展社会做好事的。比如，社会得发展，百姓要安居乐业，这就需要一大批会治理社会的人才；为修复封建政权，也需要有才干的官吏。李光地就很重视向康熙皇帝荐举人才。最突出的是推荐施琅。施琅原为郑芝龙的部将，顺治三年（1646）时与郑一起归顺清廷。施琅有丰富的海战经验，曾多次击败郑锦。李光地保荐施琅时对康熙帝说，"他（指施琅）全家被海上（指郑氏家族）杀，……其心可保也"，"治军严整，尤善水战"（《李文贞公年谱》）。李光地以及当时福建总督姚启圣一再上疏，才使康熙帝力排众议，起用施琅领兵收复台湾。施琅果然不负众望，击败郑氏，使台湾回归中央政权，从而完成祖国统一的一大业绩。李光地还救拔了在危难中的方苞。方苞本是贡士，只因被戴名世"南山集案"所牵连，被定为死罪。康熙五十二年（1713），康熙帝忽叹侍郎汪霖死后无复能为古文者。李光地抓住这个机遇，奏对："唯戴名世案内方苞能。"（《清史稿》第262卷《李光地传》）方苞因而得释，召入蒙养斋。时方苞34岁，正是壮年。可以说，如果没有李光地救拔方苞，也就没有清中叶"桐城派"古文名世。方苞继承归有光的"唐宋派"古文传统，最重古文之"义法"。方苞的"义"即"言有物"，"法"即"言有序"，"义"是文章之经、"法"是文章之纬的文学理论，以及他的文学成就，使他成为"桐城派"古文的最著名代表。再如，李光地于康熙四十五年（1706）向康熙介绍知晓天文数学的苏州府陈厚耀。康熙对陈厚耀亲自面试，发现其确有数学、天文才能，于是便调其入直内廷，授编修。康熙四十四年（1705），李光地随康熙南巡。康熙问李光地："宣城处士梅文鼎今安在？"李光地抓住时机推荐梅文鼎。数日之后，康熙把梅文鼎请去，虚心下问。梅文鼎是大数学家，他与在数学方面也很有研究的康熙加强了联系，是对社会有益的。被李光地扶植、推荐、选拔的人还有如朱轼、杨名时、陆陇其、赵世乔、刘琰、文志鲸、冉观祖、陈宾、徐用锡、魏廷珍、李绂、蔡世远、张丙瑗、惠士奇、秦道然、王兰生、何焯、庄亨阳、刘谦、徐元梦等，他们都成为康熙朝的"名公"。《清儒学案》对李光地在选拔和推荐人才上的作用评价很高："本朝诸名公称善育才者，必以光地为首。"

二 蜡丸密疏以及与陈梦雷关系

陈梦雷（字则震，号省斋）与李光地同于康熙九年（1670）庚戌科考中二甲进士，李第 2 名，陈第 30 名；又同籍福建（李安溪人，陈侯官人）；同选庶吉士，散馆又同授翰林院编修。后相继旋里省亲，逾年，同罹耿精忠变乱之中，同投耿幕，后陈梦雷任户部员外郎，李光地回安溪。陈、李同谋破耿精忠之计，但密疏所署之名却只有李光地。对这问题怎么看呢？很显然，陈提供了耿精忠军政内幕的一些情报，这是事实；蜡丸密疏是李光地自己亲手所写的，也是事实。问题在于，李光地写蜡丸密疏为什么不挂上陈梦雷的名字？这个问题不能简单地看。在封建社会中，政治斗争的旋涡很复杂。对一个政权的维护和挑战，其成败如何是很难预料的。在那个社会，参与一项政治行动，若遭失败，是要付出血的代价的。李光地上蜡丸密疏之时，政治形势是很险恶的。在这种情况下，蜡丸密疏若以二人名义密进，那是要二人都在密疏上亲笔签名的，因为假如事败，密疏落入耿精忠手中，是有砍首以至灭门之祸的。进密疏时，李、陈二人，一在安溪乡中，一在耿幕府中，如何联系上？即使去联系，万一出事怎么办？因此，李光地以一人名义上密疏一事，必须将其与当时环境结合起来分析。况且，上此密疏的后果是荣还是祸，在上疏当时是绝难预料到的。后来陈梦雷的指责和一些研究者的指责，都是在耿精忠已失败，清中央政府反对分裂已取得胜利情况下提出的，其片面性是很明显的。试想，假如当时康熙帝被耿精忠等推翻，蜡丸密疏之事泄露，李光地被杀，甚至于灭族，那人们还会去非议李光地所送密疏不写上陈梦雷的名字这一问题吗？因此，对密疏问题的分析，既要分析"成功"时将如何，又要分析"失败"时将如何。这样，才不至于在对李光地人品做道德分析时犯片面性错误。康熙皇帝是一个聪明的君王，他不是不会分析李光地蜡丸密疏的方方面面问题的。他心中很有数，因而始终信任李光地。

李光地能受康熙帝重用，一方面当然是因为向清中央政权送那份情报有功，但更重要的一个原因则是李光地的学问、政绩被康熙帝所看重。李光地任大官以后当然不可能摆脱对封建君王的人格依附，他的儒家理想主义在上层官场中也难以付诸实践，但也并未泯灭。本文已对此有所论述。现再以营救陈梦雷一事为证。在陈梦雷因耿精忠案牵连即将论斩的情况下，李光地上疏康熙帝，从而营救了陈梦雷。此疏于康熙十九年（1680）上。疏中陈述了陈梦雷"两次受臣（指李光地）密约，皆在患难之中，冒死往来之迹"，肯定了陈提供耿精忠营中情报。李光地还向康熙帝表示："臣若缄密不言，其准能知之？臣断不敢为朋友而欺君父。"这些言词，极为恳切，又与事实相符。这正表明，李光地对陈梦雷向他通报耿军情报这一功劳，是肯定的。在李光地的营救下，陈梦雷免于被斩。有的论者认为，李光地营救陈梦雷的疏稿是徐乾学拟就的，李只不过照稿抄一遍然后签上名呈送康熙帝，认为这不是真心营救，但这是从动机上分析。事实证明了李光地确实营救了陈梦雷。

（原文载杨国桢、李天乙主编《李光地研究》，

厦门大学出版社，1993）

近代福建知识分子对西方文化的引进

1840 年爆发鸦片战争，英国殖民者用大炮轰开中国的大门，使中国社会到了一个转折的关头，此后中国社会发生一系列空前深刻的变化。面对这一巨变，福建的一部分知识分子最早感受到民族的危机和向西方学习的迫切性，加速引进西方文化，把自己融入全民族的救亡、社会变革和文化教育变革之中，从而为福建与近代西方文化的交融做出突出贡献。

一　在民族感情与正义理性指引下的文化引进

在民族感情与正义理性指引下，福建人林则徐、严复等以及在福建长期任职的徐继畬，做了大量的文化引进的工作，他们是近代中西文化交融之路的披荆斩棘的开路人。

林则徐首开中西文化交融风气。他提倡了解和引进西方文化，组织编译了《澳门新闻纸》《华事夷言》《四洲志》。他将《四洲志》交给魏源，还委托他完成《海国图志》的编纂。魏源在《海国图志》的序中明确表示，该书"为以夷攻夷而作，为以夷款夷而作，为师夷长技以制夷而作"。在魏源视野中，"夷之长技"主要有：量天尺、千里镜、火轮机、兴办工厂，以及近代练兵之法等。这是对林则徐"睁眼看世界"、引进西方文化思想的继承和发展。回顾林则徐引进西方文化的历程，便可知其引进条件是：国家独立是保证，适合国情是基础。近代中华民族的灾难和不幸，给知识分子最直接的感受是国家尊严受到威胁、国格丧失以及由此带来的人格的不独立、人的尊严受到威胁。要维护个人的尊严，保持个人的人格独立，就必须首先起来维护国格和国家的尊严。为维护国家独立和尊严，林则徐虎门销烟，震撼了世界。这是在强烈的爱国主义精神和浓厚的民族自尊心导引下的正义行动。林则徐在与殖民者的斗争中，深感落后是要挨打的。正因为中国的国情是"落后"两字，为此就要学习西方，引进西方文化。正是出于这一强烈愿望，他组织人翻译英人慕瑞所著《世界地理大全》，辑成《四洲志》。他编《华事夷言》，是为了对当时中西文化进行比较。他要求手下官员"按日呈递"西方书刊，目的是要用最快速度了解外情，也为沟通中外文化，因为，当时"不独中国不知外情，即外人对于中国亦极隔阂"；[1] 同时也从这些"按日呈递"来的西方书刊中提高自己对侵略者本质的认识。林则徐所处的岁月，社会剧烈动荡，充满血与火的搏斗。他勇敢地站在时代的风口浪尖上，谱写了一曲曲救亡图存、振兴中华的爱国主义悲歌。他对西方文化的引进，虽表现得被动与非自觉，是带着屈辱感来选择西方文化的，但这正是由他身上浓厚的民族感情和正义理性的道德因素所决定的。

徐继畬于鸦片战争前即任职于福建，1846 年升福建巡抚，直到 1851年去职，在福建任职达十几年。他著名的《瀛寰志略》（共十卷）就在这十几年中编成，于 1848 年出版。他在书的序言中回顾了他因公驻厦门与美国人雅裨理接触时通过雅带来的地图册而粗知各国之名，而后自己在接触欧美人士的过程中又广泛收集材料，终于撰成《瀛寰志略》一书。该书比魏源的《海国图志》简约、准确，同时书中大力赞扬美国独立战争及其领袖华盛顿，并称赞当时美国的制度。这种认识超越了同时代中国人的认识水平，对中国人的启蒙很广泛。他在《瀛寰志略》中告诉中国人，在"天朝"之外，另有一个与中国完全不同的崭新世界、一个"民主化"的近代世界。他特别在书中分析欧美社会经济迅速发展、领先进入近代社会的原因。他还介绍欧美近代工业、经济、技术及军事发展状况。他满腔热情地指出，欧美早期近代化国家，不仅在政治上摆脱了中世纪封建专制集权统治，而且在经济上也完全摆脱了中世纪的小农经济的束缚，已建立了近代

---

① 中国史学会主编《鸦片战争》（二），神州国光社，1954，第 522 页。

大工业的资本主义经济体系，所以把人类社会历史向前大大地推进了一个时代。能在 19 世纪上半期的中国，如此大胆地向国人宣传当时的先进思想，介绍当时世界上最新、最先进的政治与经济制度，这本身就是一种勇敢而有远见的正义行为。他在书中呼吁，不能让中国人民继续沉睡在愚昧、无知的"天朝"的幻梦之中了；应当唤醒中华民族，中国人不要再受外人的摆布了，而应成为自己命运的主宰者。这确实是振聋发聩的见解，是思想解放的先声。徐继畬在书中的一系列言论，体现了他强烈的爱国主义情感和执着的民族精神，以及匡时济世的历史责任感。当时一个英国人士在向中国政府的报告中评价徐继畬的世界知识及人品时说，徐继畬"是一个思想解放的人"。

近代杰出启蒙思想家严复，生平所翻译西方名著，有英人密克《支那教案论》、赫胥黎《天演论》（原名《进化论与伦理学》）、亚当·斯密《原富》（又译作《国富论》）等。严复的正义理性与民族感情体现在哪里呢？

首先，严复用进化发展观来论证新文化、新制度代替旧文化、旧制度的必然性。达尔文进化论证明了，生存竞争、自然选择、长期演化、优胜劣汰是一切事物发展的普遍法则，它向世人展现的是有自然科学基础的发展观。严复通过翻译《天演论》介绍了这一发展观，使中国人深深感到，天是变化的，人是变化的，世界变化无穷。严复启示人们要在本体论、认识论和社会历史领域进行广泛思考。在严复所介绍充满科学力量的学说面前，中国人感到了中国古代那种依赖天人比附的常道不变论、主观臆测的五德终始论、通过内心反省去理解世界的循环论等理论是多么苍白无力。严复翻译的《天演论》在中国的传播，大大提高了中国人的思想境界，使中国人懂得，要保种自强，就必须不断改革、不断前进。"自此书出后，'物竞'、'争存'、'优胜劣败'等词成为人人的口头禅。"① 可知该书在当时影响之大。可以说，实际上在近代中国，形成了一股以进化论为核心的社会思潮。严复强调，中华民族要复兴，就要自贵其种、自强其种。这是严复宣传进化论的根本目的，也体现了严复强烈的爱国主义精神。达尔文主张人类由猿进化而来，其诞生之地在非洲，其观点是"一祖论"。严复

① 蔡元培：《五十年来中国之哲学》，载冯天瑜、彭池、邓建华编著《中国学术流变》，上海人民出版社，2019，第 516 页。

并不赞同"一祖论",而持"二祖论"。在《天演论》"人群"按语中,严复确信,人类是由亚洲和非洲的高等猿类进化而来的。严复取斯宾塞的"优胜劣败,适者生存"的社会进化论,却不取其淘汰"劣弱"人种的"任天为治"观点。这些说明,严复正确地坚持了强烈亢奋的民族观,他强调的是要振兴我们民族精神,为国家争自由。他强调,要"自由为体,民主为用"。该观点也表现在对约翰·密尔《论自由》的翻译上。严复对密尔的原意做了某种改造,而这种改造正是为了振奋民族精神而进行的。例如,对于密尔来说,个人自由在一定程度上不但不是经济增长的工具,而且也不是提高人的素质与能力的手段,自由本身即最终目的。密尔为个人自由划定了不可侵犯的界限,以对抗资本主义社会对个人的暴政。而严复提倡自由则是为了反对封建专制压制个人的创造力,因为这种压制会造成个性的萎缩,最终导致国家的衰败。密尔认为,一种个人的生活方式之所以是最好的,并不是同其他生活方式相比较而言,而只是因为这种生活方式是那个人自己的生活方式。但严复所提倡的个性是同国家富强所需的个人的智慧和精神相联系的,最终目的是国家民族的富强。中国近代以来历经磨难,中华民族不断迎受厄运,这时先进的中国知识分子的强烈愿望是从吸收近代西方思想入手来实现现实的变革。这与历代高扬本民族优秀文化传统的目的殊途同归,即都是为了振奋民族精神。

其次,严复对西学进行新的文化释读,推动了中国近代文化转型。严复在译介西学著作时通过创造性阐释而形成一整套独特的表达方式和语句系统,比如"意译+按语"的翻译方式。严复自己就说,《天演论》主要采取"取便发挥"的"达旨"方式。如鲁迅所说,严复是"做"了一部《天演论》。据统计,严复译作中的按语达17万字,占了其译著的1/10。严复独特的"做"的方式,实际上为超越文本进行文化阐释留下了空间。严复使用古老文化包装出来的话语系统成了近代文化转型的先声。严复话语系统的出现,实际上使西学获得了与中学对等的文化阐释的地位,使所阐释的西学能回答当下国学所不能回答的救亡图存的热点问题。同时,由于是通过典雅的先秦文体阐释问题,其便能适应传统士大夫们的阅读习惯和兴趣,并使他们逐步认识西学并非粗俗文化。正是在严复话语的影响下,西学才迅速进入中国阵地,进而与中学平分天下。严复对先秦诸子文体的"返古"本身,也是对占统治地位的科举八股、试帖文体的超越。以

"赫胥黎独处一室之中，在英伦之南，背山而面野……"作为开场白，读来音调铿锵，话语流畅，与僵死的八股文体形成鲜明对照。严复独创的话语，在客观上加速了白话文时代的到来。近代文化转型还包括人文精神的转型，严复对此也做了贡献。他于 1895 年 3 月在天津《直报》上发表《原强》一文，将斯宾塞教育思想中的"三育"译为"鼓民力、开民智、新民德"的"三民"文化思想。这一思想的提出，超越了传统人性论中的泛道德主义精神，第一次提出了人的德智力全面发展的近代人文精神，使中国传统的"内圣"之道有了现代的内容，即包含现代国民素质的内容。严复"三民"思想的提出，展示了中国人文精神从传统向现代的转型，推动着近代中国人文精神、近代国民素质的转型。

陈宝琛，是宣统帝的老师。把他看成是清室遗臣、紫禁城遗老、心忧故国的耆旧，当然不错，但这不能全面概括陈宝琛的一生。其实，陈宝琛一生与近代学习西方思潮有很深关系。陈宝琛青年时期在翰苑供职十余年。他以讲臣身份自觉维护儒学伦理价值标准，抨击贪贿，主张肃整纲纪。他的政治革新思想体现在他于光绪七年闰七月（1881 年 9 月）所上《条陈讲求洋务六事折》中。该奏折六项建议的第一项，是要将了解西方的人文历史、风土政情作为教育皇上的必要内容，提出朝廷要转变传统的"驭夷"观念。第三项至第六项内容中，有主张举用"熟知洋务之人"以"发谋出虑"；有"效西方议院之制，广开言路"的建议；有选派"德才兼备、年力强盛者出洋游历"，以及"参合中西律意，制定章程"主张；等等。这些主张虽未超出林则徐、魏源所倡导的"师夷制夷"的范畴，但我们不能不承认其眼光敏锐、识见优长。他的第一项主张实是要求把了解外情作为皇上必学之内容，这就将前辈的思想主张从一般士大夫的认知层面导向最高决策层，这一做法的确在大大推行林、魏主张方面迈出一大步。从办洋务出发，师夷长技，进而学习西方议会制度，这正是从洋务营垒走向学习西方政体的早期改良思想家所经历的心路，陈宝琛已摸到了这条心路的脉搏。可惜他不久因降级而回原籍，脱离了领风气之先的京师，未能加入改良思想家的行列。陈宝琛回福建以后，赋闲 20 余年中，从事各项公益活动。举其要者，如"东文学堂"、福建第一所中等师范学堂"全闽师范学堂"是由他创办的；第一所省立高等大学堂（今福建师范大学前身）由他奠定基础；从嵩屿至江东桥间长 28 公里的铁路路基也是在他主持下修筑的。他在倡导西学、引进西技方面躬亲实践、殚精竭虑。可以说，陈宝琛是一个站在学习西方潮流前沿的人物。

二　对科学与民主的执着追求与初步介绍

对科学与民主的追求，是中国文化引进西方文化的关键之一，福建引进近代文化也不例外。其实，早在明中叶，随着商品经济的发展，福建的商业城镇便有相当发展，早期市民也大量涌现。加之晚明西学东渐，中西文化交流在福建已达到一定水平。泉州人李贽能成为一个杰出的反传统的思想家，便与他生长在商业气氛很浓的闽南社会有很大关系。李贽"穿衣吃饭即是人伦物理"的伦理观明显地表现了那个时代要求个性解放的潮流。现代化因子移植于中国，是靠暴力与征服。西方列强为拓展市场，以现代物质文明为后盾，以"坚船利炮"相威胁，打开了中国的国门，不自觉地将现代因子传播到中国来。中国为应变西方列强对传统社会发起的无休止的挑战，不得不师法西方。始则出于被动和无奈、出于防御，继而主动积极，甚至扛起"全盘西化"的旗帜，从不自觉到自觉地将自己的文化融入世界现代化的大潮之中。这表明，中国近代一开始就倾向于走一条防御型的文化现代化道路。伴随着这条道路，不可避免地有新旧思想的较量、东西文明的全面比较，以及从文化根本上进行认真反思；也不可避免地使中国古代文化承受极大的外来文化的压力，并逐步蜕变、逐步吸收。经辛亥革命及粉碎帝制复辟，至1919年五四运动，中国文化逐步走向现代文化的乾旋坤转的伟大时期。而这整个过程，无不贯穿着一条主线，即对科学与民主的追求。

在福建知识界对科学与民主的近代追求中，又是严复充当了伟大先行者的角色。严复的一系列译述，确立了经济学、哲学、法学、史学、政治学的分类，也揭示了近代社会科学的基本特征。应当说，严复在中国，为社会科学确立了第一个近代定义，也奠定了他作为中国近代第一位具有现代意识的百科全书式的社会科学学者的地位。严译的11种著作中，涉及哲学伦理学（《天演论》）、经济学（《原富》）、法学（《法意》）、社会学（《群学肄言》）、政治学（《社会通诠》《群己权界论》）、逻辑学（《穆勒名学》《名学浅说》)、史学(《欧战缘起》《支那教案论》)、教育学(《中国教育议》)。严复属技术出身,但他并没有来得及翻译西方科技方面的著作,这并不影响他作为中国近代科学文化开启者的地位。因为科学本身不仅包括自然科学,也包括社会科学。更值得重视的是,严复极力推崇近代科学方法。在严复看来,这类方法,一是实证方法(含"考订""贯通""试验"三个层次);二是逻辑方法(含归纳、演绎)。严复还在《西学门径功用》一文中推出他的科学分类,包括五类:玄学(含名学、数学)、玄著学(含力学、质学)、著[学含天学、地学、人学(生理学、心理学)]、群学(社会科学,含政治、刑名、理财、史学)、专门之学(含农、兵、御舟、机器、医药、矿务……)。在民主思想在中国的传播方面,严复最先应用卢梭的天赋人权和民约论思想对专制政治展开批判。他批判君权神授理论,指出,"民之自由,无所界也"。他批判"宋明腐儒",并指出"《六经》皆有不可用者"。他以热烈的语言赞扬西学的完美与严整,认为中学重"三纲",西学重平等;中学亲亲,西学尚贤;中学以孝治天下,西学以公治天下;中学尊主,西学隆民;中学夸多识,西学尊亲知;中学委天数,西学恃人力,这是近代中国思想史上最初也是最鲜明的中西文化比较论。当然,严复仍然维护孔子的权威,认为孔子之说专明人事,平实易行,千万不能破坏。他认为,精通西学之后,才能更好地理解中国圣人的"精意微言"。严复是中国倡导自由主义思想的先驱者之一。康有为在他的《实理公法全书》中第一次提出了"自由、平等、博爱"的口号之后,西方的自由主义思想便开始了它的中国化的历程;而严复将约翰·密尔的《论自由》译成《群己权界论》在中国出版后,自由主义便在中国得到了长足的发展。严复对西方民主自由思想的介绍,在中国近代史上起了振聋发聩的作用。

由于西方新文化的输入,当时中国人感到要在重新认识世界的基础上用实际行动自强自立,其中最敏锐地觉察到这一点的便是福建人士林则徐、沈葆桢等人。他们在鸦片战争的战火中屈辱地看到并表示惊讶的是西方的坚船利炮。坚船利炮不但以先进的生产力作为基础,而且它们本身就是先进生产力的表征。不久,中国人又看到了西方机器的优越性。于是继林则徐引进西方技术制造火炮之后,在福州又出现了远东第一流的马尾造船厂,造出40艘军舰。沈葆桢是林则徐的女婿。他在闽浙总督左宗棠调任陕甘总督之后，挑起办船政的重任。他任船政大臣的八年中，福建成为东南洋务运动最兴盛的地区。当时，福州成为外国人士注意的焦点之一。法国人日意格、德克碑等都来船政任职。当时法国的造船技术领先于世界，沈葆桢便引导船政学校以法国为师造船。英国的海军驾驶技术世界一流，船政学校便引进英国驾驶技术。为了能够独立造船，沈葆桢毅然派出留学生赴欧学习，第一批学员魏瀚、陈兆翱、陈季同、刘步蟾、林泰曾等，后来都成为造船与航海界的精英。马尾船政学堂当时成了洋务思潮的一个重要阵地，对福建走向近代化起了一定作用，并且聚集了一批近代人才，如严复、周开锡、叶文澜、黄维煊、徐文渊、贝锦泉，还有知名学者谢章铤、郭柏苍、林纾、刘存仁等。

甲午战争使中国人认识到，光向西方学习科学技术是不够的。于是中国出现了维新新潮。其后，孙中山从西方引进的民族、民主革命思想深入人心。于是，在福建的知识分子中出现了一批革命党人，他们主张用革命手段改变现实政治、建立近代化的民主政治制度。其中福州的林觉民等便是其杰出者。"赛先生"经"五四"启蒙运动的倡导而有较大发展。在这项事业中，福建出现了一批科学家如数学家李俨，物理学家萨本栋、张文裕，化学家庄长恭、侯德榜、傅鹰、王应睐、李乔苹，生物学家邓叔群、郑作新，天文学家高鲁、余青松、张钰哲，等等。

三　教育、报刊与学术走向近代化的尝试

近代在福建办新式教育起始于教会学校。1846 年 4 月创办了厦门女学，教师是养为霖牧师夫妇，当时收有 12 名女生。1850 年，英国伦敦会教士施亚力在厦门创建英华学校，有 10 名学生。福州最早的教会学校是1848 年美国美以美会创办的男童学塾；接着，1853 年，美国公理会在福州开办格致书院；1881 年，福州鹤龄英华书院在美以美会支持下创办。还有如圣公会办的三一书院、美以美会办的毓英女书院、美国公理会办的保福山女书院。这些学校所收学生甚少，有的一届只有一名学生毕业。但其特点中有一点值得重视，即重视英文教学，这有利于学生毕业后直接进入欧美大学接受科学文化教育。在教会学校中，影响较大的要数 1915 年创办的

福建协和学院，这是福建最早的大学之一。福建现代史上的许多重要人物也毕业于该校。基督教在福建办学，在五四运动后，越来越红火。到1920年时，基督教在福建开办的学校有1000所之多。

福建人自己办的新式学校，以马尾船政学堂为最早（原名"求是堂艺局"），1867年开办。该校涌现出许多著名学者、工程师，如著名工程师魏翰、池贞铨、林日章、陈兆翱、郑清濂、李寿田、汪乔年、郑诚、杨廉臣等；著名思想家严复；著名翻译家马建忠、陈季同；外交官员罗丰禄（曾担任清廷驻英、法、德公使）、吴德章（任驻奥匈帝国公使）；在该校任教的有著名铁路工程师詹天佑。

甲午战争之后，一批新式学校在福建各地纷纷涌现。1896年福州创办苍霞精舍；1899年办福州蚕桑公学；1898年厦门办同文书院，该年度在校生达129名；1900年厦门办东亚书院，学生130名；1902年福州办全闽大学堂。1905年清廷下令废除科举制，提倡办新学校，陈宝琛等绅士在福建成立"闽省学会"，后改名"福建教育总会"。该会对促成新学校创办和旧式学校、书院改造为新式学校，起了重要作用。到民国建立后，福建全省初步形成了从初小、高小，到初中、高中的四级教育结构，大学仅协和学院以及大专水平的全闽师范大学堂。

在西方文化的刺激下，福建文化人也办起了报刊。福建最早的近代报纸是教会主办的《福州府差报》（1858年创刊）、《福州捷报》、《福州广告报》、《厦门钞报》等，然而这些报纸皆为英文报。福建最早的中文报是教会主办的《郇山使者报》《闽省会报》，出现于19世纪70年代。当时著名的革命家黄乃裳常为《郇山使者报》撰稿，并担任主笔。这些报纸以宣传宗教为主，也发表时事评议。甲午战争后，福建人自己办的第一张有影响力的报纸是黄乃裳主办的《福报》，于1896年4月28日创刊。其后出现了《福建白话报》《福建新闻报》《福建七日报》等，还办了《福建法政杂志》《闽省商业杂志》等。1902年，《鹭江报》在厦门创办。该报于1907年易名为《福建日报》，由黄乃裳主持，约1500名订户。辛亥革命胜利后，福建的报刊也多起来了。如福州的《闽报》《福建公报》《福建新闻》《商业公报》，发行量均在3000份上下；还有如《群报》《闽南报》《声应报》《福建新报》《申报》《共和报》《左海日报》等。值得提到的还有革命党人办的报刊，如《建言报》、《警醒报》、《民心》月刊、《南声报》

等。闽侨在南洋创办《南洋总汇报》《中兴日报》《仰光日报》《光华报》等。新式报刊的出现，给民众带来了新鲜空气。维新思想和革命思想在报刊上得以宣传，国际新闻和国内大事民众也会很快了解。在新式报刊刺激下，知识分子不再埋首故纸堆里了，他们中的先进分子日益觉醒，并以更饱满的热情投入中国变革与革命的洪流之中。

学术走向近代化也是近代中国文化发展的一个方向。中国学术发展的历史，经历了先秦子学、两汉经学、魏晋玄学、隋唐佛学、宋明理学、清代汉学和晚清今文学几个阶段。晚清今文学已带有从古代学术向近代学术过渡时期的特点，晚清今文学以庄存与和刘逢禄开其端，龚自珍和魏源集其成，康有为殿其后。中国近代学术的标志是提倡近代式的学术独立以及引进近代科学方法。其杰出代表是严复、梁启超、王国维三人，其中严复为中国输入西方学术思想的第一人。他把目光放在学术上，是希望通过传播新的学术思想来推动民众的精神觉醒。严复坚信，只有尊重学术思想自身的独立价值，以追求真理的科学态度去从事学术研究，才能使学术发挥出对社会发展、政治进步的先导作用；而学术的独立性，又取决于知识分子自身主体意识的昭苏。这种思想的产生，是由于在反封建文化的道路上，西方近代文化变革所展示的学术与政治的关系启迪了中国启蒙者对于学术自觉性的自觉意识。严复的《论治学治事宜分二途》明确提出，"治学"与"治事"两者不能相兼，"惟其或不相侵，故能彼此相助"。他建议给予学成者以名位，把"学问之名位"和"政治之名位"区别开来。这已流露出提倡学术独立的思想。他力主不宜把学术混同于事功，强调学术自身的独立价值，这对学术界的影响是深刻的。正是这一点，对中国传统学术的转换起了开风气的作用。当然，事实上，中国近代许多学者仍未获得学术独立的地位。一方面，近代中国的政治和社会状况不容易给学术以独立地位；另一方面，知识分子长期形成的依附人格也使他们难以跳出旧有框框而真正走上学术独立的道路。

近代福建有所成就的学者，一般比较强调知识分子的学术自由，不愿受政治势力的约束，学术独立的状况较好。比如，首先是严复，而后如林纾、高梦旦、林白水、辜鸿铭、林昌彝等就比较坚持学术独立，并在自己从事的研究领域取得了颇有影响的学术成果。

林纾并不懂外语，先通过他人口译，而后自己用生花妙笔所转译的

《巴黎茶花女遗事》初版于1899年，大受欢迎。此后，他的译著不断，一生共译外国小说183种，计1200多万字。这些译作中比较成功的有《黑奴吁天录》《拊掌录》等。林译作品发表后，国人方始打破文学界唯我独尊的观念，承认西方也有伟大的作品。其潜在影响还在于使中国人逐渐将小说当作最高文学艺术形式，开始重视小说创作。此外，林译小说在培养下一代文学家方面起了重大作用，如鲁迅、郭沫若等文学家，都经历过崇拜林译小说时期。

高梦旦曾在梁启超主办的《时务报》上发表《论废除拜跪事》，深得梁氏赞赏。1903年，他任上海商务印书馆编译所国文部部长，编定小学至中学、师范各教科书，相继出版。又请古汉语名家、侯官（今福建闽侯）吴曾祺主持涵芬楼古今秘籍珍本编辑事。他还提倡新历法（作有《周历议案》）、简笔字（作有《简笔方案》），改革检字法、电报用码等，皆从实用出发。他倡议翻译日本的《法规大全》，以闽县刘崇杰为主编，书成，销数可观。誉满士林的林纾、严复所译之丛书，也是由高梦旦主持在商务印书馆陆续印行的。高梦旦又筹划编纂《新字典》与《辞源》，并于商务印书馆编译所中增设辞典部，请陆尔奎主持。《新字典》先出；《辞源》历时八载，于1915年初版。高又是《东方杂志》创办人之一。1921年，高梦旦发现入馆仅三个月的王云五是个人才，便毅然推举王继其职务。事实表明，这一推举有利于商务印书馆事业的发展，从中又可见高梦旦是伯乐式的、爱才的文人。

林白水是清末著名的革命党人之一，民国建立后任参议员。他一生办过《中国白话报》《学生世界》《警钟日报》《公言报》《新社会报》《杭州白话报》《俄事警闻》等，并为这些报刊写过大量的白话文章。其文笔犀利，一针见血，见解独特，深受读者喜爱。他通日文，在辛亥革命前就曾编译多种传记（由商务印书馆出版）。通过编译传记，林白水评点海外人物，介绍西方文化，鼓吹革命，代表作有《华盛顿》《哥伦布》《俾斯麦》《加里波的》《纳威尔》《大彼得》等；还翻译《日本明治教育史》。这些译作文字生动、思想先进，吸引了许多读者。其贡献还在于输入了海外史学学者的研究方法。林白水在近代中西文化交流中的贡献不可低估。

辜鸿铭早年在英、德等国得到多个学位，精通六种外文，回国后任上海南洋公学校长、北京大学教授等职，曾在张之洞幕府20多年。他兼通中西学术，但他主要不是致力于传播西方文化，而是着重向欧美介绍中国文化。在近代，他是一个受到西方学术界广泛认可和赞誉的学者，在世界近代文化史上享有崇高声誉。更有价值的是，正因为辜鸿铭对西方文化有深刻的了解，因此他看到了西方文化的许多弱点。辜鸿铭敢于怀疑西方文化价值观的合理性，这有助于推动欧美人对自身文化的进一步反省，仅这一点，便是近代大多数中国学者所做不到的。

林昌彝是近代爱国诗人、出色学者，有很高的学术成就。他在林则徐家教读，林则徐女儿普晴和女婿沈葆桢都是他的学生。林昌彝遍游大江南北、黄河上下。在游历中，他还认识了魏源、姚燮、朱琦、汤鹏等学者。1840 年鸦片战争爆发后，林昌彝作《平夷十六策》和《破逆志》。林则徐对林昌彝所撰书评价很高，认为是"真救世之书，为有用之作"。他"寓英为鹰"，特名其楼为"射鹰楼"，并将鸦片战争中牺牲的爱国英雄，如广东水师提督关天培、定海知县姚怀祥、吴淞守将江南提督陈化成等死难烈士的诗作收入其《射鹰楼诗话》之中，以广为流传。

近代福建在中西文化交融历程中的举足轻重人物的一系列成就告诉我们，在经历了长久专制统治时期之后的中国到了近代，确有一些福建人敢于大胆地面向世界，把当时世界先进的思想和科学文化知识介绍给尚处于沉睡而愚昧无知状态中的国人。这是一批披荆斩棘者、开路先锋者、学术独创者、勇往直前者，他们在近代中西文化交融中的贡献不可磨灭。

（原文载福建省炎黄文化研究会编
《闽文化源流与近代福建文化变迁》，
海峡文艺出版社，1999）

严复对西方近代实证方法
与逻辑方法的认识

实证与逻辑是西方近代科学发展的最重要的方法。近代中国启蒙思想家严复（1854～1921）大力提倡西方近代实证方法与逻辑方法，在当时中国有着重大的文化影响。

一　严复对实证方法的认识

西方近代实证方法强调只有探求宇宙事物才能获得真正的学问，坚持观察和经验为证的原则。西方近代实证方法的鼻祖培根肯定科学探求的独立价值，他强调要认识自然并应用关于自然的知识去控制自然，认为要做到这一点，就必须有新的方法。培根的新方法实际上是一种实证方法。这一方法在 17 世纪被人们普遍重视，人们称之为"培根法"。"培根法"把对事实进行审慎而有条理的观察作为解释自然或研究自然现象的手段，它与中世纪时的空想猜测的方法相比，是个飞跃。严复对此有所认识。他看到，当时中国知识分子仍被经学死死地框住，只知校对古书、注经释典，社会上处处鄙视科学，很少有人关心科学实验。他呼吁，要像培根那样，"学于自然"（《阳明先生集要三种·序》），从而寻求新的原理、新的事实。

严复认为，西方人运用了培根的方法，能够做到"但与万物直接研究"（《名学浅说》），而中国传统思维方法则轻视观察和实验，所以"中国九流之学……虽极思，有不能言其所以然者矣"（《穆勒名学》按语）。严复引用赫胥黎的话说："读书得智，是第二手事，唯能以宇宙为我简编，民物为我文字者，斯真学耳。"（《原强》）这是把客观世界和事物作为认识的对象，强调只有探求宇宙万物才能获得真正的学问。严复强调，必须以事实来验证认识，"一理之法，一法之立，必验之物物事事而皆然，而后定之为不易"（《救亡决论》），任何精深严密的科学都应当具有可证实性。严复用这个方法分析中国传统学术概念，看出其中许多"臆造而非实测"（《穆勒名学》）的问题。例如"气"这个概念，在严复看来可以指人生病之邪气，也能够指国家之元气，还可指"厉气、淫气、正气、余气"等等，"几于随物可加"，"凡先生一无所知者，皆谓之气而已"（《名学浅说》）。用"气"这样模糊的概念来解释各种现象，是无法科学地陈述问题的，也无法从经验成果中取得支持。因此，"气"这个概念，"出言用字如此"，"庸有当乎？"（《名学浅说》）严复强调观察、实验，反对臆测，这在当时起着冲破经学樊篱的作用，拓宽了当时中国知识分子的视野。

二　严复对分析方法的认识

在强调观察与实验的同时，严复也注重分析。培根是遵循分析的方法的。培根指出，理性要"真正地去分析自然界，揭露物体的属性和作用以及物体在物质中的某些规律"，就要"不仅从智慧的本质出发，而且也从事物的本质出发"（《新工具论》）。严复也认为，经过分析，认识才能清楚，思维才能明晰。他说："知之晰者始于能析，能析则知其分，知其分则全无所类者，曲有所类。"（《穆勒名学》按语）即一定要经过分析，使认识清晰，看出其中的同异之点，并分出类与不类，根据类属关系下定义。严复强调的这种分析法与培根的新方法是一致的。培根重视分析，强调认识的明晰和对事实的详尽分类编目。中国传统学术也重视分析，但它重视的是总的方面的分析，强调的是把事物作为一个有机整体来把握，在提供"总画面"上下功夫，而不注意分疏的认识和分门别类的研究。到了近代，科学已经进步到对自然界的解剖、分析阶段，总体把握已不适应科学发展的需要了。近代科学需要对事物的各个细节有明晰的认识。严复正是吸取了近代科学的这种精神。他说："擅一技、知一物而口不能言其故者，此在智识谓之浑而不晰。"（《穆勒名学》按语）他譬喻说：某人对某友的面庞有总体轮廓的了解，但如果对其面庞各个部分的细节没有明晰的认识，那就会"提笔含毫欲写其貌，则废然而止"。（《穆勒名学》按语）严复的这种分析，符合西方近代实证方法的要求，体现了近代科学精神。

三　严复对归纳方法的认识

近代西方实验科学的发展是从力学开始的，而力学特别注意运用归纳逻辑的方法。近代力学的长足发展向人们表明，归纳不仅是科学验证的辅助工具，同时也是科学发现的辅助工具。归纳根据已往概括未来，根据已经经验过的概括尚未经验过的，根据已经知道的概括尚未知道的。应当说，归纳的范围比因果更广泛。

中国传统学术方法中当然也有归纳推理思想。先秦时期墨家就有较多的归纳推理思想，如能加以发展，定会有助于中国科学的发展，但遗憾的是墨家产生不久后便衰微了，归纳逻辑在中国古代没有得到长足的发展。而西方近代实验科学由于运用了归纳和演绎两种逻辑方法，新理论和发明创造便层出不穷。这一事实深深地震动了严复。严复运用归纳法原理分析中国传统的各种学问的种种弱点。他说，传统学问叫人"好古循辙"，一味笃信"经典"（《穆勒名学》），"中士之学必求古训"（《原强》），因而偏于演绎法。就是说，中国古代人的一切结论都必须搬出老祖宗的经典，知识分子做学问研究问题也总是不离"古训"，唯书、唯圣、唯经。严复认为，这种思维方法是不合实用的。因为，这种"外籀"（演绎法）虽也符合三段论的法则，然其前提"大抵是心成之法"，其推理"便是将古人所已得之理，如一桶水倾向这桶，倾来倾去，何处有新智识来"（《穆勒名学》按语）。严复还举例说，陆王之学从古训出发，并不懂得对客观事物做实证归纳，就连他们进行"外籀"即演绎的前提也都是主观臆造的。因此，"中土学术政教，自南渡以降，所以愈无可言者，孰非此陆王之学阶之厉乎？"（《救亡决论》）这与当时倾向于将陆王新学当作维新变法武器的许多人相比，确实高出一筹。对于清代汉学，严复也认为它是"所托愈高，去实滋远"（《救亡决论》）。这一分析也是中肯的。清代汉学在注重证据方面，与近代科学的实证方法有接近之处，但汉学始终囿于文字考证，以故纸堆为研究对象，其根本问题在于不从对客观事实的观察、归纳出发，脱离现实。严复就是这样，敢于对传统方法做深刻反省，倡导归纳法。这对于改变中国知识分子研究问题的方法，对于改善中国知识分子的思维习惯，产生了一定影响。

四　结语

第一，严复是中国近代科学方法论产生过程中的一个阔视远想的人物。他在接触了西方近代科学精神和科学方法后，引起共鸣，并开始进行中西结合的尝试。

第二，严复引进的西方近代科学方法，在发展中国近代科学上还达不到预想的目的。首先，因为当时中国思想家只是呼吁变法，因此引进的西方思想中关于"变"的材料就足以满足他们了。至于要用何种方法研究自然界，近代中国思想家们并无多大兴趣。其次，长期形成的模糊的思维方式使近代中国人仍不习惯于对自然现象进行精确研究，也不会对自然科学问题进行分门别类的剖析，这就造成了西方精确的科学理论及其方法难以在近代中国确立。最后，当时中国缺少任科学纵横驰骋的文化环境。中国传统文化的泛伦理色彩容不了先进的科学精神、科学方法。

第三，严复过分强调形式逻辑的方法，特别是归纳法，这是有片面性的。但是我们不能苛求于严复。

（原文载《理论学习月刊》1989 年第 10 期）

略论中华文化与闽台文化关系

中华文化源远流长，闽台文化是中华文化的一部分，中华文化与闽台文化要继往开来。本文对此做一点回顾与分析。

一　中原文化地域圈的不断扩大及其在闽越的贯通

中国文化从远古时代走来，在漫长的岁月中，逐渐形成若干文化区域。这是考古材料所早已证实了的。另外，又有考古材料和有关文献证实，中国古文化从跨入文明时代之前的炎黄二帝及尧舜禹时代起，确实存在华夏文化对其他文化单位的辐射以及华夏文化主体地位不断巩固和发展的事实。

在我国氏族社会末期，中原地区逐步走向文化统一。炎帝早期是以渭河流域为根据地的，以后这个部族分散到河北的中部、河南的东部、山东西部和湖北的北部等地区。黄帝部族的基地主要在河南，后来扩充至河北、山东一带。黄帝战胜了炎帝和蚩尤之后，其势力之大，占据地盘之广，在"万诸侯"中，无一能与之相比。当时诸侯威服于黄帝，黄帝部族居于领袖地位（后来的颛顼、帝喾、尧、舜，这些赫赫有名的领袖，也都是黄帝的后代）。黄帝部族开创了河洛文化区，对文化创造做出很大贡献。据《史记·五帝本纪》所列，诸如养蚕、造衣、做舟楫、做车、服牛乘马、断木为杵、掘地为臼、做灶、铸釜造甑、做弓矢、做屋、筑宫室、筑城邑、葬以棺椁、作文字、定百物之名、作八卦之说（谓之八索）、制《归藏》书（为《易》之始）、造甲子、造纪历以定年、作十二律吕、著算术、做权量秤斗、创观象之法、作占候之法、作占日之书、始造画、主方药、定脉法、作《素问》、采首山之金铸刀造弩、做蹴鞠之戏以练武士……以上许多发明创造都标黄帝之名或出之黄帝时代的臣僚。我们当然不会轻易断言这些全是黄帝个人的功劳。事实上，对我们中华民族祖先的活动，迄今为止无法断定哪个祖先创造了哪些文化。这些应是祖祖辈辈长期劳动积累下来的成果。但是以上所列成果又从另一个角度说明，黄帝及其子孙确实开创了一个广大的文化区（河洛文化区），那时出现的一批文化成果也是光辉灿烂的。

河洛文化的地域圈不断地扩大，经过漫长的时间才形成了华夏民族文化共同体。文化，它的涵盖面很广，但说到底，乃是人类活动的产物，包括物化形态的文化、规范形态的文化、观念形态的文化。华夏族文化共同体包含着这三种形态的文化。当时出现的广大统一的疆域，有利于生产和交往活动。因为，比较先进的生产技术要在广大区域内传播，须有共同的疆域。经过华夏族人民长期的努力，体现着当时先进的生产技术的农业便成了华夏族的共同经济生活。经济生活的发展又促进了共同语言的产生，这就是中原地区的雅语，它是汉语的基础。随之，习俗、信仰也渐趋一致。华夏族文化共同体的形成，是各部族长期融合的结果（直到西周春秋时期，这样的融合还在进行）。融合的形式是多种多样的，其中也包括痛苦的战争。当然，华夏文化虽然主要是黄河流域的产物，但通过与周边部族的长期融合，也渗入了不少东方和南方部族的文化。

华夏文化在夏、商、周时期逐渐趋于稳定。商周的甲骨文和青铜文化，可以作为这个阶段物化形态和规范形态文化的标志，而"礼"文化则是这一时期观念形态文化的标志。开始时华夏族中各个文化单位的礼是不相同的，相当混乱。直到周公，才把各种礼仪系统化，写成《周礼》一书。因而，周公是中国夏、商、周时期集大成的思想家。到春秋战国时期，出现了中国古代思想文化史上最为灿烂的一页——百家争鸣。它把中国本土的几个地域的观念文化都卷了进去，包括邹鲁文化、燕齐文化、秦晋文化、荆楚文化、吴越文化等，还出现了孔子、孟子、老子、庄子、孙子、荀子、韩非子等百家巨擘、文化巨人。这一时期的中国古文化有辉煌成就，已臻于成熟。其中最关键的思想家是孔、孟和老、庄，他们的思想促成原先中国礼本位的思想文化结构发生改变，而形成了儒道互补的新的思想文化结构。这种思想文化结构决定了中国传统思想在以后 2000 多年中的基本格局、趋向和国民心理结构。儒道思想被全民族所认可、所推崇，除了社会的政治经济原因以外，还有民族的心理和性格原因。应当说，诸子百家的产生是汉民族内心大世界的外观，而对儒道的选择则代表了汉族人民共同的文化心理趋向。

华夏文化向中国境内各个文化单位的传播，基本奠定了中国文化圈的范围，并使华夏文化成为中国文化的代名词。

华夏文化的辐射和贯通，同样在吴越、闽越一带进行。公元前 334 年，在江浙一带立国的越王勾践的后代无疆被楚军杀死，越国灭亡，越族从此分裂，其中一支入闽。他们带来了先进的吴越文化和中原文化，并在血缘上与当地闽人融合，逐渐形成了闽越族，且在后来建立了闽越国。福建最早的国家就这样在战国时期形成了。从此开始了中原文化、吴越文化在福建的流延伸展及其与福建当地原有文化的结合过程。秦汉至魏晋南北朝时期是中原文化在福建扩大影响与扎根时期。秦始皇统一中国后，于公元前 222 年在福建置闽中郡，福建被纳入统一的秦王朝的版图之中。到了汉代，中原人又一批批地来到福建。如西汉吴王濞联合七国反叛兵败后，吴太子驹就率领一批人亡命到闽中。三国时，孙吴在闽设建安郡，管辖十个县。西晋于闽地设建安、晋安两郡。大量中原人口入闽是在西晋怀帝永嘉年间。那时发生了八王之乱，少数民族入主中原，战事频繁，避乱逃难的中原人口大量迁入福建。史书载，"永嘉二年，中州板荡，衣冠始入闽者八族：林、黄、陈、郑、詹、邱、何、胡也"（路振《九国志》）。大量的中原汉人入闽，带来了更多的中原文化。这时福建虽然仍然地广人稀，与中原地区相比，经济、文化都较为落后，但这一时期入闽的中原人民及其先进的生产工具和技术经验，对福建的开发的确起了很大推动作用。来闽的中原知识分子还立学施教，传播中华传统思想和文化。从这里我们看到中国封建社会在广度发展上的一个重要特点，就是通过中原文化地域圈的不断扩大，通过先进的中原文化的辐射，原先比较落后的地区受到中原文化的同化。这表明中华文化确有了不起的功力。世界上没有别的文化系统，能够在如此辽阔广大的领土上把如此众多的民族和部族凝聚在一起。唐代至五代，是福建开发的重要时期。唐高宗总章二年（669），光州固始人陈政为岭南行军总监，统领府兵5600人入闽平"叛"，其子陈元光随军入闽。陈政受伤而卒，仪凤二年（677），陈元光代领入闽唐军。跟随陈元光、陈政入闽的许多部将都在福建落籍，繁衍后代，与当地人民共同开发福建这块地方，推动了福建的发展。唐德宗建中元年（780），常衮罢相贬为福建观察使。他在任职期间，对福建文化的发展也起到了推动作用。到了唐末，全国大乱，中原人士又一次大量流入福建。当时光州、寿州、固始等地中原人民流寓闽中，并在王潮、王审知兄弟领导下，在福建建立了闽国政权。在王潮、王审知当政的33年中，福建是当时全国最为安定的地区。尤其是王审知对福建的开发贡献很大，后世称他为"开闽王"。在他统治的29年之中，福建经济、文化和社会发展很快，闽国成为五代十国中最富足的国家。福建与中原地区的历次文化交流和贯通，也在福建思想文化结构、哲学观念、宗教观念、伦理观念，以及学术人才培养等方面留下了深刻印记。从思想文化结构上看，福建思想文化也同中原地区的思想文化一样，自佛教传入以后，打破了儒学一统的天下，使福建思想文化同样在儒释道三足鼎立的格局中发展。唐末五代王审知的闽国政权就十分注意收集古籍，并设招贤馆招纳中原文人学士，培养闽中秀士。王审知笃信佛教，他兴建或修复267座佛寺，使佛教在福建得到广泛流传。在学术文化人才方面，福建自唐代以来学者众多，著作极富。有人略做统计，唐以后福建古代学者写的著作有数千部达28000多卷。福建学术水准在五代时提高很快，那时已与当时我国中部地区学术水准相差无几了。到了北宋时期，福建学术文化与当时南方文化发达地区相比，已毫不逊色。南宋时期的福建学术文化十分繁荣，朱熹理学是宋末以后学术主流。朱熹生在福建，殁于福建，一生有六十几年在福建生活。他是理学的集大成者，开创了宋代最大的理学派别——考亭学派，亦即闽学学派。后人所称的程朱理学，主要是指朱熹理学，其思想及其在国内外的影响，是尽人皆知的。朱熹的门人有500多人。南宋时期福建文化进入全盛阶段，是全国文化中心区之一。这是中原文化与福建文化交流、贯通的结果，是中原文化在福建的光大。

二 中原文化入台与闽台交往

台湾和大陆很久以前就有联系。关于台湾的最早文字记录可追溯到战国初期地理文献《禹贡》，其中有"岛夷卉服，厥篚织贝，厥包桔柚"的记载，这里的"岛夷"即指台湾。这是迄今为止发现有关台湾的最早的文字记载。又据史家考证，汉代的"东鳀"，三国时代的"夷洲"，隋代的"流求"，宋代的"流求""毗舍邪"，明代初中期的"北港""鸡笼"，都是我国历史上对台湾的不同称呼。中原文化很早便传至台湾，三国时期，卫温、诸葛直率甲士万人航抵夷洲，"得夷洲数千人还"（《三国志·吴书》）。这是早期两岸文化的一次大规模交往。台湾学者对台北县发掘出的大量唐代金器、钱币等古物进行考证，断定祖先最早渡台定居的时间至少可以追溯至唐代。① 这一考古发现表明，在唐代，中原文化的辐射传播区已包含台湾这一地区了，其直接后果是使汉族文化从大陆扩展至台湾岛上。中国政府有效地管辖台湾的时间问题，有学者根据宋代学者楼钥所著《汪大猷行状》等史籍，认为南宋乾道年间泉州知府汪大猷"置民立戍澎湖"，保卫泉州港海外贸易，是中国政府最早管辖台湾地区的记载。元代中央政权三次在泉州设置行省，台湾是这个行省的一部分。明万历年间，中国政府为了防御倭寇入侵台湾，特在台湾设兵驻守。这些都是有史籍可查的。历代都有大陆向台湾移民。现在台湾居民中，有高山族，有汉族、蒙古族、苗族、回族、满族等，均是中华民族后代。另据统计，大陆各省迁往台湾的后代有 1694 种族姓。台湾同胞的大多数，实际上就是大陆各省籍的人。海峡两岸人民同根同祖，语言相通，习俗相同，存在深厚的血肉情谊。台湾是中国不可分割的一个组成部分，台湾文化的母体是大陆文化。

福建与台湾仅一海峡之隔，历代大陆向台湾移民的人闽籍居多。福建向台湾移民的时间至少可追溯至北宋。北宋苏钦于宣和六年（1124）撰《德化使星坊南氏族谱》，其在"序"中提到，苏氏家族散居各地，有的迁

---

① 参见《考古证实祖先到台可溯至唐》，《光明日报》1991 年 8 月 2 日。

居台湾。历史上福建人民大量迁台是从明代开始的。明朝天启年间，福建人颜思齐和郑芝龙等组织海上武装，以台湾作为活动根据地。后来，颜思齐殁，郑芝龙归附明朝政府，做游击将军。时遇福建大旱，郑芝龙奉朝廷之命，在福建"招饥民数万人，人给银三两，三人给牛一头，用船舶载至台湾，令其芟舍开垦荒土"（《赐姓始末》）。台湾优越的地理条件，加上福建来台湾人民带来的先进农业技术和工具，给台湾的农业生产带来了生机勃勃的新气象。经过明代闽台以及全国许多地方移居台湾人民的齐心协力，台湾社会经济大为改观；同时，从大陆来的生产方式、政治形态、文艺样式、学术特点，甚至包括汉民族的思维方式、风俗习惯、情感方式、举止姿态、服饰摆设以及语言表达方式等，也弥散于台湾全岛。

明末天启崇祯年间，荷兰和西班牙的殖民主义者乘机侵入台湾。经过一场争斗，台湾为荷兰所侵占。但这没能割断台湾与大陆的血肉联系。清顺治十八年（1661），郑芝龙的儿子郑成功在东南地区进行抗清斗争遭到挫折以后，决定收复郑芝龙经营过的台湾。郑成功亲率大军，一举驱走了霸占台湾近40年的荷兰殖民者，光复了失地——祖国宝岛台湾。郑成功入台，带去许多福建将士，特别是其家乡福建南安的将士。他们大多在台湾落籍，对台湾的开发做出很大贡献。郑成功在开发台湾的过程中，一方面按明朝制度建立起一套"社稷、宗庙、学校"俱备的封建政治体系，并分置府、县，施行民政；另一方面又大力垦田，激发汉族、高山族等各族人民的劳动热情。郑成功在到台湾的第二年便去世了。郑氏家族继承郑成功遗志，继续开发建设台湾二十几年。康熙二十二年（1683），郑军被清军水师击溃，郑氏无力再战，归附清朝。清朝中央政府管理台湾后，福建与台湾交往更为密切。当时清政府在江、浙、闽、粤设有四个海关，允许人民载货过海，当时闽台往来十分频繁。当时人黄叔璥《赤嵌笔谈》所记福建与台湾商业往来的商品品种十分丰富："海船多漳泉商贾，贸易于漳州则载丝线、漳纱、剪绒、纸料、烟、布、草席、砖、瓦、小杉料、鼎铛、雨伞、柑、柚、青果、桔饼、柿饼；泉州则载磁器、纸张；兴化则载杉板、砖、瓦；福州则载大小杉料、干笋、香菇；建宁则载茶。回时载米、麦、菽豆、黑白糖饧、番薯、鹿肉售于厦门诸海口。"这些记载，生动地反映出当时闽台交往之繁荣景象。1885年，台湾建省。由原属福建的一个地区变为一个省之后，台湾与福建的交往依然密切。福建人民继续不断迁台助垦，为台湾社会发展做出贡献。

文化在某种意义上说，其功能一方面是联系人与环境，另一方面是联系人与人。大陆（包括福建）与台湾人民通过许多代的努力，使中华文化不仅在福建，而且在台湾得以发扬光大。要看到，移居台湾的大陆人民是以大陆模式来建设台湾的。中国人观念中关于中华传统伦理道德、宗法家族观念很深，他们往往是同姓同乡聚居在一起，形成以祖籍地的地缘关系和以血缘关系为纽带的聚落。这种聚落形态强化了乡族感，也有利于继承传统。同时，到台大陆人民大力提倡传统文化教育，使一代代的青年人牢记从祖籍地传来的文化传统。也要看到，就汉民族成长的历史看，它的发展壮大历史也正是众多兄弟民族（包括福建的古越族和台湾的高山族）在汉文化催化作用下不断融合的历史，这里不仅有汉族文化对少数民族文化的作用和影响，也存在少数民族文化对汉文化的反作用和反影响。

三　走向未来的海峡两岸中华儿女，都要不断地从中华文化的优秀传统中汲取养料

大陆与台湾同属一个文化系统，即中华文化系统。中华文化作为中华民族在社会发展过程中所创造的一切文化财富的总和是一个整体。在这个文化环境中，海峡两岸人民既是中华文化的创造者，又同时被中华文化所创造。文化一旦产生，就在历史上保存下来，并随着时间的流逝，日积月累，不断地丰富、充实。从总体上看，中华文化是中国各族人民智慧的一种集体的成果，因此，它在中国具有社会普遍性。所以，我们如果把文化的作用与意识形态的作用的差别等同起来看，那就把问题简单化、庸俗化了。当然，文化也包括意识形态，但就整个中华文化来看，意识形态只是其中很少的一部分。而更多地应该看到，中华民族在自己走向文明过程中所发现、创造的一切积极成果和能力，都是以文化传统继承的方式一代一代地传递下去的。传统往往是一个民族文化的精髓所在，它是一个民族的人们在长期的实践活动中逐渐形成的。它形成以后，就具有相对的稳定性。民族传统文化是一个民族流传下来的文化。我们常说的中华民族传统文化，是指以汉族为主体的中华民族在漫长的历史发展过程中创造的文化

体系。它主要形成、繁荣和成熟于封建社会。随着时间的推移，近代文化也逐渐成为传统文化的组成部分。传统文化除了以物质成果的形式保存下来以外，更大量地保存在社会意识之中，如保存在科学、艺术、道德、宗教、哲学等社会意识形式之中，以及保存在社会群体的心态、风俗、习惯（亦即思维方式和行为方式）之中。中国传统文化的一个特征是其血缘性。在中国古代，血缘关系一直是最重要的社会内容。儒家学说重视人际关系，重视伦理道德，重视风俗教化，儒家主张的礼治、仁政等等，从根子上说，都是从血缘关系上伸展出来的。中国传统文化以人生为基本主题，它特别重视向内求诸人格的完美，特别重视修身、齐家、治国、平天下。中国传统文化是中国人民在长期的认识和实践活动中创造出来的，是中国人民力量和智慧的结晶。要了解中国的过去、现在和将来，都不能撇开传统文化的影响和作用这一因素。当然，传统文化对中华民族的影响和作用并不都是积极的。我们要吸收的是传统文化的精华部分，而糟粕部分则不能吸收。中国传统文化的基本精神，我们民族共同具有的、稳定的心理素质和精神品质，我们民族的特有的精神风貌，在海峡两岸的中华儿女中是永远不会泯灭的。中华民族的基本精神是永放光明的。

关于中华民族的基本精神，有种种说法。有的说是"礼"，有的说是"中庸"，有的说是"刚健有为""崇德利用""天人协调"，还有的说是"内在超越"（即到内心找道德的根源和人生的价值），等等。这许多提法中，每一种提法都抓住了一些东西。笔者认为，简约概括中华民族的基本精神是为了便于把握，但难以全面概括；为使概括尽可能全面，中华民族精神中的最优秀的内容应尽量得到反映，因此应当揭示中华民族精神体系。笔者参照有的论者意见，认为可从以下方面来概括中华民族精神体系：（1）爱国爱民、忧国忧民、救国救民的使命感；（2）民族团结、国家统一的统一观；（3）自力更生、自尊自信、自强不息的奋斗意识；（4）抗击强暴、百折不挠、英勇不屈的民族气节；（5）顾全大局、团结互助、宽以待人、严于律己的伦理精神；（6）言行一致、忠诚老实、实事求是的思想作风；（7）勤俭节约、艰苦朴素、勤劳忍耐的生活作风。

中国社会经历了几次重大的社会历史变化，社会发展呈现鲜明的阶段性。在这一进程中，海峡两岸所发生的各阶段变化有着明显的不同，尤以社会制度的不同为最。但是，对于海峡两岸来说，有一点是相同的，即大陆和台湾都在走向现代化。在走向现代化的道路上，两岸都面临如何对待中华传统文化的问题。传统文化代表文化的民族性，现代化更多体现的是文化的时代性。二者都是客观存在的，同时二者既相反，又相成。现代化的历史进程，是对传统文化的考验、挑战、选择。一部分传统文化和现代化历史进程背离得太厉害，就要在现代化过程中消失或淡化。但更要看到，中国传统文化的基本精神在历代的现代化中，通过改造，都是会放光的。这里所说历代的现代化，是指当时世界上文化发展已达到的最高水平，因此现代化就是时代化。在历史上的任何时代，任何正常发展的国家要实现现代化，都要努力去解决传统文化与现代化的矛盾。从中国古代历史看，汉代和唐代对这个问题解决得很好，其根本原因就在于一方面大力吸收外来文化，加以批判接受，另一方面对传统文化也批判继承。以汉代为例。汉武帝在位期间，是汉代国力达到顶峰的时期。那时不仅政治、经济方面有辉煌成就，在思想文化方面也有了不起的大发展。当时采纳董仲舒的"罢黜百家，独尊儒术"的主张，以此统合思想文化制度。当时以太学为主导的官方学校制度，也对大一统的、多民族的、趋善求治的中国古代文化起了一定的整合作用。这些不失为保存文化的好办法。但是，当时的人们并没有认为本民族原有文化尽善尽美，而是放眼世界，不断大量吸收外来东西。那时许多外国的东西从西域源源传入中国。比如，葡萄、胡瓜、胡豆、胡麻、胡桃、胡葱、胡蒜、石榴、胡椒、苜蓿、骆驼、汗血马等，都是从国外传进来的。西域的音乐、雕刻等也纷纷传入中国。稍晚一点，在东汉时，佛教也传了进来。另外，中国的丝和丝织品也沿着丝绸之路传到中亚和欧洲。可见，在汉代的长时间中，一方面大搞"时代化"，另一方面发扬传统文化。尽管当时人们根本未意识到是在进行这样伟大的事业，但是他们确实这样做了，并取得辉煌成就。再以唐代为例。唐太宗对继承、改造、发扬传统文化做了大量工作，使当时文学、艺术、书法、绘画、哲学、宗教等方面的文化事业都得到很大发展。唐代，中华文化还大量向国外输出，特别对日本影响最大。唐贞观年间，有大量外国人留居长安。他们带来各自国家的文化，也带回中国文化。长安当时是世界第一大都会。盛唐时中国已是当时世界上经济最发达、力量最强大的国家之一。一定的文化是一定的民族在其长期的社会历史实践中创造出来的，因此任何文化都是在历史的流延伸展中形成的，是历史的产物。作为一种历史现象或历史存在，传统文化具有历史性。同时，任何一个时代的文化都离不开该时代特定的现实（包括该时代国际交往现实），因而它具有现实性。任何文化都是历史性和现实性的统一。换言之，传统文化和现实文化是相互依存、相互转化的。因此，我们应采取历史主义的态度。我们应当看到，伟大的中华民族，尽管她背着沉重的包袱，但她也自我调整、自我更新，同时不断汲取外来文化中对己有用的东西。时代赋予我们这一代海峡两岸人民的历史使命，就是建设一个现代化的国家。现代化离不开继承、吸收和创新。一切创新都不是从天上掉下来的。需要运用科学的方法，对传统文化加以批判总结，取其精华，去其糟粕，做到鉴往而知今。尤其要面向世界，面向未来，在弘扬的基础上不断创新。因此，要大胆吸收和借鉴人类社会创造的一切文明成果，引进经过筛选的外国新知识、新科学、新技艺、新理论，来充实、补充传统文化，使其具有新的活力，使其在建设社会主义现代化国家中发挥积极作用。

海峡两岸的中国领土不可分割，两岸同胞骨肉相连，两岸之间存在强大的民族凝聚力。走向未来的海峡两岸中华儿女都要不断地从中华文化的优秀传统中汲取养料，以实现中国文化的继往与开来。这也是祖国统一事业的基本保证之一。

（原文载福建省炎黄文化研究会编《同祖同根，源远流长》，

海峡文艺出版社，1993）

传统祠堂文化与台湾的祠堂

　　中国祠堂文化源于古代宗族制。在中国古代，宗族是宗法制度、宗法社会的原生体。宗族作为社会组织，拥有强大的社会势力。宗族多聚族而居，人数可以多至几百人、几千人。宗族的要素包括血缘、地缘、组织结构及其领导者、祭祀、祠堂等。汉朝人在《白虎通义》中解释"宗"和"族"时说，"族"是聚合相互恩爱的从高祖到玄孙的不同辈分的各代人的家庭；"宗"是族人敬重主持祭祀祖先的人并接受他的治理。在周代，就建立了从周王、诸侯到士的各级贵族等级，这些贵族既是各级政府的首脑，又是所在宗族的首领。周代以后，分封制异化，大小宗法制基本不能实行，宗统与君统分离，但后人仍以周代宗族制为楷模。古代中国社会的祭祀与祠堂制在周代时便已相当完善。周代的宗庙已有很多，当时，天子设七庙，诸侯立五庙，大夫置三庙，士建一庙。庶人不能设庙，而只能在寝堂里祭祖。据《礼记·王制》记载，宗庙中神主的置放，以始祖灵牌为正宗，其左侧为第二代，右侧为第三代，第四代置于第二代之左，第五代置于第三代之侧，以下类推。在左边的称"昭"，右边的称"穆"。这样的放置制度也称为昭穆制度。祭祀的供品，也是分等级的。国君杀牛作供物，大夫用羊，士用猪或狗，庶人用鱼。其他祭品为：稻、粱、黍、稷、肉干、肉酱等。祭祀时间类型有四时之祭、周祭（周期性祭祀）以及为重大事情而告知祖先的告祭。在周代，大小宗法制和较完备的宗法管理体制将所有贵族和一部分平民置于宗族群体中。在宗庙中，通过祭祀先人，举办宴会或庆典活动，编写族史，教育子弟等，有助于贯彻分封制，维持等级秩序，有利于周朝政权的巩固，社会的稳定与发展。但到春秋战国时期，大小宗法制和分封制受到严重破坏，宗族制结构瓦解，然而民间的宗族制仍保留了下来，甚至到东汉时仍有战国时期延续下来的豪强宗族；汉代本身也兴起许多新宗族和世家大族。此后，在两汉世家大族的基础上，于魏晋之际形成了士族。魏晋时期出现的一些家族对当时的社会面貌影响巨大。魏晋南北朝政府实行九品中正制，使得士族拥有了从政权和迅速晋升权，这表明当时士族宗族势力的强大。士族不是指某家某户的身份地位，而是指一个族群的地位；家包容于族里边，先有士族而后才有士族的人家。士族制无疑强化了宗族观和宗庙制。唐朝以后，士族宗族渐渐退出历史舞台。特别是科举制，使士族丧失了对官职的袭断权，血缘家族的凝聚力减退。宋元时期，社会以官僚为主宰，而这些官僚的背景又是多元的，趋向于民众，因而官僚已不只是出自社会的上层了。宋代官僚，对于组建宗族，开展宗亲活动，表现出相当兴趣。当时的平民，也建设宗族。宗族中有经济力量的人，资助族人，开办宗族义塾，还有的官僚将禄赐、田产分给族人。随着宗族活动的开展，原先在唐末五代大乱中所毁掉的家庙陆续恢复；同时还出现一些家祠堂，它们为明清时期祠堂文化的大发展奠定了基础。

宗族制推动下的中国古代的祠堂文化，在明清时期得到了大发展。祠堂作为一种建筑，本是族人祭祀祖先的地方，但在明清时却成为宗族的代称，且是族长施政之地、族人集体活动之所。明代万历年间，建祠堂祭祖已有一定普遍性。到清朝乾隆年间，建祠堂祭祖的现象非常普遍，尤以福建、江西、湖南为最，那里"皆聚族居，族皆有祠"（《清朝经世文编》）。其实，当时山东、山西、江苏、广东、安徽、浙江等地民间建祠堂之风也很盛。祠堂的大小往往标志着宗族的兴盛状况，许多大族的各个支派都建祠堂。祠堂祭祖，是同族人的统一活动，这就需要管理机构和负责人。通常是，宗族设有族长，房支设有房长。有的宗族还在族长、房长外设讲正、副讲，向族人宣讲忠孝伦理。有公共经济的宗族，设立了总理、监察、庄正、庄副等职位；还有的设置约正、约副，以专门纠察族人的不轨行为和处理族人间的纠纷。官宦绅士建设祠堂，自己还兼祠堂族长。如在明初邵武（现福建邵武市）的叶兴祖，官建宁县学教谕，其家庙在元末战争中被毁，乃另择地点重建了宗祠。宗族由绅士或有能力管制族人的平民掌握的居多，如福建的漳州、泉州各地多系生监或辈分居长者任族长。平民族长中也有商人，或亦农亦商的。

清代时，闽、粤人大量渡海进入台湾。据统计，清乾隆四十七年（1782），台湾人口仅 91 万，但 110 年后，人口增至 254 万。这些移居台湾的人，在台湾纷纷建祠堂、修族谱。台湾祠堂的功用，主要是供奉祖先，以体现不忘本源的精神。在台湾，从闽、粤等地去的各个姓氏族人所建的祠堂，大的称为"宗祠"或"家庙"，小的称为"祖庙"或"祖厅"、"公厅"。里面供奉着祖先，往往追溯到始祖，追溯来自大陆的"根"。闽人移居台湾地区的，宋代以后即有。宋乾道七年，汪大猷任职泉州时，即在澎湖"造屋二百间，遣将分屯"（《玫瑰集》）。据此可推知，南宋时居住在澎湖的福建移民应当有千人或千人以上。元代至元年间，政府在澎湖设行政机构——巡检司，征收盐课，行使管辖权。《诸罗县志》引沈文开"杂记"云："土番种类各异，有土产者，有自海舶飘来，及宋时零丁洋之败，遁亡至此者，聚众以居，男女婚配，故番语处处不同。"范咸《重修台湾府志》载："南社、猫儿干二社番，其祖兴化人，渡海遭飓风，船破浮流到台，聚番妇为妻。"兴化人即福建莆田、仙游一带人。明代福建迁台移民更多。自明嘉靖年间开始，东南沿海不少私人武装集团在台地区活动。天启元年前后，以漳州海澄颜思齐及泉州南安郑芝龙为首的海上私人武装集团进入台湾，并在北港一带建立活动基地。颜、郑的乡人跟随来到台湾后，以拓垦、贸易为生，有的还"与当地妇女成婚"。后来越来越多的福建人移居台湾，闽人成为台湾居民的主要组成部分。来台的闽人，纷纷修祠堂、写族谱，以便于联宗睦族，便于后代寻根认祖。由福建迁台世居的河洛人称祠堂为祖厅、公厅，由广东迁台世居的广东客家人则称祠堂为公祠、公屋或祖堂，上述祠堂正厅门首、神主牌位上，都刻有郡望堂号。祠堂均保留祖籍祠堂的模式、称号。祠堂供奉祖先是神圣、严肃的事情，它既是祖先崇拜的体现，起着凝聚宗族的作用，又能起到教化族人、引导族人向善的作用。在台湾各地，大大小小的祠堂有三五百座，单是林氏宗族，在台湾各地就拥有 36 座祠堂。以前，祠堂是同姓族人聚集议事的中心，现在则主要是敦亲睦族的场所，对人文社教仍起着潜移默化的作用。

（原文载福建省炎黄文化研究会等编《闽台文化研究》，

海峡文艺出版社，2008）

孔庙的历史文化内蕴

一　孔子之祀

中国早期的"三代"礼文化是源于"事神"的。中国文化在"三代"以后的发展，也一直与宗教神权纠缠在一起。孔庙标志的是孔子之祀。

孔子是一个富于求实精神的人，他对祭祀的态度是"祭如在，祭神如神在"（《论语·八佾》）。但这并不意味着他是无神论者。在孔子思想中，祖先崇拜的宗教观是明显的，他重视"宗庙之祭"，因为它是"仁之至也"（《礼记正义》第 24 卷）。所以在孔子"礼"与"仁"学说的背后，正是对于天地祖宗的信仰。这样的信仰基础，后来被改造为君臣父子的封建社会的意识形态。所以，早期儒家天地鬼神的宗教观既是后来儒家宗教化的依据，也是儒家学说能成为封建社会主要统治思想的一个原因。

儒家学说的宗教化有一个过程。战国时期，新兴地主阶级已逐渐强大起来，孔子以后的儒家学者对早期儒家思想加以发挥。汉代的统一给各方面的发展都带来了新局面，经过"文景之治"的休养生息，至武帝时发展到了鼎盛时期。经济的发展促进了学术的繁荣和宗教哲学的兴起。董仲舒把儒家思想神学化，他的宗教神秘主义系统而精致，从而为确立儒教的地位做出了很大贡献。至此，儒教终于被纳入了制度化的轨道。汉武帝以后的历代统治者，进一步提升了儒教的地位。比如，南齐武帝和北魏孝文帝在自己的统治中心设立孔庙，使孔庙走向全国各地。到了唐代，唐太宗于贞观四年（630），下诏在州县都设立孔庙。此时教育制度与儒学传播的紧密联系也体现在孔庙兼有学校的功能上。隋唐开始的科举，一方面有制度性的安排使士生的注意力集中于儒学，另一方面又有利禄作为诱饵鼓励士子们攻读儒家经典。这样，孔庙真正成了实行国家政教措施的一个重要阵地，孔子之祀成了引导儒生言论的重要途径，儒教变得更加完整了。

儒家对天、地、人的认识，重在以天地的尊卑关系结合人的道德属性，来阐说封建社会君臣父子关系的合理性，而且把天地阴阳五行的原则贯彻到人的日常生活当中，如子顺父，臣顺君，妻顺夫，是以地顺天为法；男不离父母，以火不离木为法；女离父母，以水流去金为法；娶妻亲迎以阳上阴下为法；等等。这些观念，固定为中华民族的传统观念，流传至今。中国封建社会中的哲学和宗教也都必须在各自的体系中对这些观念做出解释。历代封建统治者把儒学作为统治思想的根本，并推重儒教，深深地扎根在中国人的心底。于是儒学便成为中国传统文化的主体。

历代帝王不断给孔子加封号，不断给儒家披上宗教化外衣，于是，祭孔也成了帝王们的重要政治活动兼宗教活动了。中国历史上第一位祭孔的皇帝是汉高祖刘邦。汉高祖十二年十一月，刘邦"行自淮南还，过鲁，以太牢祠孔子"（《汉书·高帝纪》）。汉高祖祭孔，是单纯祭祀，而未给孔子加殊荣。从汉元帝开始，对孔子加谥号，并封孔子后代。孔子十三世孙孔霸，做过汉元帝的老师。孔霸受封，并不单单因为他是孔子的后代，也是由于他自己温和谦退，不好权势，所以深得元帝敬重。孔霸后来上疏元帝，求奉孔子祭祀。元帝于是下诏，令霸以食邑八百户祀孔子。于是才有后来的岁时祀孔活动。汉平帝元始元年，封周公、孔子后代为列侯，食邑各两千户，又追谥孔子为"褒成宣尼公"，这是孔子第一次受封号。至东汉元和二年二月，汉章帝巡狩，在鲁地祠孔子及七十二弟子。汉和帝永元四年，追封孔子为褒尊侯。可见，汉代神化孔子有一个过程。在这一过程中，儒学逐渐变为宗教，孔子也就变为教主，弟子也就变为传人。从此以后，历代帝王都尊孔、祭孔，以孔子为至圣先师、万世师表。这一切，都来自汉代的创造。总之创儒教，应是汉代的事。

孔子之祀既然享受至高荣誉，那么，谁应该进入孔庙，就需要朝廷来认可了。魏文帝黄初二年封孔子二十一代孙为宗圣侯，奉孔子祠，令鲁郡修旧庙，置百户、吏卒守卫之。晋武帝泰始三年改封二十三代孙为奉圣侯。后来，魏孝文帝、文成帝、周武帝、隋文帝、隋炀帝等对孔子进行不同名号的加封。唐太宗贞观十一年（637），封孔子后人为褒圣侯；贞观二十一年（647），增左丘明、卜子夏、公羊高、谷梁赤、伏胜、高堂生以及王弼、杜预、范宁、贾逵等22人与孔子并称先师，颜回、左丘明从祀。到唐玄宗开元八年（720），敕改颜回等七哲为坐像，曾参塑像坐十哲之后，并图画七十子和二十二贤于庙壁上。唐玄宗开元二十七年（739）八月，追谥孔子为文宣王，并取代了周公的先圣之位，对孔子塑像加上王者之冠服，这是孔子第一次被封王，两旁有十哲塑像，并以七十子配祀。两京及各州、各郡县孔庙都要在春秋二仲举行祭孔仪式。对孔子的祭祀制度就这样沿袭下来，后世基本没有太大的变动。宋代祭孔的规模也很大。宋真宗曾亲至曲阜祭孔，并追谥孔子为"玄圣文宣王"，后又改称"至圣文宣王"，还为十哲七十二子先儒封公加官，封孔子后代为衍圣公。南宋理宗淳祐元年以周敦颐、张载、程颢、程颐、朱熹从祀；景定二年以张栻、吕祖谦从祀。宋度宗成淳三年（1267），诏封曾参、孔伋配享先圣，升十哲位；复以邵雍、司马光从祀。元代加封孔子为"大成至圣文宣王"，加封孟子为"亚圣"；并加封孔子父叔梁纥，及颜回考妣，又加祀董仲舒；杨时、胡安国、蔡沈、真德秀等，皆赠太师，从祀孔子。明代封孔子为"至圣先师"，孔氏弟子皆称先贤，其他皆称先儒，尽去前代封号。明代隆庆、万历年间，又以薛瑄、罗从彦、李侗、陈献章、胡居仁、王守仁从祀。

从儒教神系的不断扩大可以看出，孔子当年那不合时宜的主张、难以实行的学说，在他身后却大为发扬起来，他竟被封建社会历代最高统治者作为仪范百王、师表万世的至圣先师来看待。我们现在看这一现象，显然应当将之放在中华文化的开阔视野之中。应当说，中华文化有着强大的凝聚力和同化力，尽管历史上有过许多次的改朝换代，但这种凝聚力和同化力始终不变。中华文化几千年来始终未能消亡，也未曾中断，表明组成中华文化核心的儒家文化的确有其永恒价值的部分，它绝不因时代的变迁而失效或失灵。这正体现了中华文化的伟大之处。

二　道统的延续

孔庙是儒家道统精神延续的体现。

道统主要是指儒家圣人世代相传的系谱。圣人是“道”的精神的先知先觉者，又是使“道”对象化为经典的实行者。道统作为正统的传承，包含了传统的意蕴，而更重要的是指儒家基本价值的核心内容。从一定意义上说，道统还是种族聚合与延续的精神支柱，它应受全民族的崇奉和敬仰。因而，立孔庙而昭示道统精神，是儒家传人的应尽职责。于是，在孔庙中，那些圣人的像，那些训教的名言隽语，那些记载先圣思想的文字，都是为传递道统精神，它们是应当受到无限敬重和亲近的，是应当在全社会、全民族传播的。道统精神还通过教育的渠道，不断渗透到社会各阶层人们的内心世界，对人们的政治生活、文化生活和日常生活方式，起着导引作用。

应当说，道统的观念除了有其保守性的一面外，还有开放性的一面，因为它的基本意义中强调圣人本身是历史性的存在，即圣人并非在历史上只出现一次，每个时代都可以出现圣人。从孔庙中“四配”“十哲”像随时代变迁而改变就可说明这一点。按宋代理学家朱熹的说法，虽然儒家道统基本方面是稳定的，但前圣、后圣的思想肯定是不会完全一致的，后人应当“迥出常情，不顾旁人是非，不计自己得失，勇往直前，说出人不敢说底道理”（《朱子文集》第36卷）。道统是开放的，每个时代都可以有人接续它、发扬它，接承道统的人不是要重复前圣的语言，而是要发扬其精神并有所创新。

孔庙还以权威人物的形象来体现道统。这些权威人物是历代经过理性地筛选后确认的。因而，尊重这些权威人物即尊重历史的选择，即尊重道统。

可以认为，孔庙的尊重道统，就是尊重历史，尊重儒家权威，尊重儒家价值，尊重民族文化的连续性。这种取向对中国文化的连续、价值的稳定起着良好的作用。

三　儒家文化的形制化

历代孔庙，还将儒家文化形制化。

在儒家看来，现实世界并不完善，它有待于人们努力改造。所以儒家标榜"以天下为己任"的信仰和目标，强调以道德救世，以仁义治国；强调把人放在伦理关系中加以考察，为天地君亲师定位，可以说，这既是一种道德的人文主义，又是一种工具伦理。其道德品质要求和人格目标是"仁、智、勇"，并将之视为道德的工具建树。儒家工具伦理就是这样建构的。

儒家工具伦理的建构过程，配合着形制化过程。就是说，儒家工具伦理，要通过各种形式，其中就包括孔庙这一形制。形制化构成民众服从的愿望和习惯，因而常常发挥出超乎武力的威力。孔庙以形象的表述和一些例证、人物为崇拜的对象，来表明儒家思想的基本价值。孔庙作为儒家思想可以依附的一种形制，它在封建社会里长期存在。历代兴建的孔庙，积淀了许多文化成果。这些成果，通过教育传递的方式，并利用孔庙中的建筑、器物、文献、书画、雕塑、碑刻、仪式等保存下来。孔庙，在民族文化、社会文化心理、知识分子文化心态、教育文化思想等的传承方面起了很大作用，当然其中也包含着负面作用。五四运动以后，中国人的思想观念、认知方式都有了根本性改变，但孔庙中民族文化的特征却没有会完全丧失。

四　余论

研究孔庙文化要取之精华，弃其糟粕，为当代中国特色社会主义精神文明建设服务。

从价值观看，对孔庙文化所传承的儒家传统思想一定要经过解构，并且还要进行重构，将其精华纳入现代精神文明的价值体系中来。在建设社会主义精神文明中，不能简单地把在孔庙文化中所体现的儒家精神一概否定掉，而要传承其优秀内容，特别是对儒家历来提倡的道德教化，不能简单地否定和抛弃。

从民族精神看，历代各地修建孔庙，意在将其作为培养道德意识而举行仪式时的一种具有象征意义的形式存在。其底蕴确实体现了中华民族厚德载物精神、伦理教化精神和民本理念等，确实传播了中华民族的礼乐文明、仁德文明。

这些年来，中国在社会经济转型中出现的道德危机，告诉人们：儒家历来提倡的，即在孔庙文化中所体现的道德教化，是不能简单否定和抛弃的。中华民族如果丢掉了固有的传统美德，其后果是不堪设想的。因此，重视孔庙的历史文化内涵是有着现实意义的。

（原文载福建省炎黄文化研究会等编《闽台文化研究》，

海峡文艺出版社，2008）

中西文化问题研究

"天人合一"思维方式透视

中国古代哲学最重要的一个层面，便是它的"天人合一"思维方式。对这一思维方式，可以做多方位透视。

第一，就人与自然的关系而言，中国传统的"天人合一"思维方式强调，天与人之间有着亲和的关系，即自然一定不与人相分离，天人类似，并由此将自然的特性赋予人类；天人本属一体、密不可分，不存在物我（非我）之分；宇宙与人融为一体，不存在物我对立。"天人合一"，不仅是自在的原始状态，而且也是人生的最高理想。也就是说，"天人合一"意味着，要把自然界作为人存在的境域来体认；意味着人作为天地万物的一部分，应当对天地万物这一整体负责。古人对待人与自然的关系是具有建构性、情景性的，它更多地考量人与自然关系中的心理方面。正因为如此，中国古代哲人认为，天人之间的中介是"性"。人受性于天，人能尽性也就是人复归天、天复合人。在这种思维模式中，存在、目的和手段三者合一。先秦道家，倾向于把人自然化；先秦儒家，倾向于把自然人化。但道家和儒家都认为，人和自然界是一气相通、一理相通的。汉代董仲舒以阴阳五行为框架，提出天人感应论，实际上也是提出了更为系统、更加完备的天人整体模式，并对后来的理学产生了重要影响。朱熹等宋代理学家的宇宙模式和"天人一理""天人一气"的"天地万物一体"说，正是这种思维的进一步发展。这种思维，从本质含义看，它没有西方哲学—美学传统中那种强烈的主体中心主义以及由此形成的主客之间难以调和的对峙和冲突。一般地说，古代"天人合一"中的人，并不比天和自然尊贵多少，彼此的关系是中和的，天、地、人是"相待"的，用宋代理学家张载的话说，即"民胞物与"。

第二，就意向性特征而言，中国传统的"天人合一"思维方式为中国古人确立了生存的维度，确立了基本的价值取向：尽乎人道也就是合乎天道。其中，对本体的体验就在日用生活之中，"人心"与"道心"相合重视的是人的内在精神与天合一。按照中国传统的思维，人的存在是精神和肉体的统一，即"形神合一""身心合一"的存在，而不是灵肉二元；但人之所以为人，从根本上说又被归结为某种精神意向的存在，最高的人生境界也就是与天道合一。在这个问题上，儒家和道家既有不同点，又有共同点。其中的不同在于，道家强调人的自然性，人要顺乎自然，提倡个体意识；儒家则强调人的社会性，提倡群体意识。相同的是，儒家与道家都重视日常生活的"尽心""知性"；重视反身内求，即从主体自身寻求人和世界的普遍意义，从而实现人的内在精神的与天合一。这种"合一"状态，是一种内省知识的实体状态。中国古代知识分子追求"至圣"，即通过修身养性、格物致知、治国平天下，将知识与道德伦理结合起来，从而与"天"的本性相合，这也体现了中国知识分子"内圣外王"的情结。

第三，就内向型特征而言，中国传统的"天人合一"思维方式强调天道即人道，强调情感因素的参与和影响。这里所谓的情感，主要是就主体需要、态度和评价而言的。儒家承认人类有共同的情感（比如同情心），肯定情感的客观性、普通性。儒家重视喜怒哀乐等情感需要，并由此产生好恶等情感态度，进而产生善恶、美丑等评价。这种有情感因素参与的思维，所要解决的是价值选择问题而不是真假问题，是意义问题而不是事实问题。比如孟子就把恻隐、羞恶、辞让、是非所谓"四端"之情提升为思维的基本原则，同道德命令合而为一了。其思维进程表明，道德情感应当升华为普遍的道德理性，变成人的内在的本质存在。这是内省知识积累型的思维状态，其规则是人的内心状态要与伦理要求一致。由于这种思维是从主体的价值需要出发的，因此它表现的是价值判断性思维而不是逻辑推理性思维。道家也是讲情感的，只不过它总是把人的情感自然化。魏晋玄学，提倡"以理化情"之说，并不是不要感情，而是出于情感而又超越情感，从根本上说它具有内向性思维的特质。在宋代，理学家强调理性思维，但是，这种理性具有"道德践履"的特点。它一方面把内在的道德情感超越化，另一方面把情感和认知合而为一，从而将思维引向道德人性的自我评价、自我认识。为实现与自然法则、宇宙本体的合一，中国古人总要把情感体验和本性认知合而为一，就是把思维引向自我体验型的方向，其结果是既限制了情感的正常发展，又影响了认知功能的发挥。特别是在理学家那里，由于思维的内向性，一方面，情感被理性化，从而缺乏感性的原动力；另一方面，思维受制于情感体验，造成智力结构的运用和操作受到一定的限制。

第四，就整体性认识特点而言，中国传统的"天人合一"思维方式强调的是直觉把握整体。道家的"心斋"，是排除一切知识之后对于"道"的全体把握。道教强调的"坐忘"，则是强调自发状态下的直觉。儒家虽然提倡"慎思""思通"，在一定程度上运用了逻辑思维，但其"一以贯之""下学而上达"，则也有直觉把握思维的成分。中国化的佛教——禅宗，吸收了庄子和玄学的方法，并与佛性本体论相结合，从而非常强调"直指人心"的顿悟法。禅宗把直觉思维发展到了极点，主张取消一切概念性认识，提倡以无念为宗、无思为思，其整体性思维特点最为鲜明。它是要在超时空、非逻辑的精神状态下直觉地把握世界。这些，后来被理学家所吸收。理学中的"太极"，是一种大全的、整体的"存在"，它包含了宇宙人生的一切真理；而人对"太极"本体的认识，是要通过直觉实现的：理学家虽然主张"格物致知""即物穷理"，但实际上最后都要经过"顿悟"这个环节，通过直觉把握完成"天人合一"的整体认识。显然，直觉在思维中的作用决不可忽视，因为它是逻辑思维所不能代替的，是一种创造性思维，这一点也为现代思维科学所重视。但是，直觉思维还必须同逻辑思维相结合，并以逻辑思维为前提，方能发挥其创造性作用。

第五，就思维对天和人的区分以及对天和人的对举而言，中国传统的"天人合一"观也有颇具特色的思想。春秋时期，郑国子产说："天道远，人道迩。非所及也，何以知之？"（《春秋左传·昭公·十八年》）战国时，荀子提出了"明于天人之分"和"制天命而用之"（《荀子·天论》）的著名命题。东汉时，王充批判了董仲舒的天人感应思想，提出"天本而人末"，"天至高大，人至卑下"（《论衡·变动》）。唐代柳宗元强调天和人"其事各行不相预"（《答刘禹锡天论书》）；刘禹锡则提出了"天与人交相胜，还相用"（《天论》）的命题。正是因为许多学者关注天、人的区别、相分，才有对天与人关系中"合一"问题的深层次认识。因为，天与人的"合一"与"相分"是互为条件、相辅相成的，它们构成了一对矛盾的统一体。

第六，就"天人合一"思维方式的产生根源而言，归结起来，是来自中国哲学特有的关注人的道德实践活动的哲理精神——人为践履精神。在中国哲学正式形成的先秦时期，"为"的范畴是指人有目的地作用于周围世界（包括人自身）的各种践履活动。实际上，"有为"还是"无为"、"为仁"还是"为利"的问题，也构成了先秦时期区分儒、道、墨等主要哲学思潮的分水岭。中国哲学在先秦之后经历了长足发展，其研究领域也得到了明显拓宽。但早在先秦时期确立的人为践履的精神，始终在此后中国哲学思想中占据着主导地位，从根本上制约着对一系列重大哲学问题的提出和解答。在中国古代哲学中，关于"天"的认识，无论是对自然之天还是主宰命运之天的认识，哲学家们都非常重视"无为而无不为"的思想，特别重视认识"天"在生生不息的创造生化过程中的本质特征。与此相应，中国古代哲学家也从来不把人定义为理性的动物，而总是强调从人为践履精神的视角来规定人的本质存在。尤其是儒家思想，更倾向于把人定义为能够从事仁义践履活动的主体。儒家学者在强调"天人合一"的时候，不是依据客观性原则，要求人达到对天的真理性认知；而是突出道德践履，是要将当时社会的道德规范即仁义礼智四端"扩而充之"以"事天"。《易传》更为鲜明地强调与天地合其德。这些观念，为后世儒家从人为践履精神出发弘扬"天人合一"奠定了理论基础。宋明理学家们，就要求人们在道德践履中遵循仁义礼智等伦理规范，以达到与"天理"的内在统一。道家根本不主张通过对天地自然的理性认知达到天人合一，而是强调人要放弃"有为"的意图；但是，道家的"无为"，目的仍然是"有为"，这就是道家所说的"无为而无不为"。可见，道家也是主张通过人为践履实现人与天地自然的内在统一，即人法地，地法天，天法道，道法自然。

第七，就"天人合一"思维方式当今的借鉴意义而言，其中有价值的部分仍值得我们弘扬。我们特别要关注的是，这种思维方式如何能为今天的理论思维提供资源。"天人合一"实际上蕴含着"生命本性"的丰富内容。人何以要认识、理解、把握和完善自身的生命，人如何创造和生成自身的生命——这是哲学所要研究的重要问题。从哲学的高度看，人类生命与天合一的这一本性决定了人必定要反思人的生活、生命以及命运与自然的关系，即"天人关系"问题。人与自然如何互动，这是人类思维中恒久的问题。现代文明肇始于西方，它通过一些普遍性的标准，使发展的评价指标被强行纳入一个工具理性的思维框架之中，这容易导致对地球施暴与对资源的过度掠夺、对环境的破坏。如果我们不注意纠正，就可能自毁家园。我们一定要认识到，从根本上说，人类必须从"天人合一"的高度，从情感上善待自然，让自然的价值和意义显示出来。人对自然界有着崇高的责任和义务，人对自然界要有敬畏感，这是一个人文问题，又是一个生态问题。人与自然二者必须和谐相处，这已越来越为当代人所认识。我们还可以看到，"天人合一"思维方式所决定的整体思维、直觉思维、主体意向思维等，在当代也有着借鉴意义。整体思维，同当代的系统思维有某种相似之处。整体思维的重点是对事物之理的归纳、综合，从大处着眼看问题。整体思维不仅在人体生命科学、医学中具有生命力，而且对于其他综合性科学也有启发意义。直觉思维在美学和艺术领域中始终发挥着巨大作用。由于直觉思维中蕴藏着极大的创造力和丰富的想象力，所以它一旦与当代符号学原理联系起来，就会对当今科学思维的研究有着启发作用。主体意向思维，它对于确立认识的主体性，实现人的自我价值，都是重要的。所有这些，从某种意义上说，正是传统思维的优点，在当代与今后思维科学的发展中都具有重要作用。当然，传统思维的优点往往也是它的缺点，它毕竟是前科学的思维，不是建立在近代工业社会及其科学基础上的科学思维，它有严重的局限性。它要真正跨入现代社会，必须经过一个大的转换。因此，我们必须运用现代文化中的科学理论及其思维成果，对传统的"天人合一"思维方式进行改造，经过一定的转换，让传统思维中有价值的东西真正得以弘扬和发展。

（原文载郭金彬、徐朝旭编《构建和谐社会与哲学理论创新》，

社会科学文献出版社，2007）

中国传统思想文化的演进及其现代化

中华文明是人类历史上最光辉绚丽的文明之一，特别是其思想文化传统源远流长。我们要以历史的、辩证的态度对待之；吸取其精华，抛弃其糟粕，以便更好地为建设中国特色社会主义精神文明服务。

一 中国古代思想文化的发展演进

从尧、舜、禹，到夏朝、殷商王朝，华夏民族思想文化的一个重要特点便是都奉行宗教民主精神。那时不是单纯的"一神教"，而是"万有在神论"。即认为天与地最神圣，宇宙万有皆在这神圣之中。那时的中国人，把神圣的价值贯注于太空、山河大地里。而当把神圣的价值贯彻到政治上时，则先是体现在尧、舜、禹的民主精神之中，而后延续到殷商时期奴隶主贵族的思想上。但商代末期商纣抛弃了古代宗教民主精神，政治上作威作福，生活上荒淫无度，因而导致殷商的危机和古代宗教民主精神的陷落，也造成了商末的宗教危机。

周人灭殷后，把殷人所奉行的宗教精神继承过来，加以改造。周代思想文化的根本特点是伦理政治思想的系统化。周公是周初杰出的政治家、思想家、改革家。他倡导道德理性精神，制定周礼并广泛实施。

华夏民族思想文化在春秋战国时期达到了一个高峰，表现为学术上百家争鸣的出现以及杰出思想家与学术人才的大量涌现。这是历史的必然。

那个时期，随着技术的进步与经济的发展，随着更高层次的劳动分工，一大批"劳心者"出现了。那时，东周王朝中央政权削弱、制度崩坏，诸侯各自为政和不断征战，使得一些贵族沦为庶民，又在贵族与庶民之间产生了许多"士"。士掌握着专门的文化知识——六艺。他们的思想与言论有较多的自由，他们是中国独立的知识分子阶层中较早的、基本的成员。当时，各派学者大规模地游说、讲学、论辩。他们倡导思想自由，在广大范围内传播文化种子，使私学繁盛、诸子并起、学派林立、相互驳难与交流，从而形成了"百家争鸣"的空前繁荣的学术文化景象。古典人文主义和理性主义特色已颇为鲜明。

儒家经学在汉代长期显赫，形成汉代儒学之独尊局面。其原因有三：一是专制君主提倡；二是儒家较其他诸子学说更适应汉代社会的需要；三是儒学较之其他诸子学说其思想体系更具包容性。但汉代学术也绝不是儒家经学一家独霸的天下，道家在汉代演变为有宗教信仰内容的黄老道，其后便有道教产生于东汉，这有利于补充儒家。魏晋时玄学成为代表性学术思潮，但当时也是学派众多，不失为各种学说交错互动的时代。佛教原产于印度。两汉之际，佛法入华。随着佛教入华及道教出现，儒、佛、道的对立点以及共同点显现出来了，这就有冲突，也有融合。这种冲突与融合，东汉以来的历代都有表现。

隋唐时，中国的学者们已倾向于"三教合一"的主张。这种合一当然是指互相吸收对方的思想，三者之间的差异却依然保存。唐代安史之乱以及其后的社会动乱，不仅造成了中国古代政治经济结构的动摇，而且打破了知识分子原先的人生理想与生活情趣。一部分士大夫对人生与社会重新审视，试图找一条新的人生之路，最重要的是将人生理想的追求方向由外在的转为向内的意向。这样，实现人格自我完善的"内圣"之学凸显，有人在孟子之学中找到了钥匙，有人在佛教中找到钥匙，于是便有儒学与佛教禅学的携手。当然，中国知识分子对佛教禅学的接受，表现出的是巨大的独立性、自主性，并强烈地影响了禅学的面貌。

北宋中期出现的理学，是封建社会中儒、道、佛融合的新形态，被称为新儒学，亦称为理学。理学一直延续到清代，对中国思想文化的影响甚大。从思想史内在的理路看，宋明理学不管哪一派，最后都是讲"内圣"之境的。内圣，是宋明理学主导的价值目标，称理学为"心性之学"也有这方面因素。相对于原始儒学而言，宋明理学对内在心性的完善，确实予以了更多的关注。

明清之际，诸儒在总结明亡的历史教训时，几乎都认为"内圣"压倒"外王"的理学价值定式，造成了人们空谈心性、不求务实，这是明亡的重要原因。于是，从后世理学向原始儒学的回归，便意味着超越"心性之论"而确立"经世之功"价值观的开始。这成为明清之际汉族学者的要求。明末清初经学回潮，主要代表人物有顾炎武、王夫之、颜元、章学诚等。作为一种时代思潮，向传统儒学的回归当然绝非仅仅为了发思古之幽情，从价值观的演进看，它的真正意蕴在于价值重心和目标的转换。例如，王夫之强调"尽废古今虚妙之说而返之实"，顾炎武强调"综当代之务"，其实质是一反虚浮旧辙，把"博学于文"与社会现实所需要的"崇实致用"结合起来，肯定内在仁义与外在事功的统一。这虽没有触及问题的症结，但这些说法确有振聋发聩的作用。这表明，在明清之际，有些知识分子更加重视"实学"，价值中心转向事功，这不能不说是一种进步。

回顾汉代以来的思想文化进程，可以看出，儒、道、佛的冲突与融合，推进了中国多民族文化的进步。儒学产生时就以继承民族文化为己任，而后历代儒家思想都注意追寻民族文化的"根"。道教也寻找民族文化之"根"——道。佛教从高远处向世俗社会逼近，它的本体论哲学以及人生意义的繁富思辨、它的心性学说，对中国文化来说，无疑是需要的，因而佛教文化成为中国文化的一部分，也就是顺理成章的事了。应当说，儒、道、佛的价值目标，在一定时期成为中国古代人们理想的价值目标，是有其必然性的。

18 世纪以后，清朝政权依靠强大的军事力量和灵活的民族政策，将境内各民族置于中央政府强有力的管辖之下，满、蒙、汉等民族空前大融合，形成了空前规模的大一统局面。各民族间一体化趋势越来越明显，汉族生产技术和生活方式迅速传播于中华大地的北方、内地和边疆。大一统表现在文化上，就是各民族在安定社会环境下的频繁文化交往。儒学影响日渐增强，民族文化更为趋同。

当然，文化一体化是双向的。比如，从移民传递文化看，在中原移民改变少数民族地区文化面貌的同时，中原移民自己也在不同程度上被打上了当地文化的烙印。清朝政治中心的北京，其文化便具有鲜明的多民族特色，成为清朝民族文化一体化的时代象征。正是这种文化上的兼收并蓄，使 18 世纪及 19 世纪上半叶的中华文化更显多姿多彩。比如，传统学术沿考经证史一路发展使得以惠栋、戴震等为代表的汉学兴盛；另有一些知识分子对宋学（理学）仍然情有独钟。同时，这时期一部分知识分子已经觉察到隐藏于繁荣后面的种种危机，他们从经世致用原则出发，倡导实学，对历史与传统进行批判性反思，进而提出一些新的社会理念和变革要求。思想文化的多元与变革，民族文化中汉学与宋学的有机结合，中华文化一体化趋势的越来越强劲，有利于从价值观观念角度将中国境内各民族紧密联系在一起，有利于边疆和民族地区的开发和建设，从根本上加强了中华民族的整体性。民族，在很大程度上是文化的概念。正是清朝较长一段时期对中华民族文化一体化趋势的加强，为近代中华文化的进一步开放与改造准备了条件。

二　近代以来，民族思想文化的重构

鸦片战争硝烟四起，西方列强用坚船利炮打开了中国的大门，西学东来之风强烈地冲击着中国传统思想文化。近代的文化重构由此开始。太平天国运动、洋务运动对封建社会文化价值系统来说既是武器批判，更是思想批判。戊戌维新的仁人志士们提出"会通中西"的文化主张，即要建构以西学为主导的而又兼通中西的文化模式。这在根本上有别于洋务派"中体西用"的文化模式。他们对传统文化进行批判和价值重构，其意义也不可小视。作为近代从封建统治阶级中分化出的一批文化启蒙者，他们思想的进步性在于，把民族的、大众的利益放在庄严神圣的地位。龚自珍、魏源、康有为、梁启超、谭嗣同对封建末世的批判，对世界大势的关注，对封建政体改革和变法维新的呼唤，无不以时代良心和民族大义为精神旗帜。严复深感，中国之落后貌若不改变，其后果犹如"神州之陆沉"。他极力向中国人介绍西学。文化启蒙者们也开创了一代学术新风。他们坚信，只有尊重学术思想自身的独立价值，以追求真理的科学态度去从事学术研究，才能使学术发挥出其对社会发展的先导作用。近代文化启蒙者们还努力从学术思想层面上批判宋明理学，这表明他们的批判已深入封建制度赖以存在的理论基础之中。当然，对于中国古代学术，启蒙思想家们并未对其一概否定。梁启超就认为，先秦以来的学术，是沿着心、物调和的路子走的。他强调要沿着这条路走下去，这是中国文化自己的路，新的中国文化也应走这一条路。

中国的近代化是在中西长期隔绝、社会落后与不开化、社会的主流反对改革的情形下开始的，因此步履艰难。几次改良的失败更表明，中国近代历史的发展，可以说是一个各种矛盾广泛集聚、深度积累、普遍激化的过程，它断然不是"改良"这种温进方式所能解决的，因此，"革命"便成为历史发展的一种别无选择的方式了。以伟大革命先行者孙中山为首的革命党人，在广泛、深刻意义上掀起了划时代的资产阶级民主革命的高潮。革命的精神，到"五四"狂飙时代更是蔚然成风。五四运动比起以前改良运动、辛亥革命时期的文化变革，是从更高层次上、更广阔的文化视野中，清算传统文化价值观中的消极面的，并在更为自觉的基础上对传统文化进行了理性批判和价值重构。

五四运动之后，随着新民主主义革命各阶段的展开，中国思想文化主流逐步地进入把马克思列宁主义与中国革命具体实践相结合的新阶段。中国共产党人通过长期把马克思列宁主义运用于中国革命实践，产生了中国化的马列主义理论——毛泽东思想，并在这一思想指引下夺取了中国新民主主义革命的胜利，成立了中华人民共和国，并胜利实现向社会主义的过渡。中国共产党人始终认为，中国古代思想文化中的人民性成分、理性内容，有许多值得今天的人们去弘扬；要以马克思主义为指导，取其精华，去其糟粕，努力创造民族的、科学的、大众的中国新的思想文化体系。同时，中国共产党也在艰苦卓绝的国内革命战争、抗日战争和解放战争中，即在整个新民主主义革命时期形成了革命的思想文化。坚实的共产主义信念，炽热的爱国主义、国际主义、集体主义，革命的人道主义精神以及它们的具体表现，都是这种思想文化的重要组成部分。革命的思想文化是古代文化和近代文化的优秀部分在革命战争时期的继承、更新和发扬，是老一辈无产阶级革命家和无数革命先烈留给我们的宝贵的思想文化遗产，是我们要代代相传的优良革命传统。在中国历史上曾把建设新民主主义文化作为全党全国人民的重要目标。现在，有中国特色的社会主义现代化建设又将文化的发展提到与政治经济不可分割的高度，当作中国跨世纪的战略目标。实现这些目标，是离不开文化重构这项工作的。

三　努力弘扬优秀传统思想文化

弘扬优秀传统思想文化是每个民族得以发展的一个基本条件。当然，我们现在要弘扬的应是整个中华民族的优秀传统思想文化。江泽民同志在党的十五大报告中指出，"中国文化有着辉煌的历史，在社会主义现代化建设的伟大实践中，我们一定会创造出更加绚丽多彩的有中国特色的社会主义文化，对人类文明作出应有的贡献"。我们要按党中央要求，以马克思主义立场、观点和方法为指导，正确弘扬中国优秀传统思想文化，使之更好地为社会主义现代化建设服务。

（一）马克思主义与弘扬中国优秀传统思想文化

自鸦片战争以来，西方列强用大炮轰开中国门户的同时，也强行向中国输入它们的思想文化。中国人民在屈辱中开始认识另一个世界及其文化，于是便出现对待西方文化与中国传统思想文化关系的种种态度。洋务运动、戊戌变法、辛亥革命、五四运动等历次变革是一个变技术、变政体、变政治、变科学文化、变整个社会的历史过程，出现了以慈禧为代表的拒斥西方文化的顽固派，以龚自珍、魏源为代表的取西学之用弃西学之体的改革派，以曾国藩、李鸿章、张之洞为代表的师夷长技以制夷的洋务派，以康有为、梁启超、谭嗣同、严复为代表的社会改良派，以孙中山为代表的资产阶级民主革命派。他们对中西文化态度不同，有的偏向保守，有的偏向激进，但总的倾向是都未能正确认识或正确把握、运用中西方文化各自的短长。五四时期，一批知识分子主张"打倒孔家店"，要把所有传统的东西都扔到垃圾堆里去，其反对传统思想文化的态度非常激烈。用历史的眼光看，五四时期若不坚决与传统思想划清界限，新文化便建立不起来。但是由于当时采取过激措施，反而无助于新文化的建立。因为新文化毕竟不可能不以旧文化为前提。在残酷的现实和血的教训面前，中国人民最终选择了马克思主义。中国共产党以马克思主义指导中国革命，以马克思主义的立场观点方法对待中外思想文化。马克思主义是从西方文化传统中产生的，但它吸收了世界文明的最优秀成果，是无产阶级认识世界、改造世界的科学思想体系。马克思主义传播到中国不久，即发挥其巨大的威力。它不仅改变了中国整个现代史的进程，而且改变了中国人民的精神面貌。马克思主义之所以在中国发挥巨大威力，不仅在于其思想体系的科学性和革命性，更在于通过富有创造精神的优秀的中国共产党人将其同中国具体实际相结合，包括同优秀的传统思想文化相结合，从而在中国大地上发芽、生根、开花、结果，成为中国共产党的指导思想和当代中国思想文化的核心。

正确理解马克思主义和中国传统思想文化的关系十分重要。马克思主义与中国传统思想文化中保守、落后的方面是否定的关系；与传统思想文化中的民主、社会正义成分是肯定的关系。当然，这种否定、肯定的辩证关系是具体的而不是抽象的，是结合传统而不是脱离传统而起作用的。马克思主义与中国传统文化的关系的最主要方面，可以转换成毛泽东思想和邓小平理论与中国传统思想文化的关系。应当吸取历史上某些失误的教训，考察其是否与传统的某些观念或思维方式的影响有关；另外需在现实中注意总结千百万人民的实践经验，以便更好地吸取传统思想文化中的优良成分为新的实践服务。

（二）关于"传统文化热"

重视传统思想文化，弘扬优秀传统思想文化，使之更好地为社会主义现代化建设服务，正是我们思想文化建设的一项重要内容。

首先，我们向人们介绍的传统思想文化，内容应是全面的。它不仅包括儒家文化，还应包括道家文化、佛教文化等多种文化，传统思想文化是个多样化的思想文化体系。作为古代传统文化主流的儒、道二家，在各个历史时期也是变化发展的，不是停滞、僵化的；在源远流长的古代传统文化发展过程中，不断有起伏，有盛衰，总的趋势是呈现一幅波澜壮阔、色彩斑斓的文化景观。

其次，传统思想文化不等于本土思想文化。我们的先辈们不断地超越自身的局限，以一种海纳百川、有容乃大的博大胸怀，努力吸收外来文化（如印度佛教文化）以及除华夏族（汉族前身）以外的各周边民族的文化成果，使之成为整个中华民族思想文化的有机组成部分。因而，融入本土文化中的外来文化，在历史的长河中也是传统文化的一部分。

最后，我们要努力弘扬的是优秀传统思想文化。中国传统思想文化积淀着我们民族的历史、价值追求等。它是我们民族的精神支柱，包括民族信念和追求，民族的自尊、自信和自强。改革开放以来，我国经济的发展已实现历史性突破，取得了举世瞩目的伟大成就，精神文明建设也取得了长足的进步。然而在精神领域，也出现了一些我们不愿看到而又难以完全避免的堪忧现象。这就使得继承和发扬中国优秀思想文化传统，加强思想道德建设，创造一个良好的文化氛围，显得特别重要。中国思想文化中的和谐与整体的价值目标、对理想人格的追求、深厚的民族感情和崇高的爱国主义精神等，源远流长，基础深厚，乃是21世纪建设有中国特色的社会主义文化、解决在市场经济条件下工具理性与价值理性之间深刻矛盾的重要文化资源。我们珍惜老祖宗留下的文化遗产，却并不意味着把它作为我们今天的指导思想或"救世良方"。以儒学为例，它属于封建社会的意识形态，许多内容尚未摆脱早期依赖自然的观念以及宗法观念。但是，儒家关于"大同"理想、人文关怀、和谐追求等思想却可以与马克思主义的理论目标相沟通。我们要改造、重塑它，向其注入时代新内容，以便为新时代服务。

（三）继承优良传统，发展民族思想文化

江泽民1997年11月在美国哈佛大学的演讲《增进相互了解，加强友好合作》中指出，"现实中国是历史中国的发展"，"中国的历史文化始终处于进步之中"，"它是通过各种学说、各种学派的相互砥砺、相互渗透而发展的"，中国优秀的传统文化"随着时代的变迁和社会进步获得扬弃和发展，对今天中国人的价值观念、生活方式和中国的发展道路，具有深刻的影响"。江泽民高度评价了中国思想文化中团结统一的传统、独立自主的传统、爱好和平的传统、自强不息的传统。

跨世纪中华思想文化应既具有中国主体性，又融入世界新的文化内容。具有中国主体性，就是对中国传统思想文化进行有分析有批判的弘扬，在分析批判中包含着继承。彻底否定中国思想文化，主张完全按照西方文化的价值结构来重建中国文化，这种观点已被人们所摒弃。我们应当肯定，中国思想文化注重德性、注重人生形而上层面的价值结构等内容，不仅没有错，而且相对于西方文化中以知性为宗、注重人生形而下层面的价值倾向，应当说具有一定的优越性。我们要继承发扬我们民族思想文化中体现民族之根的牢固之处和民族精神的伟大之处的内容，同时也应努力吸收西方近现代文明观念，建设跨世纪的、新的中华民族思想文化。

（原文载《理论学习月刊》1998 年第 5 期）

先秦诸子百家争鸣片论

　　春秋战国是我国古代社会最激烈的变革时代，也是我国学术史上极富生气的时代。研究这一时期争鸣中学派的相非、思潮的沟通、认识的转折、民主空气的发展等问题，对于提高我们的认识，锻炼我们的理论思维能力，是有益处的。

学派相非与思潮沟通

　　中国文化经过夏商周的发展，到春秋战国时期已由量的积累引起质的突变，发生了文化的突飞猛进，进入了思想家们建立体系的时代。思想家们纷纷著书立说，分析现实世界的生活、伦常感情和政治观念，阐发自己关于天人、古今、礼法、名实等问题的看法。为了反对传统的宗教天命论，子产大胆宣称"天道远，人道迩"，这在当时是了不起的。史墨用"天之道"来概括自然与社会中对立面的转化问题，强调了天道的"无常"。虽然子产与史墨都未能建立思想体系，但他们揭开了"天人之辨"的序幕。与史墨差不多同时，诞生了孔子、老子，尔后，诸子并兴，真正进入了百家争鸣时代。争鸣的中心是"天人"之辨，"古今""礼法""名实"之争。

　　孔子思想中有许多消极因素，但孔子高扬了主体的能动性，这是难能可贵的。他以"仁"释"礼"，使外在的"礼"取得了心理的内在依据，把人的道德行为的自我反省视为至高无上的精神活动方式。孟子把"天"的视、听、意志还原为"民"的视、听、意志，把天降大任还原为艰苦磨炼造就伟大人物，把对"天命"的认识还原为要认识每个人的善性。孔子、孟子的思想都有助于引导人们从心理、伦理、人生的角度来研究社会、历史问题，引导人们致力于社会治理，探究"治世之道"。道家各派的发展，最能体现百家争鸣问题的深度、广度和哲学思辨的丰富性。老子作为道家的始祖，他在《道德经》这部著作中提出了一个较儒、墨两家更为完整的宇宙观。道家的思想大大提高了古代人们的理论思维水平。道家学派到战国时期分化为稷下道家思想和庄子思想，而前期儒家正统派到战国末期则分化出荀子学派。荀子对"天人"之辨做了总结。他批判地审查了诸子关于天人关系的学说，提出了唯物主义的"明于天人之分"的论点，还主张礼法兼治、王霸并用。荀子成为先秦认识成果的总结者。

在社会大动荡中，名实关系也是百家争鸣的重要内容。战国时期名家的主要代表惠施、公孙龙等人重视对概念以及判断、推理方法的探讨，从而促进了逻辑思想的发展。和名家进行论难的墨家多结合自然科学，注意克服墨子狭隘经验论的局限，对一系列逻辑范畴和逻辑推理问题做了哲学规定，从而丰富了墨家的思想。韩非是法家思想的集大成者，但也吸取了道家思想。他把"道"理解为必然性规律。韩非以唯暴力论和独断论激烈反儒，但他的"三纲"思想却与孔子的君臣父子思想本质上一致。战国末年和秦汉之际还出现了阴阳家邹衍，出现了《易传》，邹衍提出"大九州"说和"五德终始"的历史循环论，为中国统一和封建王朝的建立做了理论准备。《易传》的辩证法对后世思想产生了积极的影响。

在学派相非的同时又有思潮沟通。思潮沟通的主线就是把理性引导和贯彻到日常现实的生活、伦常感情和政治观念之中。思潮沟通的明显成果便是儒道互补、儒道融通。孔子追求天人合一。《论语》中所说的"智者乐水，仁者乐山"是把自然与人以及人的品德或人性做一种比拟。"逝者如斯夫，不舍昼夜"则使人想到人存在的意义，人要不息地奋斗，以赢得时间和生命；"志于道，据于德，依于仁，游于艺"是一种对自由思想的追求，这种自由意味着人与自然的完满统一。而这些也是道家的追求，只是采取另一条途径来追求而已。道家确认万物本于自然，天道可感可通，强调人类与自然界是统一体。庄子将这一思想发挥得淋漓尽致，天人合一在庄子的《齐物论》中成了"天地与我并生，而万物与我为一"。于是，儒道两家创造了一个同样的心理环境，即不要计较利害得失，不要依附超自然力量，而要让自我与整个宇宙合为一体。儒道两家这一"天人合一"的思想影响至深，它熏陶了后世中国人刚健有为、自强不息的基本精神，成了我们民族的共同心理、世界观、价值观中的一个基本内容。"刚柔相济"思想同样沟通着儒道两家。儒家强调人要积极进取、有所作为。老子强调人应当重视柔弱的作用。从表面看，这似乎相异而对立，而实际上是相通的。两家实际上都不主张无所作为。老子说"守柔曰强"，还是为了"曰强"，有为。水最软了，但老子认为"上善若水"，庄子同样认为"鉴于止水"。水的灵活性既表现了"柔"，又表现了"刚"，这就是"刚柔相济"，它恰恰是有所作为的思想，是刚健有为却又充满灵活性的思想。儒道两家在加强整体稳定的问题上是互补的。儒家要人以"礼""仁"来协调社会，道家要人用"齐物"观点来观照社会。本来，"礼""仁"的消极方面的一种表现是使个体失去独立的个性而处于从属地位，而庄子提出了"万物一府，死生同状"的思想，消除人与自然、社会的对立，从而补充了儒家的人格哲学。在这里，儒道两家的思维背景是沟通的，它们同样都是企图从心理上解决人如何从自然、社会的压力和束缚下解脱出来的问题，同样有助于整体的稳定，达到"万物为一"的致思目标和人生目的。庄子思想的重要特色还在于它对争鸣中的百家学说采取了宽容的态度。他在《天下》篇中提出，"道术"本来是统一的，后来分化为百家之学，而诸子百家都是"得一察焉以自好"，即只察见一个片面，所以诸子百家都是"一曲之士"。庄子肯定，百家众技就像人的五官一样，"皆有所长"，"时有所用"。可见，在实用理性特色方面，道家比起儒家来是毫不逊色的。

总之，思潮的沟通培养了服从理性的清醒态度和重实用轻思辨的思想方式。在以后的长期发展中，儒道互补成了我们民族的无意识的集体原型，它渗透到人们的观念、行为、习俗、信仰、思维方式、情感状态之中。对这一思想现象及其作用进行历史分析，对于启迪思考、提高智能不无益处，同时也可看到，这种文化心理结构也导致了如重伦理轻功利、重社会轻自然、重直觉轻逻辑、以不变应万变等致思倾向，长期麻醉人们的心灵，起着延缓历史过程的消极作用。

认识史上的巨大转折

先秦诸子争论的问题就是矛盾，争鸣问题的产生、发展、解决，都使认识前进了一步，接着另一个新的争论问题又出现了，经过争鸣、发展又解决了。如此循环往复又不断前进，使我国认识史上发生了一次巨大转折。

它开创了认识多样性的局面。在百家争鸣中，孔、孟、老、庄等分别考察了认识过程中的一些环节，概括出一些唯物主义的反映论原理及辩证的认识方法。比如，孔子的"敬鬼神而远之"表现了理智的态度，他对"知之为知之，不知为不知，是知也"的认识，体现了实事求是的精神，并触及认识过程中知与不知的矛盾。荀子认为，人的认识能力与客观事物相接触，使主观认识符合于客观事物，这时才产生知识，他提出的"制天命而用之"的论点，比较正确地解决了人的主观认识和客观规律之间的关系问题。墨子相信人的感性经验，肯定人能凭经验（见闻）来检验认识，从而以经验论否定孔子以名正实的先验论思想。老子主张"涤除玄览"以把握常道，这含有观察的客观性、深入性和整体性的合理内核，有符合人类认识发展的逻辑进程的一面。其他一些思想家同样考察了认识的一些环节，提出了一些合理的认识论见解。如孟子的"知言"，就是指出要对各种错误言论进行分析批判，分析犯了什么错误，是如何导致错误的，这实际上提出了一个很重要的认识方法问题。荀子的"符验"和"解蔽"则提出人要客观、全面地看问题。他认为，诸子各自只看到矛盾的某一方面，而看不见矛盾的另一方面，因此要"符验"，即理论要得到事实验证。荀子的这一方法，符合辩证逻辑的方法。

对人类认识的发展来说，认识主体的自由程度起着十分重要的作用，它直接影响着认识的深度和广度。春秋战国时期百家争鸣的环境使认识主体有可能自由地表达自己的认识，于是就出现了认识的多样性。比如人性问题，当时差不多有十几种不同的看法。对其他问题的认识同样存在多样性。到了战国中后期，一批思想家出来进行综合，如荀子等，从而使认识更接近于对象全貌。于是，认识的深度和广度达到了一个新的阶段，甚至有些认识还远远地跑在当时社会生活实践的前头，以致在以后的两千多年的封建社会中，许多思想家还沿着先秦时代所开辟的一些认识途径前进。

它体现了人类认识发展的普遍规律。春秋战国时代百家争鸣涉及感性理性、绝对相对、唯物论辩证法这样一些人类认识的必要环节与基本范畴。孔子思想是先验论，墨子用经验论来反对孔子的先验论，老子想超越经验论和先验论进而提出了"反者道之动"这样一个辩证否定的命题。孟子、法家的思想都带有独断论，庄子用相对主义来反对独断论。名家的公孙龙与惠施的对立，是绝对主义与相对主义的对立。而唯物论与辩证法到荀子那里达到了统一。而后的韩非强调斗争，《吕氏春秋》则强调统一，这把辩证法引向形而上学。

百家争鸣与民主空气的发展

面临社会变革的复杂矛盾情况，儒、墨、道、法各家根据各自所反映的阶级、阶层和政治集团的利益的需要，对当时的社会矛盾提出自己的认识，对如何把割据称雄的封建国家统一起来提出理论、方针。争鸣是围绕着治国方案这个焦点而展开的。儒家的孔、孟强调德治和人治，提倡以礼乐教化来改造社会。墨家主张非命而尚力，但又拿鬼神作为赏贤罚暴的工具，这无非是用天意来论证其政治主张的正确性。道家主张对当时社会实行"无为而治"，为的是解决当时的社会矛盾。可以说，春秋战国时期的百家争鸣，为建立封建的中央集权做了前导。当时思想家们的言论敢于触及敏感的政治问题，那并不是由于春秋战国时期政治制度是民主的，而是由当时特定环境所决定的。动荡的社会背景，大起大落的社会现实，思想上没法限制，因此，在政治上君主专制不断强化的同时，社会上却仍有一股清新的民主空气在回荡。那时的思想家们几乎是毫无顾忌地议论一切，还夹杂着批评时弊，乃至直接批评君主。比如老子，他对统治者及其追随者们所倡导的伦理规范、道德信条进行了巧妙而有力的批驳，一针见血，入木三分，颇具讽刺意味，表现了他对丑恶社会现象的痛恨和对人民命运的关注，体现了人文主义精神和清醒的自我意识。孔子则以修德为首务，以助人（包括各国君主）走上正途为目的。孔子虽然也偶尔做官，但他首先是个思想家，他阐述自己的学说并不是寻求任何外在报酬和自己的名声，而主要是对当时社会进行挽救。孟子哪怕是在作梁惠王的座上客时，批评梁惠王也一点不留情面，说："不仁哉，梁惠王也。"荀子是主张尊君的，但是说到当时君主时，他也明确指出这些君主多半是贪主、暗主，好的君主也不过是平庸之辈。法家是倡导绝对君权主义的，可《商君书》的作者照样批评当时的君主是用一国之利、一官之重来"便其私"。这些批评，在某种程度上表明了民主意识，对当时统治者起着制约作用。

当然，先秦思想家们都把希望寄托在圣明君主身上，这是他们的历史局限性。但是这些思想家们意识到，君主并非都是圣明的，相反，有许多君主是残暴的。他们按照自己的理论标准对君主进行品分，把君主分为圣主、明主、昏主、残主、亡主等。对君主进行品分，表明君主不是神，君主也是人，是可以分析的。有这样的认识，是一种进步，这是社会民主空气不可缺少的一个因素。

但是，先秦百家争鸣对民主的发展毕竟是有限的。封建地主阶级的国家为巩固统一，并不希望民主，他们需要实行专制主义。战国末期韩非的思想就为地主阶级专政提出了一套完备的法制理论和路线政策，其核心是主张封建集权主义。不久，秦始皇实行"焚书坑儒"，于是，百家争鸣中所出现的民主便被扼杀了。

（原文载《理论学习月刊》1988年第8期）

儒家价值思维的人文性与主体意向性

——兼论明清之际儒家学者顾、黄、王的价值思维之路

华夏民族所受儒家思想的两千多年的影响，最深最巨者，实在价值思维方面。儒家价值思维是一种力求符合实际的和其理论思维的发展紧密联系在一起的思维。儒家的每一次引人注目的隆替嬗变，都集中体现在其价值观的衍化上，但其价值思维的两个根本特点——人文性与主体意向性，在两千多年中始终是保持着的。

一　早期儒家价值思维的人文性与主体意向性

早期儒家重视对人自身的探讨，特别提出了关于人的价值、人的道德方面的系统学说，充满人文精神。其理论基石乃是人禽之辨、文野之分以及文质统一的思想。孔子说："文质彬彬，然后君子。"（《论语·雍也》）显然是主张礼仪形式要与人的思想感情相统一。在孔子看来，人自身有许多特点，但人必须不断增加自己的价值含量，使自己成为君子，为此就必须用道德规范来约束自己，提高自己。《易传》也强调说："……观乎天文，以察时变；观乎人文，以化成天下。""化成天下"是一种价值观念，它的本来含义是要创立各种制度，使社会趋向文明、稳定，摆脱粗鄙和野蛮。笔者认为，以孔、孟为代表的先秦儒家学者们价值思维的人文性突出表现在三方面。一是赞美西周人文文化。西周时期的礼、乐，既是西周贵族子弟接受教育的主要内容，也是这个时期社会制度的总称。孔子赞美西

周礼、乐人文文化，是对西周社会制度、人的精神面貌、人的文绣美德的赞美和向往，内中蕴含着丰富的人文主义精神。二是强调以家庭伦理为基础的社会人文气氛的重要性。在古代中国，家庭作为社会生产的基本单位，它本身的和谐和稳定，是农业社会基本价值观的要求，是整个农业社会稳定的基础。于是，从先秦时期起，包括家庭伦理和政治伦理在内的道德思想体系便应运而生。而儒家对这一体系的创立和完善，贡献最大。以"孝"论为例。孔子提出"君君、臣臣、父父、子子"，把"孝"即子女对父（母）的敬养当作处理父（母）子关系的最基本的道德规范和处理其他社会关系的基础。孟子则在孔子基础上把人与人之间的关系概括为五种，即"五伦"，并提出相应的规范："父子有亲，君臣有义，夫妇有别，长幼有序，朋友有信。"（《孟子·滕文公上》）孟子认为，仁义礼智是人最基本的道德，以孝为根本的仁与以悌为根本的义共同构成了礼智的基础。如果我们抛开孔孟孝论的历史局限，便可看出，他们所主张的对父母的敬养，对长者的尊重，反映了人之为人的一般伦理要求，是任何社会都需要遵守的做人的一般准则。孝、尊老等，是社会人文氛围的重要组成和内在要求，其中体现的人文性特征是不言而喻的。三是倡导道德价值的目标是为了实现人的最高理想，其中充满着人文精神。孟子认为，道德修养的目标是为了实现人的高尚理想，做具有"浩然之气"的"大丈夫"。所以孟子说："富贵不能淫，贫贱不能移，威武不能屈，此之谓大丈夫。"（《孟子·滕文公下》）孟子把人的价值提到无以复加的高度。中国古代，在儒家思想长期陶冶下，人们的取善舍恶，靠的是伦理道德教化，而不靠宗教教义，这就更加突出了中国古代人文精神作用。汉代以来的封建礼教之所以不同于一般的宗教，在于它既体现人文精神又带有政权强制性的关于社会不同层面的人们之间权利与义务的规定。应当看到，早期儒家价值思维中的人文精神是中国古人抽象思维的结晶，其源头可以追溯到《易经》对于事物的抽象基于阴与阳这两个基本范畴。原初人们在农耕活动中将山的向阳面称为阳，向阴面称为阴。在演变过程中，其含义不断抽象化，便产生阴气和阳气这两个重要概念。《易传》又进一步对之抽象化，强调任何事物都含有刚健属性（即阳）和柔弱属性（即阴），它们之间的相反相成的关系，便衍化出世界上纷纭复杂的种种现象来。《周易》成为儒家尊奉的经典，表明儒家强调其价值之源的抽象性。《易经》的"形而上者谓之道，形而下者谓之器"这一命题，体现了儒家学派对法则与现象的关系问题的哲学上的深刻认识，也体现了先秦时期的"人文化成"理论确实在追求着辩证的思路。这一思路对中国思想文化以后的发展产生了不可估量的影响。

儒家价值思维是以自身为对象的意向性思维。这种思维是内向的，具有主体意向。首先，表现为强调人是万物的尺度，认为认识了自身也就认识了自然界和宇宙的根本规律。儒家主张，人"与天地参"，"万物皆备于我，反身而诚，乐莫大焉"（《孟子·尽心上》），这是从主体自身出发而又回到主体自身的意向思维。它不是将自然界对象化，而是把自然界人化或把人自然化；不是在认识自然的基础上进行反思，而是在经验直观基础上直接返回到自身。这是从主体原则出发来建构思维模式。其思维定式是：认识自我，实现自我，超越自我。而超越了自我便具有了"天人合一"的精神境界。因此，其价值思维整体模式是：如果能反身而思之，便穷尽了天地万物的道理，体验到真正的精神愉快。这也是最高的情感体验（"乐"）。儒家讲的"孔颜之乐"，就属于这种反思型的情感体验。"天人合一"被儒家学者认为是人生的最终意义和价值所在，其主体意向性是十分明显的。其次，表现为把认识和情感融合起来的意向，让知、情、意处在合一未分化的状态中。其中，情感因素显然起着重要作用。这里的所谓情感，主要是就主体需要、态度和评价而言的。儒家学者的思维，一贯重视喜怒哀乐等情感因素。这些影响了思维的整体进程和方向，使之变成了主体意向性活动。这种基于情感需要而形成的意向性思维，所要解决的是价值选择问题、意义问题，而不是事实问题。正因如此，儒家学派的重要代表人物之一的孟子，把恻隐、羞恶、辞让、是非这"四端"之情，提升为思维的基本原则，同道德规范合而为一了。在儒家看来，思维的主要任务，就是使道德情感升华为普通的道德理性，变成人的意义和价值内涵，实现自我体验、自我认知。它的一个重要特点便是从主体价值需要出发进行价值判断。这种意向性的思维特征作为古代传统思维的主导方式一直被延续下来。主体意向思维，对于确立认识的主体性和实现人的自我价值，都是重要的。但是，这种思维方式由于强调自我体验，其结果是既限制了情感的正常发展，又影响了认知功能的发挥：一方面，当情感需要被理性化时却缺乏丰富的感性的原动力；另一方面，由于思维受制于情感，便使思维缺乏能较好操作的智力结构（如逻辑性）的支持；再一方面便是，易使思维方式极端化，或者以情感代替理性，或者以理性压制情感。

二 变化的儒家价值思维的人文性与主体意向性历程

儒家价值思维的人文性与主体意向性是随着社会变迁、时代思潮的兴替而不断变化的。汉代武帝时期，采纳董仲舒"罢黜百家，独尊儒术"的建议，儒家价值观被神学化为天经地义的名教纲常，《白虎通》又专定"三纲六纪"为亘古不变的伦理规范和社会的政治准则。这样，儒家仁爱精神具有了无上的权威性和普遍性，儒家的理念变成天的意志的体现。统治者要利用儒家思想，儒学也希望借助于政治来建构出一套符合时代思潮的理论新形态。这给儒家思想本身带来的是烦琐、粗俗，以及与迷信的合流；同时也使儒家思想违背了人性的需要，甚至束缚了人性的发展。随着汉王朝的解体，汉代经学化、神学化的儒学的地位发生了动摇。随着魏晋时期诸子百家的再兴，随着道家的自然论的兴起及其与儒家名教论的结合，以及玄学思想被越来越多魏晋名士们所接受，两汉经学便向魏晋玄学过渡了。

魏晋时期的玄学，表面上崇尚玄虚与清淡，但其理论基点却始终未离现实的人生价值和对人的安身立命之本这一意向的探索。当时的一些有文化根基的官员或知识分子，身处朝野经常互位的政治环境和多元并立的文化环境中，自然而然其哲学精神便与道家相通。但他们在当时社会要立身处世，又不能不吸取儒家立身处世的价值观。当时的玄学各派，无论是以道解儒，还是以儒合道，其实质都是要破除不合人性自然的名教，而倡导合理（合道）的名教。玄学名士们希望建立的是一种能尽量满足人性需要的名教社会，因此他们所尊奉的"自然"是与名教相联系的"自然"，而不是绝对的自然。其中透露的是实现每个人价值的人文精神，观照显示的是对人与人、人与社会关系的执着追求意向。可以说，与其把魏晋玄学视为魏晋时期的新道家，倒不如把它视为魏晋时期的新儒家。因为，魏晋玄学的一系列理论论证从根本上都是在探讨社会人生的重大问题，尤其是人的价值问题。正如阮籍所说"圣人明于天人之理"，"通于治化之体"（《通老论》)。

隋唐时期，中国思想文化发展中的最重要现象是佛学鼎盛。佛学的人生哲学从表面上看是消极的，因为它以"一切皆苦"为基本的价值判断，强调人要从苦海中解脱出来。但是，佛学又主张通过"报应""轮回"来进行为善去恶的道德实践，以追求来世走向"极乐"。这实际上包含着深刻的对人的价值的追求和对人的自由意向肯定的积极因素。这一积极因素在中国化的佛教中得到了深刻的体现。如禅宗一方面破除对佛祖等外在权威的崇拜，另一方面又主张每个人的自性自度，主张佛法"不离世间觉"（《六祖坛经·般若品》），"舍人道无以立佛法"（《憨山大师梦游全集》）。显然，禅宗在很大程度上是儒学化了，其理论颇具儒家思想的人文精神。

宋、元、明时期的理学是儒学的新形态，其思维途径是综合玄学的本体论、隋唐佛教的心性论、董仲舒以来的三纲五常本于天等观点，并加以发展，提出了"理"这个具有本体意义的根本范畴。它强调"天理"的至高无上性，强调由"天理"决定的人伦关系的至上性和神圣性，教人以理制服人欲，以道心统帅人心。这使儒家价值思维人文性与意向性特征发展到新的阶段，但这一阶段又是对以前阶段的继承。值得注意的是，宋明理学中心学一派的重要代表人物王阳明，将"为学"和"为道"归结到"致良知"上来，其旨意便是认识并恢复内心固有的天理，然后将它推及事事物物。这种"吾心之良知即所谓天理"（《传习录》），体现的是天理与我为一、人伦道德与我为一的传统儒家的主体意向性思路。当然，主张"性即理"的二程、朱熹，其理论重心同样是要强调儒家伦理与人的本性的一致，突出人的内在价值，并将之提升到宇宙本体的高度。

三　明清之际儒家学者顾、黄、王的价值思维之路

在中国学术史上，明清之交（约17世纪）这一时期十分重要，因为此时总结了宋明五百年的"理学"。而完成这一历史性任务的，是一批儒家学者，如顾炎武、黄宗羲、王夫之诸人。顾、黄、王，虽然出身不同，性格不同，造诣不同，但却在"致用"这一点上表现出共同的倾向。

当时"致用"的最大特点就是人文性与主体意向性。这反映了时代的

要求。清兵入关，这如黄宗羲所说，是"天崩地解"，给予当时思想家的心理以巨大的刺激。似乎只有到了这时，思想家们才有了觉醒。人们总结经验，不免追溯到明代理学的空谈心性、无裨实用上。主体觉醒和人文觉醒，推动人们思考问题。当时思想界虽纷纭复杂、丰富多彩，但在思想内容和认识方法等方面却都与重新认识理学相关联。学者们都自觉不自觉地对宋明理学五百年发展史进行总结、检讨、反思。当时出现了一批思想家，如黄宗羲、顾炎武、王夫之、方以智、朱之瑜、陈确、傅山、李颙、唐甄等。他们有的参加过武装斗争，有的隐居不仕。他们为回答现实问题而从事理论和学术研究。他们的某些反思言论已触及封建专制主义的本质，包含民主主义的新思想，这是与以前思想家的不同之处。本来，理学在其创始者那里具有综罗百代、视野广阔的特点，但明末以来，以朱子学为代表的理学的学术道路越来越窄。学者们皆以空谈天人性命为高，以务实事功为卑。重义理，轻技艺；重静坐默想、体验天理，轻社会实践。这种务虚不务实的风气，造成人们对现实的国计民生问题不屑于过问；一些自以为高明的学者，对经书是"甘蔗渣儿嚼了又嚼"。当时进步学者也批判王阳明心学。王夫之就把矛头直指王阳明心学。王夫之虽没有指责朱熹的人格和学问，但也认为朱熹后学"教衰行薄"①，极不重视致用。顾炎武批判理学虽侧重批判王学，但也涉及程朱理学，认为程朱之徒也是空谈心性的清谈派。黄宗羲总结历史教训，深刻指出，君主专制制度是一切祸害的根源。他认为，君主通过专制手段，一方面干涉和控制了学校教育，另一方面控制作为仕途主要途径的科举考试（如严格规定应试士子不得违背程朱学说），进而控制士大夫思想，扼杀了人才。黄宗羲目光敏锐，阐发了一些民主主义思想，这对近代思想有启蒙作用。明末清初启蒙思想家们弘扬以及倡导的主体觉醒和人文自觉精神，其时代意义在历史上留下了难以磨灭的印记。

假如我们对顾、黄、王的思想分别略做分析，便可发现，他们的价值思维之路充分体现了人文性与主体意向性特点。

顾炎武最得意的著作是《日知录》，而此书"意在拨乱涤污"，"将以见诸行事"。顾炎武反对理学，同时也不愿意讲学。他说："今日只当著

---

① 见《张子正蒙注》《周易外传》等。

书，不当讲学。"他要超越自我，摒弃一己之利，认为学问要"见诸行事"，为社会服务。所以他做学问的方法不能不"实事求是"——不但要求诸经学，也要求诸史籍；不但要求诸史籍，也要求诸事物（即"当世之务"）。他的门人潘耒在替顾炎武的《日知录》作序时说：先生之学，"事关民生国命者，必穷源溯本，讨论其所以然。足迹半天下……有一疑义，反复参考，必归于至当。有一独见，援古证今，必畅其说而后止。……《日知录》则其稽古有得，随时札记，久而类次成书者。凡经义史学，官方史治，财赋典礼，舆地艺文之属，一一疏通其源流，考证其谬误"。可见，顾炎武的文化价值观尊重客观事实，做学问重视原始资料，不肯凭借转手资料，这是符合科学方法的。顾炎武的优良学风，开启了乾嘉朴学家的种种法门。梁启超说顾"对于晚明学风，表出堂堂正正的革命态度，影响于此后二百年思想界极大，所以论清学开山之祖，舍亭林没有第二个"。[①] 顾炎武通过对理学由盛而衰历程的反思，提出"经学即理学"，实际上是希望理学能更多地吸取经学中的人文精神，目的是要与空谈心性的"理学"相对立；其所谓经学，已经不是单纯的经学本身，而是形成经世致用观点的一个源泉。当然，继承顾炎武事业的学者们，迫于时势，对顾炎武的学风只能局限于朴学的范围。但仅就这一范围而言，顾炎武的贡献也是独创的。

黄宗羲在意识到理学经不起明末剧变的考验时，他的主体意向转而向"着重工夫"的路线发展。同时，从"天崩地解"的患难中，他体认了时势的要求，特别是他在抵抗清政府失败以后，从埋头从事学问中达到超越自我的境界。他的《明儒学案》处处体现"不以迂儒之学"为教条，而重视"综合诸家""旁推交通"，其学风是"自来儒林所未有也"。他批评当时的陆、王之徒们"空口谈心性"，强调做学问"必本源于经"，以免"蹈虚"；"必证明于史籍"，以便"足以应务"。这就把重视经史与注重实践（"应务"）结合起来。所以，由语录到经术，由经术到史籍，由史籍到"当事之务"，这是必然的过程，是反思的结果，明清之交的几位有创造性的学者都走这条价值思维之路，而黄宗羲则表现得格外明显。黄宗羲毕竟是"濒于十死"的抗清志士，在患难中认识自我，他终于在学术研究中能

---

① 梁启超：《中国近三百年学术史》，东方出版社，1996。

克服个人的"一偏之见",敢于在著作中摆出"相反之论",认为"学者于其不同处,正宜着眼理会"。这是符合"一本而万殊"的精神的(参见全祖望《鲒埼亭集》),也体现一种大公无私的人文精神。

王夫之站在六经立场上著书立说,他的价值思维体现的是大胆总结和奋力创新的精神,在总结中创新,在创新中总结。他在"观生居"的住处以"六经责我开生面,七尺从天乞活埋"的诗句题壁,表明了他要超越,要对传统文化继往开来。他的《周易外传》《尚书引义》《礼记章句》《诗广传》等著作都体现了这一点。比如,他发挥《易传》中"一阴一阳之谓道,继之者善也,成之者性也"的命题,强调没有不变的人性。这是因为,"人之道"有"日新之命","有人之命,不堪乎天,命之日新,不堪其初"(《诗广传·大雅》)。这显然是把伦理道德的产生与完善放在生理发展的基础上,突出了人文精神"人之道"的特殊性。他发挥《尚书》中的思想,强调"非知之艰,行之惟艰",并对"宋诸先儒"们的"知先行后"的观点进行批评,认为理学家们把知与行割裂开来,堵塞了知识的来源。他在《续春秋左氏传博议》中强调"有即事以穷理,无立理以限事"的治学论事的正确立场。诸如此类,创新之体现比比皆是,这充分表明,王夫之是站在六经"人之道"的人文精神立场上,发展了六经的理论。王夫之创立了能够终结理学的思维方式,全然开拓出了新的人文性与主体意向性的价值思维之路。顾、黄、王的思想轨迹深刻反映了,儒家传统学术中人文性与主体意向性特点是随着社会变迁而呈现新表现形式的。当时实际是,明末中西交流加强,中国社会遇到了一次面向世界的选择机会;清兵入关,社会剧烈变化。在学术方面,适逢中西学术碰撞引起的中学西学之争以及理学内部之争。当然,随着清廷政权的巩固和理学的意识形态化,以及后来考据学的兴起和中西交往因政治原因而中断,在清代前期(鸦片战争以前),中国传统儒家学术中价值思维的人文性与主体意向性倾向受到很大的限制。

(原文载《中共福建省委党校学报》2001 年第 3 期)

历史选择与文化定位

——东西方文化比较的点滴思考

在跨越世纪之际，处在历史与现实交汇点上的中国知识分子，常常考虑这样一个问题：近代以前中国文化在基本走自己独立路子的情况下曾长期站在世界前列，而为什么在近代，中国的科学文化却大大落后于西方呢？在现代，中国文化的发展又有赖于哪些文化因素呢？本文不打算全面地讨论这些问题，而只是对上述问题所涉及的东西方文化差别与在交融中选择与定位问题提出一些看法。

一　东西方文化差别与历史选择的必然

光辉灿烂的中国文化，经历了几千年的独立发展，它是中国各民族共同创造的，是中华民族独特的贡献。虽然一度受到印度文化的影响，但中国主流文化并未改变。古代中国文化，与埃及文化、古希腊文化、印度文化，并称为世界四大古老文化。中国古代文化很早就以理性道德为主线；而其他三大古老文化所经历过的神话时代（宗教情感支配人心时代）相当长，因此其理性文化的发展相对滞后于古代中国。无疑，中国理性文化早熟，如《周易》以及周公的"礼"的道德理性思想等，使中国文化得以在世界古代文化中长期独领风骚。

从东方文化角度看，古埃及人曾创造了许多伟大成果而辉煌一时，但这一辉煌未能长期延续，甚至中断。印度文化，一般说属于东方文化，但它同西方文化早有联系，语言上同属印欧语系，其婆罗门文化也含有许多欧洲文化特性，因此，印度文化难以成为东方文化的典型。东方文化视宇宙为浑然一体，强调人的生命精神贯注于自然，从而形成东方人那种以"内在精神"为重的文化价值判断。而这种价值取向，势必将文化的建设与发展引向道德方面，而重视伦理文化。这种文化本身，便蕴藏着人生伟大的理想。

最具东方文化特色的，应是中国儒家的伦理文化。我们把世界上几种伦理文化做一个比较，可以看出，儒家伦理文化是一种自律的伦理学，而西方伦理思想，特别是基督教伦理思想，是一种他律的伦理思想（比如，基督教认为，该教的戒律是上帝颁布的，上帝是外在于人的）。儒家创始人孔子最早提出"仁"的思想。孔子面对周代"礼"文化式微的局面，起而改造周初以来的"礼"文化，以"仁"释"礼"。"仁"的根本思想，就是出自内心的真诚。孔子以此重塑价值体系，他希望以此价值体系来感通人，重新恢复一个有秩序、有美感的社会。孔子强调"仁"，基本上不在于强调伦理规范，而在于强调内心感通。在孔子看来，"仁者爱人"是卓越的情感，"仁"是真诚的感通，是人的认知能力、情感能力、意志能力卓越化的结果。因而，"仁"是一种道德理性、一种美德。孟子则更进一步肯定，人本有善性，人固有恻隐、辞让、羞恶、是非之心。它们是人性本有的善端，是仁、义、礼、智的四端。孔、孟的伦理思想的总倾向便是"自律"，它们最能代表东方文化特色。

以中国文化为代表的东方文化，它与西方文化有无共通之处呢？当然有。这在中国文化与古代希腊文化的比较中可以看出来。古希腊亚里士多德认为，德行是适中，例如，勇敢是鲁莽与胆怯的适中，慷慨是浪费与吝啬的适中。这与孔子的"中"的思想相通。孔子认为，最重要的德行在于"中庸"（"中庸之为德也，其至矣乎！"），"中庸"是一种美德。古希腊文化与中国古代文化的重要共同点还在于：把社会、国家当作人的心灵的精心塑造物，当作文化的领域，因此，要用很高的智慧、远大的理想来指导国家生活和社会生活。如柏拉图就构想了他的"理念"世界，最高的"理念"是"善"，他所构想的"理想国"中的人以节制欲望为美德。中国的理学家二程、朱熹强调"理"的纯善性、"理"的永恒存在，强调宇宙之间，一理而已。"理念"与"理"是相通的。无疑，东西方古代的这些哲学家，其文化精神有许多共同之处。中国古代思想家中，有的很重视自然科学精神，这与西方也有相通之处。即使是宋代理学家，也曾闪耀过自然科学之光，如朱熹对化石的理解、对雪花呈多角形的解释等等。中国文化中的整体观也与古希腊文化中的整体观相通。假如古希腊的科学精神能够与中国古代上述的文化精神早接触的话，那对东西方文化的发展都会是有益的。遗憾的是，东方文化与西方文化在相当长时间内都各自独立而行。

东西方文化在很长历史时间内未能很好交流，致使各自的某些片面性未能克服，二者的互补长期未能展开，这给东方、西方文化的发展都带来了不利影响。在西方，古希腊文化最终被中世纪文化所取代。近代西方文化也没能很好地继承古希腊的整体观，而走向孤立、片面的形而上学观。中国文化则在科学文化方面没能很好地重视科学精神，到明清时便在科学上大大落后于西方了。这是历史运动选择的结果。历史选择的中国文化是一种早熟的文化，它一开始便被伦理化，而极少依赖宗教，它强调人与自然的和谐，这就不同于西方文化追求对物质世界的改造，并由于中国古代文化难以与西方文化交流，因而其科学精神的难以发扬便是顺理成章的了。历史既然选择西方走的是重科学、重改造自然的道路，因而西方近代科学的大进步也有其必然性。正因为近代西方社会空前重视自然科学，科学文化与道德文化分得太绝对了，又特别强调科学文化，这必然走向一个极端，便是道德文化的相对滞后。东西方文化相异由此可略见一斑。

二　近代中国文化发展路向的选择

进入 19 世纪以后，西方殖民势力大举向东方进逼。古老的东方文明，在西方工业文明的强劲冲击下土崩瓦解了。鸦片战争终于导致了中国近代文化的开放。这是历史的必然。首先，这种必然性是由中国沦为半殖民地半封建社会这一近代中国的基本状况决定的，就是说，不开放是不行的。其次，与西方文化的性质有关。当时西方文化是近代资本主义文化。从发展阶段上说，如果从 14 世纪文艺复兴算起，经历了 400 多年，西方完成了英国工业革命（18 世纪 60 年代），同时，德国、法国、美国到 19 世纪 40年代时正在进行或已完成工业革命。既然西方大炮的力量终于打开了近代中国的大门，那么，随着经济的开放，作为资本主义文化的西方文化是一定会跟随经济力量而进入东方的。最后，从本质上说，中国近代在文化上的开放也并非完全是强迫的。因为鸦片战争以后，虽然有一些学者总认为西方科学的许多东西中国早已有了，总喜欢从传统文化中找出与近代科学相似的地方，但毕竟还是要重新认识世界，要重新认识自己的国家和自己的文化，要重新调整国内各方面的关系。尽管当时中国的先进知识分子对西方文化了解得很肤浅，但由于西方文化确实是一种新文化，代表全新的、更高的生产率和科学知识，这种性质使西方文化具备了必然传播和发展的可能性，包括在中国也如此。中国人最先看到并表示惊讶的是西方的坚船利炮，不久又看到西方机器的优越性，人们不得不对西方工艺技术有好感。由于西方近代科学文化的先进和中国明显的落后，中国近代文化的开放具有必然性而并非完全强迫。

　　任何一个民族吸收外来文化时都会加进自己的文化和自己时代的内容，使之成为自己所需要的思想武器。在近代中国也是如此。如魏源提出"师夷之长技以制夷"，张之洞等人提出"中体西用"思想。"中体西用"作为一种文化模式，反映了中国近代特别是戊戌变法之前的主流文化心理，即在中西文化之间的矛盾心理：既不能放弃中学，又不能排斥西学；既肯定中西文化之间的矛盾，又力求使中西文化获得统一。洋务运动失败以后，人们看到"中体西用"论的变器不变道的思路在现实中根本行不通。于是，维新派人物批判"变器不变道"的思想，并提出"全变"思想。所谓全变，就是要变法、变政、变道，首先是变法，但他们的"变"是渐变。戊戌变法的失败和1901年《辛丑条约》的签订使中国社会陈腐不堪，革命派人物意识到，要救中国必须进行革命。19世纪40年代直至辛亥革命以前中国人观念上的这一系列变化表明，中国知识分子是用自己特别的思想方法来理解西方文化的，中国引进西方文化是有选择的。这种倾向在近代中国屡见不鲜。它带来了一个意外好处，即近代科学思想引进以后，虽未能促进中国科学较快发展，但在社会改革方面起了很大作用。应当说，在近代，科学引进步伐与社会思潮在节奏上常有共鸣。比如，严复译《天演论》轰动中国，是因为《天演论》中生物进化规律的揭示，正好符合当时中国在甲午战争中惨遭失败后举国民众图存求变的社会思潮。

三　中国现代文化定位及其启示

从五四运动，一直到 1949 年中华人民共和国成立前夕，是一个特定历史时期。这一时期的中西文化合流、马克思主义与中国革命实践和中国传统文化相结合，实现了中国文化史上的一场伟大变革。这场变革启示我们，现代文化变革不是直线运动，而表现为一个辩证的大"圆圈"，同时在大"圆圈"中又有许多小"圆圈"，例如，五四运动举起"打倒孔家店"的旗帜，开始了真正的"文化革命"，出现了陈独秀、李大钊、胡适、鲁迅、郭沫若等文化旗手或大师，他们认真比较中西两种文化，鼓励人们向西方学习，向西方寻求真理。第一次世界大战爆发，暴露了西方文明的弱点，人们的视线便更多地转向东方，于是，梁漱溟写《东西文化及其哲学》，对东西方文化做了一些探讨，但是，梁漱溟、张君劢等人对东西方文化的比较研究及诊断，基本上不脱离"中体西用"的版本。在十月革命影响下，马克思主义开始与中国革命实践相结合，与中国传统文化相结合，其中当然有许多曲折和斗争，通过老一辈无产阶级革命家、理论家毛泽东等人的努力，进一步总结了近代以来文化上的中西、古今之争，明确了中国的新文化应是民族的、科学的、大众的，这标志着以毛泽东同志为主要代表的中国共产党人把马克思主义与中国革命实践，把中国传统文化与西方文化成功地结合起来了。

大概没有人会否认，20 世纪，在与中国现代化发展基本问题有关的一系列文化问题上，往往是有争议的。例如，20 世纪初的革命与改良之辩、20 年代的中西文化比较论战、30 年代社会性质论战和革命道路选择，以至五六十年代以后关于现代新儒家、关于东亚文化价值观的评价，等等。其中许多问题是围绕着现代化的文化条件展开的。现代化的文化条件包括文化的民族性与文化的时代性。人类文明的发展离不开多种多样的民族文化。一种文化一旦形成，就会作为民族精神的一部分而存在，对建构新一代人的文化观念、思维方式、人格以及各种精神气质起一定的作用。这就是文化的民族性。比如，西方科学技术的文化依据的是西方近代的理性主义思想，如唯理论、经验论等，如笛卡儿、培根等人的思想。如果没有这一套思想，就不会有西方的科学和技术在近代的兴起。中国文化缺乏西方式的自然哲学，但是，中国文化也有自己的民族特色。中国的"天人合一"便是中国文化的一大特色。我们当然不能拒斥西方近代及现代的自然科学，因为要是那样的话，我们就不可能去接受科学技术理性，因而也不可能推进中国的现代化。以上启示我们，要坚持文化的民族性，同时也要坚持文化的时代性，处理好二者关系是关键之所在。从世界文明前景来看，当今西方和中国其实都面临着挑战。西方人要考虑如何把在科学束缚下的人文精神释放出来，中国人则要把在人文精神笼罩下的科学发扬出来。而当今无论是西方还是东方，都面临着一个新局面，即科技的发展。科技的发展当然大大推动了社会的发展，但人类如不能正确对待它，便有可能对大自然进行狂妄自大的掠夺性开发，从而给人类带来毁灭性后果；也有可能造成人们在受惠于高科技所带来的方便的情况下，心灵变得空虚，终极关怀（信念、理想、信仰等）无所寻求。在这种情况下，如何解决精神生活的资源问题呢？如何在发展智能的同时不断提高思想情操和境界呢？如何克服人的情感冷漠呢？这一切得求助于人文信仰，它将为当代解决文化难题提供资源。中国传统文化中亲族文化和拟亲族文化中的许多内容，具有亲族人文精神。中国传统文化中所包含着的建立和谐人际关系、倡导群体凝聚精神等内容，对任何时期的人文精神的发展，都有一定意义。人文精神在中国文化传统中以及民间习俗中存在了数千年，积淀下许多可资借鉴的内容。当然，它们也都只能作为有条件继承的内容。总之，民族文化与时代文化的有机结合，是我国现代化所应具备的文化条件。

21 世纪，各种文化思潮纷然杂陈。中国作为后发展国家，只有从自己的具体国情出发，坚定不移地走现代化的道路，才能自立于世界民族之林。文化上我们要以现代化的文化追求为宗旨。其基本价值取向早在"五四"前后便已形成并经历了 20 世纪近 80 年的发展，内容包括尊重理性、个性和人格，崇尚平等、自由和民主，倡导科学知识、科学技术和科学精神等。当今，我们要在文化批评和文化建设中自觉地坚持现代化的价值指向，引导中国现代化和文化事业沿着健康的轨道向前发展；要以中华优秀的理性文化传统为本位，以当代世界各国先进的科学文明成就为前沿，全方位地审辨和吸纳人类各主要文化传统体系的特殊贡献，在平等对话、自由交流、综合创新过程中，建立广泛的理性文化联盟；要正确处理人类终极价值关切境界与现代理性主义文化之间的矛盾与张力，以及正确解决传统与现代两种理性文化的关系问题；必须在学术积累、思想创新、科研水平、人才培养等方面做长期细致工作，为实现学术研究发展的自律化、规范化、民族化，为形成学派以及学风多元化和学科建设的专业化、综合化的局面提供良好的学术环境。我们在 21 世纪要弘扬的理性文化，要以技术理性、形式理性和人的主体性为核心。创造适应现代文明发展功能要求的，以自主、自律和平等为价值取向的文化，就不能跟着西方后现代主义、后殖民主义思潮而盲目反对西方文化。正确做法应是充分利用西方先进科学文化成就，真正做到从民族现代化发展根本利益出发主动取舍西方高度发达的现代理性文明成就，使东、西方文化体系共同走在一条相互尊重和理解的道路上，为解决人类面临的共同问题（诸如生态、资源、人权、和平、发展）而确立 21 世纪各方认同的文明价值尺度。这才是正确对待中国文化在 21 世纪地位的应有态度。

（原文载《东南学术》1999 年第 2 期）

康德哲学的现代性旨趣

当今，为什么一些有着世界性影响的哲学家，如福柯、哈贝马斯、利奥塔，都对康德哲学投以关注的目光呢？答案是：康德（1724～1804）作为18世纪下半叶至19世纪初伟大的思想革新者，其哲学对21世纪的现代人类仍有重要启示作用。在今天，对康德哲学的现代性旨趣做一点探解，也许是我们纪念这位哲人的最好办法。

什么是现代人的价值之源

按德国思想家哈贝马斯的界定，现代性从思想模式向度看，指的是人文主义通过史无前例的对人的自然力的强调，摧毁将宇宙、人和超验因素结合起来的传统综合，使人成为意义的唯一来源，自然降低为客体，经验代替了超验和先验，人的理性为自然立法，一切都要放在理性的审判台前。① 哲学意义上的现代性，主要指的是一种态度，而不是指的一个时期、一个时间概念；它指的是一种与现代现实相联系的思想模式和感觉方式、社会的精神气质。

康德哲学具有现代性旨趣，根本在于：它对人的问题的理解超越了对

---

① Juergen Habermas, *The Philosophical Discourse of Modernity*: *Twelve Lectures*, translated by Frederick Lawrence, Cambridge: Polity Press, 1987, p. 1.

人与外部条件的关系等前提性的考察，而直面人本身；它以个体的人及其存在为对象，追问人的存在之根。"人是什么"是康德哲学的最终主题。康德对于这个问题的探索，是直指人的价值之源的，并归结为两个概念："理性""自由"。

在康德学说中，人类"共同"力量的源头是理性。康德从真、善、美的高度，系统、深刻地批判与反思了理性的能力，也论证了理性的能力所在。在康德看来，哲学面对的是文明的世界，而不是自然的世界，所以哲学离不开理性；这个世界是有"法度"的，理性就是要为这个文明世界的成员分配适当的"权限"，使各个成员安居乐业，各得其所。康德第一次完整地描述了"理性人"的心理结构包括"先验时空形式"、"先验逻辑范畴"和"先验理念"，它们构成"纯粹理性"；而"理性人"的局限性则是没有能力认识自在之物。康德的结论是：人不仅是具有"纯粹理性"的"理性人"，人还具有对自在之物的实践信仰（即具有"实践理性"）；而在"纯粹理性"和"实践理性"之间，人类还具有判断事物的"判断力"，即审美能力。康德哲学十分注意把握的一个角度是：人的理性在脱离了自然状态进入文明状态后，如何行使自身的合法权利。这可从科学认知和伦理两个方面来看。在科学认知方面，理性行使合法权利，表现在它具有知性的建构能力、认知的范导能力以及相应的先验逻辑范畴与整体性的认知理念。正因为如此，人们才有根据做出种种具有普遍必然性的科学知识论断。在伦理方面，康德认为，理性的道德律独立于感性活动，它能够为"自由者"立法，建构一个自由王国；道德伦理问题也可称为"实践理性"问题，"实践理性"优先于"纯粹理性"，"纯粹理性"解决不了的问题可以通过"实践理性"来解决。这方面所依赖的，主要是实践理性的意志自由的公设，而意志自由是"最高的善"。通过对人的认知方面与道德伦理方面的考察，康德强调，理性是知、情、意"三军"的最高统帅，具有最高立法权。从而，康德哲学剥夺了上帝作为立法者的地位，这对基督教的基础无疑产生了极大的震撼力。康德思想反对蒙昧的、迷信的主体意识建构，他以哲学的深刻方式探究人的现代的观念、思想与行为方式及其如何适应社会发展的问题，这些在当代仍有启示作用。

自由是人的姹紫嫣红的始在家园，也是现代性的核心。自由，在现代性中，并非指的是手段，从根本上说是目的。表现为理性的自由、科学的自由、自我决定的自由、自我实现的自由。康德高扬自由的价值，从哲学意义上确立人的自由本质的观念，确立自由是人环绕的最终枢纽，从而树立人在世界中享有的自由地位：人是目的。这是承认人的尊严的问题。康德的先验自我意识是具有实践意义的、普遍的、能动的自身规定的意志，这是近代理性的自由意志概念的真实表达。康德表明，在实践与自由二者中，他更看重自由。康德特别高扬自由意志的价值。个体的人有了自由意志，有了主体性，便可以做自由的价值选择与行为选择，而不必依附他人的意志与权力。这样，人的尊严、价值与目的性的意愿，也真正得以体现。康德通过哲学来论证人的尊严和人的自由，使哲学承担了一个重要职能。康德的这种自由观不仅具有历史意义，而且指向更新更高的时代，以至成为未来时代的要素而可以组合于新时代的人类生活之中。当今现代化中的"问题"，表现在社会生活的各个领域和方面。这些问题当然不能完全归结为人的自由问题，因为它还与生存与占有的关系、效率与公平的关系、物质生活与精神生活的关系、科学精神与人文精神的关系、市场取向与价值取向的关系、可持续发展与人类中心主义的关系、交往普遍性与民族性的关系、霸权主义与反霸权主义的关系等问题密切相关，但其中所蕴含的问题的一个基本面——人是什么、人应该怎样生活、怎样才能创造性地释放和运用人所具有的巨大能量等问题，则与人的自由问题不无关系。这是现时代源于现实却又从现实中抽象出来的问题，属于现代哲学应当特别关注的问题。

无疑，从哲学意义上理解现代性的人的价值之源，我们可以看到：现代性从根本上说是人的现代性，而现代性的人应有两个基本素质，即其思维与行为方式应以"理性化"来规范，其权利观应以"自由化"来规范。这些基本点恰恰可以从康德哲学的"理性"与"自由"中寻找灵感。从某种意义上可以说，理性与自由构成现代性的人的价值之源的最重要部分。现代的人，必定以人的方式生存，并自由地追求自身的发展。这种追求，随着实践能力的增强、生存条件的改善和主体意识的觉醒，是逐渐从自发转为自觉的。实践活动与人之间的自觉和互动，构成整个人类历史进程的动力。当这种互动发展到一定阶段，即一方面实践创造了一定的物质、制度和文化条件，另一方面人的主体意识对生命本真的体悟达到相当程度时，便有了人的发展的自觉要求的理论。人的发展作为人的理性自觉的价值取向，既是现实生存状况的反映，是基于生活实践的经验性判断，又是人作为主体的自觉意识的内在要求，它以人对自身自由的基本理解和价值预设为前提。人应当在现有客观条件的基础上确定自己的发展要求、目标和途径；同时人的创新思维更需要自由的主体意识，特别是"诗性意绪"——想象力，这一点在 21 世纪更显重要。总之，从现代哲学意义上理解人的价值之源时，康德哲学的启示作用至今仍然不可忽视。

如何认识人的现代存在境遇

康德以哲学的深刻方式，探究了人的观念、思想方式与行为方式应如何适应社会发展的问题。康德反驳了某些哲学家试图从所谓的自然状态中来发现人性本善的做法，而认为人性既有向善的方面又有趋恶的倾向。这些是对人及其发展问题的根本性研究。它告诉我们，对人的发展问题的现代性研究，应既对具体现实状况做分析，又要在理论层面做剖析。

当今社会的现代化，无疑为人的现代性提供了新的平台，给人的发展带来了新的挑战，总的来说，人的发展与社会发展的良性互动是有利的，但在现实中，二者也会有矛盾。这便促使西方一些哲学家反思西方现代化问题对人的负面影响以及人的现代性境遇问题。无论是海德格尔"人不是存在者的主人"的论断，还是福柯的"人之消亡"的命题，抑或是德里达的反"逻各斯中心主义"，都体现了西方现代哲学家对人的存在境遇、生存前景的深度忧虑与关注。同样，在中国现时代的哲学研究中，也不能不涉及对人及其发展问题的根本性、总体性的研究。显然，我们今天追求的现代性并不是片面化的现代性，而是反映时代要求、具有丰富内涵、符合社会全面进步和人的全面发展的现代性。我们对现代性问题应有高度的理论自觉，从而更清醒地认识人类的现代存在境遇。

当今世界，普遍存在对虚拟世界的迷恋和对理性的冷漠，偶然原则、赌者原则、机遇原则越来越被人所重视，于是，抛弃理性"权限"（标准）成为一些人的思维定式。无疑，这会产生严重后果，包括心灵的异化、社会心理和个体心理的不健全、意义功能的消融等等。现代有着世界性影响的哲学家关注康德的原因，也与此有关。在当今中国国内，公共的"善"

已深入人心，它已成了一种"公共理性"，是现代性在我国具有合法性的深刻体现，是我国现时代人的理性化问题的焦点。它使中国社会在根本性的观念与规范上有本可依。因此，当今我们的思想文化建设、哲学建设，要让这种"公共的善"更加深入人心并不断被赋予实践，使之成为中国人民的"公共正义"观念、道德的底线、价值的源头。这也有助于人们在新的视点上关注价值与理性问题，关注 21 世纪我国现代化发展与人的发展的良性互动问题。

什么是现代哲学的形上境域

对那些不是来自经验、观察、实验这类经验之途的法则，康德认为它们是先天出自我们心中的。康德的这一思维路向，是希图为全部形而上学重铸基础。在康德看来，基于观察、实验的方法而提出命题意义的可证实的原则，固然有助于在经验范围内辨别与扫除那些无意义的命题，但这种做法并不适用于哲学，甚至对于哲学思维来说是有害的。因为，哲学思维的性质是要探寻事物的形上之理。这种探寻，与科学探寻一般事物之理，是完全不同的。哲学思考，主要是反思。哲学反思，并不是为了探寻事物的某种规律，而是要把握全局性的价值理论和规范理论。这种反思便是形上境域的反思。总之，哲学的学科本性决定了，它要探寻的是事物的形上之理，而不是去探寻一般事物的具体之理。康德在其理论中，严格限定"知"与"思"的对象域："现象世界"是可以经验的，因而属于科学认知（"知"）的对象；而"本体世界"（信仰的世界）则是不可经验的，从而无法验证其真假，因此属于"思想"对象。这个"本体世界"（信仰的世界），包括道德、自由、宗教的世界，在康德看来，它是不可知的。但是，不可知的本体世界并不是不可以"思"的。康德思维方式当然有着纯形式的"我思"的偏颇，但从其哲学精神看，倡导要从经验惯性思维、神学思维的束缚中解放出来，向自觉的理性思维转变，它实际上也是高扬了人的一种起于自身的创造力，显示了一种生生不息的生命力，有其闪光点。它也内蕴着形上境域中价值思维（如追求人生更高境界）的一些长处。无疑，康德哲学在开拓现代哲学的形上境域方面是有独特贡献的。

人的存在既是物性的存在，也是精神性的存在；人作为存在物的特点恰恰在于，通过精神性的存在去超越物性的存在。因而，人作为生存者，要确立起自我理解的维度，必然要在精神现象层面上确立起一种自在的根据。但是，人们在日常的理解中，往往忽视了人的精神性存在的维度，而习惯于将人的物性存在视为人的唯一存在。正是基于此，人们便以为，纯粹形而上学是与人的生存无关的。这是一种很大的片面性。其实，人的精神活动本身，就是一种无法回避的生存事实；形而上学可能是抽象的，但并非对人的存在毫无意义。这里也涉及哲学性质的一个重要方面，即哲学思维应具有未来性。其实，全部哲学都是在回答未来会怎样和应该怎样的问题。形而上学问题的本质也是未来问题。未来是哲学进行意义追问和价值评判的逻辑支点。哲学本身的未来性，决定了哲学总要有形上之思，总要给人希望，为人指明未来之路，因而它才是自由之学、希望之学。未来，是哲学思维开拓发展的生长点和哲学理论建构的重要基础。因此，从现代性视觉来理解，康德哲学的确启示我们，全部哲学，包括现代哲学境域中，都含有未来形上学的一些要素。

如何开启现代哲学的形上境域

沿着康德的思路，100多年来，西方的思想文化发生了深刻的变化。这一变化，对西方2000多年来的思想文化传统提出了尖锐的挑战。西方的逻各斯中心主义的樊篱正在慢慢地坍塌。100多年来的西方哲学，人文思潮不断涌动。尼采对哲学、宗教、伦理等领域做了泛文化的整合，将逻辑思想完全置诸脑后。弗洛伊德对性文化做了剖析，大力推广精神分析方法，把人类文明统统溯源于本能的境地。胡塞尔倡导"生活世界"，从而将一切所谓文明史的硬性成果束之高阁。海德格尔消解哲学、美学、神学，崇尚真思，这从本质上动摇了旧的形而上哲学的霸主地位。再有，福柯对话语权力的越界研究和对知识考古学的高度重视，表明了西方文明的权力主义实质。还有，德里达蔑视传统学科分类，利奥塔对碎裂话语的器重，等等。它们都宣告了新话语游戏的开始。哲人们的思考反映他们对外在世界的敏感和对人的内心的审视。他们对宇宙及生命本真的体悟的特色在于，都深入于前概念、前逻辑、前反思的世界之中，都深入于"生活世界"。就其变迁的态势而言，这些哲学足以表明，对真、善、美、智的理解，应突破传统树式的思想框架，应加入更多的飘逸想象、隐潜性思考；表明哲学一方面描述认识界限，另一方面又总想超越这些界限；对哲学应有多层面剖析。换言之，现代哲学思考，应是对人文与自然的沟通、对隐性与显性的翻转、对文明与非文明的错位、对静态与动态的调节、对文学与艺术的通合、对人性与物性的透解。新的哲学境域正在开启。在这一开启过程中，要批判地继承康德关于感性现象的丰富性及其所具有的知识与道德、必然与自由的优越性的思想。康德追求真、善、美、智的精神，提倡升华诗性、拓展思维，这些都是当时的哲学新变精神，其中一些思想在今日仍有启示性。

在打开新的现代性哲学视域的过程中，马克思主义哲学走在了前头。马克思把事物、现实、感性当作人的感性活动，当作实践并且从主观方面去理解，从而真正超越了知识论哲学的思考路向，也让哲学真正重建了"对象性"关系。马克思所重建的人与自然界的"对象性"关系，是一种生活的、生存的关系，而不是抽象的关系。马克思展现人与自然的原初关联，"感性的活动""对象性的活动"，建构实践的唯物主义哲学的存在论基础的枢纽。马克思创立的唯物史观中，人的发展是其理论核心。在马克思看来，历史进步是社会发展与人的发展相统一的过程。唯物史观把"从事实际活动的人"当作其理论的出发点。在当代，马克思主义的世界化，遵循着存在论的原则和以人为本的原则，并以强调各民族文化的合理性和各民族人民选择发展道路的特殊性为前提。马克思主义在世界范围内的民族化和多视觉化，是人民选择马克思主义的自由的深刻表达。正因如此，马克思主义哲学世界化的进程中必然会出现不同哲学传统之间的冲突和交融，也必然会形成世界马克思主义哲学错综复杂的横向联系。以人为本的马克思主义哲学的世界化必然随着世界历史的变化和人的活动方式的不断更新，而让自身的提问方式和研究方式呈现为不同的发展阶段，这构成了世界马克思主义哲学的纵向联系。在马克思主义中国化方面，自"五四"以来，中国所面临的时代问题要求中国文化必须在思想层面上对于诸如历史发展目标、社会行动方式、哲学形上方法等重大问题做新的理论阐释。这种新的阐释既要能反映传统文化根基，又要加入新的思想资料；既要与中国传统文化中的先进内容相合拍，又要能够救中国于时代的水深火热之中。"新青年"们正是基于此种考虑，选择了马克思主义。中国文化对马克思主义的接受，并不是简单的、被动的搬用，而是一个复杂的意义转变过程和结合中国实际的主动解读过程。这也就是马克思主义中国化的过程。这一过程，在学理层面、形上层面、体制层面、活动层面、方法论层面等，都存在马克思主义（及其哲学）同中国传统文化（及其哲学）相结合的路径问题，其中有曲折，有经验也有教训。从 20 世纪 70 年代末以来中国的哲学走向看，我国马克思主义哲学的发展已经基本上走出了传统教科书的体系模式。一个具有当代高度和中国特色的马克思主义哲学形态正在酝酿之中。展望 21 世纪的中国的哲学发展，一个关键问题便是，继续围绕着本体论与认识论问题、历史观与文化观问题、政治哲学问题等提问、争辩和融合，显示"以人为本"的人文性，显示现代中国的合理性与生命力。21 世纪，要关注马克思主义中国化的一些前提性问题、判定中国化成功与否的标准问题、理论研究的视角问题，其中有哲学的形上问题。对这些问题，仍然要在坚持中国气派和风格的基础上开展各种理论的动态性交流。要注意把人的自由而全面发展的问题切切实实地作为世界观的一个基础问题来加以研究；也要努力促使对各种现代形而上哲学问题研究的进一步展开与深化，并加深对外来的哲学思潮演变为中国自身的哲学思潮的实质的理解。我们要从中国传统哲学，如老子、孔子的丰富思想那里，从西方哲学，如康德、黑格尔哲学乃至现代西方哲学对中国的影响那里获得启示。中国 21 世纪现代性哲学的境域，可以从上述方面加以开启。

（原文载《中共福建省委党校学报》2004 年第 12 期）

哲学境域中的时间观审视

在人类社会的各个时代，人们追问时间问题的思考从未停止过，历史上关于时间观的哲学审视异彩缤纷。哲学境域中，不同的理论视野，往往对时间问题有不同的理解。在当今，哲学境域中的时间观问题，仍然值得我们思考。

一

古代的时间意识，往往强调的是"天时"，它是"自然时间"观，即按照自然界里发生的物质运动的状况来理解并阐发时间问题。这种与人的主体活动相分离的"自然时间"观，不可能显示不同社会形态中时间概念的历史差异。随着社会生活的有序化，古代人也逐渐注重与生活节奏相适应的"人时"，但这种关注仍脱离不了线性时间观的制约。近代社会的发展，使得时间的优先性颠倒了自然经济社会的空间优先性。如康德，他对时间问题做了形而上学的阐明，即时间是先验给予的。他还强调，一切事物只有通过被观念化为具有感性直观形式的时间才能成为现实，进而才能被构造为自身同一物。在近代，"时间性"成为社会发展的标尺、资本拓殖的标尺，成了反映工业文明时代的时间境域的特征；生命的自由意念也在近代哲学家的时间观中得到了哲学的理解。

即便近代一些哲学家获得了比以往新的时间意识，却也只是使时间观从天体回环运动的自然本体论模式中解放出来；由于执着地认为理性是超越自然的唯一根据，因此他们关于时间的观点仍在线性史观和理性决定论的旧本体论时间观范围之内。比如，康德认为，时间使历史过程具有因果性、规律性，而历史是一个本体结构，历史中的人是理性的存在者；理性的最根本意蕴是赋予人以存在的自由，这是人超越自然的唯一根据，也是人的生命过程成为历史（时间是历史的属性）过程的最后原因。总之，在康德的哲学境域中，时间问题是理性问题。黑格尔哲学中的时间观问题，则与"绝对精神"问题相联系。在他看来，只要绝对精神还没能真正把握自己的纯粹概念，它的命运和必然性就只能受时间必然性的制约；而一旦绝对精神把握了自己的纯粹概念，这时绝对精神虽然仍然离不开历史，但已在时间之外了。黑格尔用超牛顿物理学的眼光来看待时间性问题。他认为，法国大革命真正是世界历史的，它实现的自由目标证明了"世界历史"不过是"自由观念"的发展。黑格尔哲学关心的是"观念"在"世界历史"的明镜中照射出来的光辉，因而十分强调，"世界历史"本是"精神"的发展和实现的过程。他把这种认识称作真正的辩证论和真正在历史上证实了上帝。因而只有这一种认识才能够使"精神"和"世界历史"同现实相调和。黑格尔在论述这些问题中，虽然看到了自然必然性的历史的死亡或终结，意味着人的历史的真正开始，肯定了人通过劳动而收获历史的可能，但他不愿将这一收获看成是"暂时的"。因此他最终仍然没能将精神、历史问题与时间性问题真正联系起来，所以仍无法从本体论的时间观中走出来。

二

马克思哲学如何审视时间问题呢？

马克思让时间问题从旧的本体论的时间观中解放出来。马克思善于把历史的方法与特定的时间问题联系起来，并赋予时间以主体性和价值选择的功能。马克思确认，历史是在特定的物质条件下进行实践的人们连续建构起来的，时间是与实践相关联、为实践而存在的，时间是人类活动的基本形式，它表明实践活动的持续特性。在马克思的学说中，人的实践活动是一种对象性活动，它逗留于现在，却源自过去，并着眼于未来，从而体现时间性。马克思深刻地把握着时间性的本质。在他的学说中，历史性恰如其分地梭巡于确定原则和灵活方法之间，使历史与时间紧密相连，体现了历史性在于它的时间性；历史性和历史传统是理解的前提；时间通过对历史的抽象和总结而体现为"时间性"，并融入历史之中；历史作为事实，在时间的流动不居中展现自己的骚动不安，展现自己伤感的叹息、游移的焦虑、谨慎的沉思；而所有这些，又因为时间性的永远伟大和正确而变得平静、自然。

因此，马克思的时间观是"社会时间"观。它以人的生产实践活动作为出发点。马克思说："劳动是活的、造形的火；是物的易逝性，物的暂时性，这种易逝性和暂时性表现为这些物通过活的时间而被赋予形式。"[①]当马克思把社会劳动时间作为价值的统一尺度时，他关注的是时间性问题上的超越，从而深刻揭示资本统治的必然的历史逻辑。在马克思那里，正如世界之丰富多彩，众态共生，时间也是多层次、多样化的，呈现与历史发展相应的层次结构。从而也就表明，马克思的唯物史观非常注重把人类史和人类的实践特征真正联系起来加以考察。

在马克思看来，历史一方面表现为特定的、为现实的人们所继承的物质的生产方式内容，另一方面又表现为处于流变之中的"暂时性"。这个暂时性作为历史的特征，作为历史的曲折踪迹与走向，它并不是作为本体论而出现的，而是和人的实践联系在一起的。从而，时机与时间在商品生产和商业中是最为重要的。显然，这和现代工业文明之中人们的时间观相吻合。当然，从另一个角度看，由于工业文明过分地使真正的自然界退隐或消失，所以当今的人往往从生态文明角度来批判导致这种状况的工业文明。但仍不可否认，工业文明以来，人类真正驾驭时间才成为可能。更重要的是，我们要看到，马克思的思考，以形上与形下的互动为前提，并展开为对实践的统一性的追求，来开展他的社会时间观的论述。他关于时间是人类实践表现的观点告诉人们，历史不是任何形式的线性延展，不以任何假定为前提串联"事件"的结果，恰恰相反，非延续性伴随着延续性，才真正是历史的演进。因此，生成与消逝，是历史演进中常常出现的现

---

① 《马克思恩格斯文集》第 8 卷，人民出版社，2009，第 73 页。

象。近代历史也证明了：工业的实践创造了人在其中居主导地位的新存在，使得财富的主体不再是外部自然的结果（"自然财富"），而是人的活动的结果（"社会财富"）。可见，虽然马克思眼里的实践主要是工业的实践，但在马克思生活的时代，工业实践也是一种新的存在，工业社会中的人也是一种新的人的存在；马克思善于把握历史深层的发展趋势，所以能够敏锐地看到，建立在工业文明基础之上的资本主义的不断发展已把时间观从空间观中解放出来，并且通过将时间问题与雇佣劳动问题相联系，马克思实际上已深刻提示了，由于资本自身的全球扩张，时间观念也必然不断地在全球范围内发生符合时代精神的变化。

三

现代哲学家如何审视时间问题呢？

生命哲学的倡导者柏格森认为，存在于时间之中的、不断运动变化的"流"，是一种"绵延"，是真正的实在，它是心理的而非物质的，是时间的而非空间的。正是这种时间上的心理的"绵延"及其活动，构成了宇宙的本质，这种本质又是一种不可遏止的、不可预测的生命的冲动。生命哲学提示了生命过程本身的重要性，强调了人的主观体验，强调人通过内省而达到的主观世界在存在中的本体地位。在柏格森的生命哲学中，过去那种被认为是"纯客观"的"时间"不见了，自然时间受到贬抑，变幻不定的心理时间受到关注。在爱因斯坦相对论那里，时间和空间是随物体运动速度的变化而变化的，时空弯曲由质量分布所决定。时间与空间也不再互相独立，而统一为整体性的四维时空连续体。这一观念变革，导致人们对时空结构具有全新认识，导致整个科学体系规范转换。从此，时间被认为是可逆的、运动的、相对的。接着，在量子力学中，时间既具可逆性，又具不可逆性；任何活的系统，包括人，是具有破缺的时间对称性的；而当观察者控制某个系统时，就会将自身的不可逆性传递给系统，并渗透到对象之中，打破对象原有的时间对称性。

胡塞尔的哲学时间观也富有特色。他把时间理解为"运动着的河流"，但又把现前域看作时间中的中心点，这在某种意义上说是忠实于亚里士多德传统的。胡塞尔的贡献在于，通过意识分析，突出"内在时间"意识，进而将意识的时间性构成作为一切构成问题的基础。胡塞尔的生活世界理论强调，生活世界是最根本的知觉和历史经验结构；普通的人类实践与知觉是生活世界的中心。在他看来，任何科学都可以还原为生活世界，知性的明证性的根源在于生活世界的自明性；正是因为对生活世界的自明性视而不见，知性才成为一种与生活样式相疏离的外在的东西并且成为当代人类精神生活的一个危象。胡塞尔的这一揭示对于哲学来说是十分重要的。因为他揭示的是人类与周围物质世界相互作用的原理，揭示的是知觉在人类认识中具有基础性、出发点的作用。他强调，对他来说，那种在时间形式中发出的事件，未必就是历史；虽然历史必定是时间上的过程，但时间的过程如果不能挖掘出历史变迁的元素，那时间就不一定是历史。胡塞尔关于时间问题的哲学审视，是面对现代时间之谜而做的深刻的思考。但是，胡塞尔从现象学视野出发，仍然难以从总体上把握真实的存在；他的"先验发生学"因囿于自我意识的内在性，而必然导致他的认识论模式是由"最终的意识所予"；从而，时间在他的理论中又只是做了形式上的考察。这样，时间在他那里依然是一个先验的概念。

对于胡塞尔的学生海德格尔来说，"现在"固然包含着"过去、未来"，但"过去"也孕育着"现在""未来"；立足"未来"，"现在"也为"过去"；立足"未来"，"看"到历史的"轨迹"，但这个"轨迹"是"自由"的"轨迹"，显示出来的是一种"可能性"；人们对于"未来"的信心，来源于这种"历史""可能性"的觉悟，这种"可能性"保护着人们的"自由"。以自我意识和知觉为中心的海德格尔哲学强调的是，"此在"实际上是自我的具体时间感和空间感，只有那能够"思前想后"的"人"，只有那自身"自由"的人，才能——才有能力听到"历史"的"脚步"，得到"时间""流程"的"消息"，"掌握""历史"的"命运"。当海德格尔把时间阐释为使对"存在"的任何一种一般性领悟得以可能的境域时，他便在存在论的意义上阐述历史与时间紧密相连的问题了。他对时间的讨论虽然仍在本体论中进行，但展示了更为深层的提问方式。他以这种提问方式来塑造自己的理论，强调过去、现在及将来这种时间的先后顺序对于"时间性"来说是无效的。当海德格尔肯定存在就在时间之中时，他便是肯定现在，肯定当下的存在。当他说时间的基本现象是将来时，他所肯定的也只是现在的暂时性。海德格尔常常追问，什么是历史性地存在？在他看来，历史性地存在是思考的潜在起点，它是时间性的经历，是"有"的过程，也是"无"的过程，时间性过程因而也就是这样的"有无""生灭"的过程。他肯定人的日常在世方式（当下性）之"烦"——作为与外物发生关系的繁忙和作为与他人发生关系的烦神——的"境域"的"时间性"具有三个环节：曾在、将来和当下。也因此，时间本身便不是一个均匀地流逝着的存在者，而是不断涌现、不断出现、不断"到时"的"存在"。他的"时间性"，是"本真的""在"或"有"的时间性。由此，他认为，当下存在者的创造过程平息了人的生存悲剧（技术理性之下此在的荒谬性），而此在的历史性消解了似自然性的牢笼的合理性；并且，与流俗解释的斗争也使此在的人的存在获得了意义。海德格尔对此在的分析，以及进而展开的对存在意义的探讨和从存在的历史的本质来思考新时代人的"无家可归"的状态，确实是对时间观问题的全新的哲学探讨。海德格尔在《关于人道主义的书信》中，还肯定了马克思时间观点的优越性，扫荡了胡塞尔、萨特等人对时间领域研究的浅见。显然，海德格尔已把历史意识与世俗生活的时间意识，与自然科学的时间模式区分开来。此外，海德格尔实际上已意识到：一方面，哲学是始终不能从历史性中脱离出来的，哲学对存在的理解活动是一种历史的活动、一种历史性的基本状态；另一方面，当哲学用生成性的目光与态度来审视"现在"时，"现在"也就是对当下存在的领悟得以可能的境域。这是一种深刻的哲学式的时间意识。

海德格尔的审视，其意在于，要从历史中见到当代，见到当代社会观念、存在形态的历史渊源；要通过时间的视域追问存在的意义，从而让存在湛然澄明。这样的审视可以使人不至于在凝固的时间的迷惑中忘却哲学思考的本意，不至于在对历史遗留的文本的解读中忘却文本的当下意义增值。这些观点具有合理性，且可以认为是马克思的哲学时间观点在新的时代条件下的彰显。当然，由于海德格尔的时间哲学过分强调废除科学知识，所以，其精神深处仍然缺乏马克思所具有的那种历史哲学的宏阔视野以及人类视野的整体性关怀和高屋建瓴的科学理论追求。

四

哲学境域中时间观的审视启示我们，"时间实际上是人的积极存在，它不仅是人的生命的尺度，而且是人的发展的空间"[①]；时间是人的自由得以实现的必要条件，因而人的自由或"人的积极存在"正是以人实际上可以自由支配的时间为基础的。因此，也可以说，自由与时间是不可分离地联系在一起的。从这一视角看，时间性来自人的创造性，时间性是人的展开状态和主体改造现实的实践的体现。在价值和意义世界中，时间性不是单一规定和绝对的。构架于人类实践活动和文化创造之中的时间性经历，也构造文化价值的意义性象征。由于创造价值和意义的实践活动就是创造时间、表达理想和超越性，所以人们会深切地体会到，时间的本质就在于对生命的内在发动中。在这个意义上，我们说，时间就是生命，就是创造，时间意味着新鲜事物连续不断地产生。从而，时间具有了真正超越性的意义。马克思说过，理想主义不是幻想，而是"宇宙的真理"，这里包含着对理想的时间和空间的定位：人所创造的理想世界，是从可能中选择现实，它也使人类从中观察到自身的未来，反观人类的现状；理想，表征着人类文化和历史进程的时间连续性，它引导着人的文化价值和意义世界的改变和发展，体现着人在时间性问题上的创造性。

哲学境域中时间观的审视也启示我们，要从整体及过程的视域中考察时间；要既对历史过程进行客观分析，又对历史过程进行主体性分析，如福柯所认为的那样，历史只属于社会实践。当我们理解当代哲学视域中的时间定位的问题时，应更加注重宏观知觉领域的转换，更加注重文化社会的变迁对人的知觉世界的影响，从而更多地体味"与时俱进"的深刻意蕴和我们当下的时代气息和文化氛围。"与时俱进"，可以通过理论与时间的存在样式的关系来解读。因为，任何有影响的理论一旦产生，便进入了历史性的时间之流中，交付给后人去阅读和理解，并且在与后人的对话中不断延续和增加其意义。这一过程永远不会终结。这也就是通常人们所说的

[①] 《马克思恩格斯全集》第37卷，人民出版社，2019，第161页。

"传统"。传统不仅是历史的，它更重要的是面向未来并对未来有所期待。传统的意义是在理解者和原作的双方面对话、双向交流中产生的。传统不是静止凝滞的，而是不断生成流变、不断自我超越的。不妨说，传统不仅是一个"名词"，它还是一个时刻保持创造态势的"动词"。很显然，从一定意义上说，传统也属于社会实践。

哲学境域中时间观的审视还启示我们，人是历史的存在者，而在历史的存在中，一切都是暂时的，包括人在内，所以，对于每一个人来说"我是谁"这个哲学问题，若从时间维度上看，至少可以划分为"我过去是谁"、"我现在是谁"和"我将来是谁"。也就是说，在时间的维度上，每一个人实际上并没有固定身份。具体个人的存在，始终面对着历史时间和当下时间的尺度，二者并非没有联系，而是以整合的方式杂糅为每个人的具体的时间性存在。每个人历史的与具体的存在，构成了每个人存在的内涵。这使人的真实的当下的时间生存与人的历史性的时间生存相契合。正因为主体和他的世界总是存在于历史的与当下的时间之中，同时有其未来，所以现代时间观要求人们：要将对"现在"的直观转换为对"未来"的追求；并且，随着时代的发展、形势的变化、生存的需要，人要不断做历史的总结和现实的判断，同时对将要承担的事情和从事的事业做必要的判断。要让人的真实的当下的时间生存与人的历史性的时间生存相契合，让主体和他的世界有机地统一于历史的与当下的时间之中，让主体更好地面向未来世界。人要正视历史，珍惜时间，只争朝夕，自强不息，让生命在人类发展的进程中更多彰显出意义来。

（原文载《中共福建省委党校学报》2005 年第 9 期）

科学问题的价值观审视

  科学是探索自然奥秘的事业、人类的一种基本活动。科学追求人类幸福，关心人类命运，是一种社会活动、社会性事业。在伟大的科学家那里，在为人类造福的科学研究中，价值观和真理观是统一的。对科学中的价值观问题，笔者做如下审视。

  科学内含着造福人类和推动文明进程的价值。在人类历史中，科学文化的价值和人文文化的价值分别主要与物质文明面貌和精神文明面貌紧密联系，但两者间没有一条截然的分界线，而是相互依存、相互补充、互为条件，形成一个综合体，共同建构具有理性与人文特性的社会生活，共同推进人类文明的进程。科学坚定地立于实验的基础上和人类的理性经验内部，勇于承受原则和方法之间的张力；它又是人类实践活动中的最强有力手段、最伟大的工具。科学作为知识体系，它在本性上不是个人主义或超验的。科学家以造福人类为己任，他们对自然界的方方面面的研究，形成了各种门类的自然科学，大大增强了人类认识、改变世界的力量，充分显示了"知识就是力量"（弗朗西斯·培根语）这样一个真理。科学从来都不在于它有一个完美无缺、一劳永逸地解决人类一切重大问题的根本途径，而在于它能不断地提高解决现存问题的能力；不在于它可以彻底克服自己活动的盲目性，而在于它能不断减少这种盲目性。从最高的意义来看，科学的发展既同人的自由联系在一起，也同人的解放联系在一起。无论人类从自然力中获得解放，还是从社会关系中获得解放，或者是从同这两方面相联系的思想中获得解放，科学都在其中起着关键性的作用，它无疑是"伟大的历史杠杆",是推动历史前进的"革命力量"。① 对于科学价值最直接、最根本、最深刻也最积极的理解和肯定,就是邓小平"科学技术是第一生产力"② 的论断。这个论断不仅是一个准确的事实判断,也是一个富于时代感和远见卓识的价值判断。在现代,科学技术革命与社会主义分别是推动历史发展的物质力量和制度力量。当代,科学技术已上升为生产力要素的第一位,意味着它在社会与人的发展中已经具有了第一位的根本价值。今天的人类已经将科学的手段功能发挥到相当高的程度了。而随着生活实践和科学技术的发展,可以预言,科学的伟大价值将更加凸显。人类将继续发挥自己的想象力和创造力,去深化科学的研究和应用,使之为人类服务的功能更为丰富多彩。人类必然在科学精神和人文精神的推动下,在新的历史条件下,与时俱进地更新价值观念、变革思维方式、提高道德水准。

科学把追求真善美作为自己的基本价值观。科学实质上是人类文化的一部分。它的体系是认知性的,话语是充满意义的。科学是智力意义上的文化,科学知识之真是毋庸置疑的,因为科学就是以求真为目的的事业。科学研究的方法原则上适用于一切求真的活动。当然,在当代,人们更进一步认识到,科学文化或科学知识在本质上并不是一系列既成的、被证明为"真"的集合,而是科学活动或实践过程的集合。因此,应当把科学或科学知识理解为"行动中的科学""实践中的科学知识",它们才是真的科学和真的知识。科学是人类学意义上的文化,表现着人性的品质和才能,科学活动中包含着至善。人们认识世界是为了改造世界,而这种改造,不管人们意识到还是没有意识到,最终将表现为对人自身的改造,所以,求真的活动本质上也是某种求善的活动。科学认识的善还表现为,科学认识与迷信和教条势不两立,与愚昧和偏见水火不容。科学知识的美也越来越多地为人所承认。人类的科学活动,并不停留在知其然的水平上,更要知其所以然。否则,便起不到改造世界的作用。所以,科学认识活动本质上就是一种理想性的活动,它常常表现为鼓舞人去求真的巨大精神力量,这就是美的力量。科学是一种为求美所激发的活动。爱因斯坦说过,他被自

---

① 《马克思恩格斯全集》第 25 卷,人民出版社,2001,第 592 页。
② 《邓小平文选》第 3 卷,人民出版社,1993,第 274 页。

然界向我们显示的数学体系的简洁性和优美强烈地吸引住了。他在科学生涯中常常独具慧眼、高人一筹，与他在科学研究中强烈的美感体验不无关系。自然是美的，为此，科学家们总是不懈地追求着自然秩序的和谐和宇宙规律的美，总是按照美的规律来塑造自己的理论。对真善美统一的追求，是科学家的内在本性，与之相应，真理性认识、价值性认识、价值性评价、审美性追求，既作为科学家满足自身认知需要的内在驱动力，又是他们实现自身价值的目标体系；科学基础理论的真善美价值既在于它能解释自然界中一大堆零乱现象的本质和认清潜藏其中的秩序的美，也在于能预言现象，以造福于人类和尽可能避免种种灾难袭击人类。科学基础理论中的概念有效地帮助科学家思考、探索问题，而当科学家创造或理解科学概念时，又常会借助于其他概念术语，并常常用隐喻来定义抽象的概念。隐喻问题，既是人的经验史问题，又是人的文化遗产问题，它具有美的价值。总之，科学家围绕科学基础进行创造活动时，并不是对世界所发生的现象只进行被动的记录，而是在科学研究过程中不断地体现着真善美的价值观念。追求真善美，使科学家们将自己对象化于科学之中，把自己的精神赋予世界，并在创造新世界中体现自己的本质。这样，自然界才真正在科学家眼中复活。这样，人才真正实现了自然主义，自然界才真正实现了人本主义。

科学研究活动的目的、方法、事实选择要受价值约束。法国分子生物学家雅克·莫诺说：科学家的唯一目的和至高无上的品德，既不是他的世俗权力和舒适，也不是"了解自己"，而是客观知识本身。这是科学界的一条严格的、有约束力的规矩。法国著名数学家彭加勒在《科学的价值》一书中一针见血地指出，对于真理的探索应当是我们活动的目标，这才是活动的唯一价值。科学目的中所体现的这些基本价值，是科学持续进步的动力和科学生命的真正源泉之所在。科学方法的一个总的原则是必须诉诸证明，包括经验归纳证明和理性演绎证明，以证明其"合法"性。所以，真正的科学成果或迟或早总会得到大量证据和论据支持的。格姆把诉诸证明视为科学区别于非科学的基本价值之一，认为这一价值是科学的真正优越性所在。科学中方法不同的诸体系都一致认定，不能无视不利的证据，这一方法论，其精神实质方面也涉及价值问题。因为，运用科学方法的是人，人作为科学认知的主体并非白板一块，前定的价值意向，如传统文化、道德因素等是要影响科学方法的运用的。科学研究活动中的事实选择同样受价值观的影响。这是因为，自然界的事实不计其数、纷繁复杂，科学研究不得不面临事实的选择问题，而这种选择是不可能排斥有价值倾向的人的主体性的。科学选择中的主体性，否定了事实的纯外在的独立性，变事实为科学认识的内在环节。比如，对事实的选择往往受人的实际的需要、好奇心或道德的影响。科学家们在做这一类选择时都要进行价值判断，这是否会使科学家偏离对真理的追求呢？不会的。因为，在科学中，事实判断始终是主要的，是基本价值；其他价值判断属于科学的非基本价值而从属于基本价值，因而对科学认知的影响很小。

科学理论评价活动中充满价值特点。对科学理论评价时，显而易见的要求是"符合事实"，这样才有可能获得客观真理。所以，爱因斯坦对科学理论的第一要求就是"外部的证实"，即理论不应当与经验事实相矛盾，这一要求涉及的是科学评价中最重要的必要的原则。但是，判定研究的问题是真是假，判定研究者的概念结构、程序方法是否合理与正确，仅用外部证实是不够的。因为，外部证实是一种归纳法的证实，它并不充分。而且，在某种情况下，人们也会用人为的办法补充一些"经验材料"来证实"理论"；有时人们也可以面对同样的经验材料来建立起几种形式不同的理论。这就必须对科学理论做严密的逻辑论证，同时要做科学评价和选择。当然，作为评价成果的意义也存在真与假、合理与不合理之分。真的意义不一定合理，假的意义不一定不合理；合理的意义不一定为真，不合理的意义不一定为假；况且，理论一般不能由证据直接推出，因而，在证据与理论之间常常存在裂缝，此时，就非常需要用价值来缩小证据与未确定的理论之间的裂缝了。总之，评估描述世界的科学理论，必然带有明显的价值评价特点。

科学的社会建制和精神气质中需要价值规范。科学的社会建制是指，科学事业是社会构成中一种相对独立的社会部门和职业部类。科学的社会建制中的价值，体现为科学家行为的价值规范，又与科学的精神气质相关。目的、理想、信念等，它们不属于实证范畴，不是科学所证实和证伪的，却又是人生和人的历史所非有不可的东西，当然也是科学家所非有不可的，它体现为精神气质。美国社会科学家默顿认为，科学的精神气质指的是有感情情调的一套约束科学家的价值和规范的综合；这些价值和规范被科学家内在化后形成了科学良心，它至少包括科学的公有性（科学是公共的知识，所有的人都可以利用它）、普遍性（科学知识不存在特殊权益的根源）、无私利性、独创性、有条理的怀疑性。科学的精神气质还通过科学家外化在知识产品和研究活动中。科学的精神气质与社会的文化背景互动，构成社会的精神文明的重要方面。科学社会建制中的价值，又是以科学的规范或精神气质为中心展开的，约束和协调着科学家群体的行为，同时引导科学共同体处理好自身与社会的关系、科学共同体内人际关系等。其中，渗透着价值判断和伦理道德观念因素。科学的社会建制和精神气质在维护科学的自主性、保证学术研究的自由以及基础研究与应用研究的均衡方面，在对科学资源的分配和调整、科学知识的传播、科学成果的承认、科学荣誉的分配以及反对科学知识的反价值（即被片面、邪恶的愿望所异化了的价值）运用和反对伪科学等方面，同样体现着价值。而从整体上看，这些价值必须有利于促使单个科学家更好地体现其人生价值，有利于各种不同的科学观点的争鸣和相互宽容，有利于科学家们大胆猜测、大胆假设和从事自由的研究活动。在这里，尊重是重要的价值内涵。科学活动中的互相尊重，意味着公正和应得荣誉的承认，也意味着在科学研究问题上犯错误并不丢人，因为这是由科学的本性和人的本性所决定的。

科学观问题从根本上说来是个历史观问题。任何价值都是指事物对于社会的人和人的社会的意义，都具有属人的、社会的性质，科学活动及其结果所体现的价值对人和社会的生存、发展具有无可比拟的意义。科学事业作为推动人类社会发展的伟大事业，它要由朝气蓬勃、有血有肉的人来完成，同时塑造着人；科学的发展和社会的进步又使人的价值得以更好地实现。可以说，内蕴于科学中的价值观是历史的和辩证的价值观，它致力于寻求科学精神与人文精神、科学理性与价值理性、功利主义与理想主义的统一。因此，科学中的价值观问题不仅是个科学学、科学社会学问题，更是一个历史观问题。认识这一历史观问题，对于中国人来说，可以说是刻骨铭心的。因为，1840 年的鸦片战争中，西方列强让科学的价值体现于枪炮之中，并以之打开了近代中国的国门。从此以后，科学问题在中国，汇聚着好几代人的屈辱与苦难、迷惘与失落、寻求与觉醒、保守与革新等。这是一个反省我们中华民族自身的历史、反省近代生存危机的时刻。100 多年来，科学的价值体现方式问题，也以厚重的历史沉淀将其深处的意义境域向中国人敞开。被中国人看作具有十足的生存性质的科学价值及其体现方式问题，却在 20 世纪 50 年代以后，通过具体实在的工业、技术、制度、观念等方式敞开了自身，显现了自身。如何借助科学，改变中国人的生存状况，一直令一代又一代中国人魂牵梦绕。对科学问题的思考、理解和阐释，乃至将"科教兴国"作为国策，将科学技术纳入"第一生产力"的范畴之中，证明了当代中国人对科学不仅是接纳，而且已对科学及其体现价值的方式问题做了具有原创性特点的回答。这一回答之于当代中国人，实质上又是 21 世纪生存可能性的召唤。接受此生存可能性的邀请，在时代的洪流中面对多元矛盾的生存方式，充分展示科学的魅力，从而在建设中国特色社会主义中以真正的创造性来实现中国人新的生存与发展可能性，是 21 世纪中国人的历史使命。

（原文载《中共福建省委党校学报》2003 年第 8 期）

马克思哲学实践观的审美意蕴

——以生存实践论为视角的解读

对于马克思来说，哲学不是形而上学的思辨，哲学作为人类的精神武器，只有不断地超越现有的、给定的视域，才能成为学识汇聚和理论前瞻的高平台。马克思站在实践的唯物主义的立场上，在研究不同的哲学问题时，有着不同层次和结构的视域、多面多维的理论语境，并根据实践和理论创新的需要切入不同的论域。而今，我们要正确解读马克思哲学，同样应当有多种论域。在笔者看来，生存实践论是理解马克思哲学实践观的一个现实论域。在这一论域中，我们发现：马克思基于人的感性对象性活动，从实践活动所开启的生存视界中而阐述的新的哲学观，将实践提升为哲学的一个奠基性范畴，不仅有助于使人的生存问题向人自身敞开，而且有助于体现哲学在对待人类生存问题上的理论自觉，并实际上导致了因获得生存论的向度而引来了审美意蕴的凸显。在这一论域中，马克思强调的是，要让能动的、感性的实践活动成为哲学思考的真正基础，要让自由自觉的、对象性的审美观蕴含于哲学实践观之中。本文以生存实践论为视角，对马克思哲学实践观的审美意蕴，做一些解读。

一

马克思从追问哲学应当如何面对生活现实的问题开始自己的哲学创造活动。哲学的本性是"智慧"，是认识和解决问题的原则、能力和方法。

这决定了哲学应当沟通形上与形下，蕴含着与其他思想、文化领域的互动，并面对生活的整体、社会的现实、人性的状况，把握世界对于人的存在的意义；它应当告诉人们，如何智慧地生存。因此，哲学不但要关切人类的终极目标，也要关切人类生存的总体状况。在知性化的西方哲学中，把握理性知识和理性能力是哲学的第一要务，哲学研究要以逻格斯为中心或以知识论为中心。在马克思开始哲学活动的那个年代，旧形而上学仍处于高高在上的地位。此时哲学的特征便是把超感性的理性概念化、逻辑化、永恒化为人的本体论追求，其方法是构筑"知性制式""先验预设"。既然如此，便意味着理性高于一切，历史的进步也就意味着富于理性的逻辑和数学等科学的进步。这样的认识意向决定了哲学家们忙于追问先验的理性究竟"是什么"的问题，即追究理性的本性或本质的问题。当然，这一终极性的思想活动也是人类所需要的，因为人类总是要追求理想和根源性问题的。但哲学家们依然被这样一些问题所困惑。第一，人们的生活是活的、创造性的，有多种多样的可能性，所以，若要让反映生活的知识具有可靠性，就要让理性知识与人类事务、与生活对话交流，而不应片面强调数学、逻辑等理性知识的绝对性；那么，哲学应当如何做到既超越生活，又面对生活呢？第二，人们把握对象世界，是出动了自身蕴藏的所有力量的，人的智慧灵动的推力并非只是思辨的洞见，还有领会、体验、体味、直觉、情感、灵性、无意识、想象、本能、意志等生命活动的因素；人作为生命的存在不仅是智性世界的成员，而且还是感性世界的成员。那么，如何理解人的生活既是智性的，又是感性的呢？第三，人们通过自己的意志与意识观照自己的生命活动，用自己的活动调动自身的所有力量，看护自己的存在，这就使得人的活动有不同的层面、不同的展开方式，致思倾向也往往不同。这就向哲学提出，如何才算是真实地面对生活？如何从哲学层面上解释生命的存在中诸如欲望要求、幸福与艰辛，以及种种争执、分际、冲突、感动、合作、和谐的问题，解释人的生命活动的自由本质问题呢？对于类似上述问题，哲学应当给予生存论的关怀，亦即从生存本体的层面上予以关注。为什么呢？一方面，哲学的本性是要最终指向人自身的完满，哲学家要立足于人的生存活动的种种矛盾而追求生命本性如何趋于完善，应当对人性有深刻的表达。另一方面，最广大的人民群众的非观念对象化的思绪更有可能接近真正的哲学问题（包括生命的张力、生活的磨难等问题），哲学家所要面对的和所要解决的，不仅有科学与自然的关系问题，有人文知识与生活的关系问题、知识与价值的关系问题，而且还有人们在生存活动中经历到的，然而却感到困惑的其他种种非观念对象化的问题。因此，哲学家们有必要接近生活的真实，以某种较为严密的哲学理论来思考人类生存意义上的感性直观的问题，从而贴近现世或在世的周围世界，履行哲学的使命。维柯、康德等人就注意从这些方面思考问题。他们已感知到，知识的问题必须在知识论之外去理解。他们对支配西方当时文明发展的理智主义、工具理性等观念提出了尖锐的批评，对理性与逻辑的失误问题深感焦虑。他们倡导哲学要关注人类生活的种种问题，认为哲学需要向生活回归和还原，强调哲学的理解方式和方法不能脱离人的现实生活本身。维柯的"新科学"，便是关于人类回归本性、人类自我创造问题的学说。当然，"新科学"依然传承知识论哲学传统，强调"抽象性"和"普遍有效性"，这样一种总倾向是无法真正把握人的生存真谛的。康德将"自然"与"自由"严格区分开来，把自然看成是人的理论哲学的领域，把自由看成是人的实践哲学的领域。① 当然，康德的实践哲学虽然蕴含着生存论，但由于把自然以及人对于自然的对象性活动排除于实践领域之外，因而其生存论蕴含仍然是超验性的。到了马克思那个时代，人类生活的本质问题是什么，哲学生存观如何真正向人性之本回归，哲学观中的实践性审美意味着什么，诸如此类问题，都有待于哲学家们进一步探讨；知识论哲学的根本弊病亟须人们去根治。马克思哲学着力于从根本上改变知识论哲学的路向，着力于追问生存如何可能的问题。马克思意识到，知识论路向的哲学家，把人看作宇宙本体的组成部分，因而人在宇宙中的活动无非是遵循宇宙逻格斯的活动；尽管笛卡儿以来的近代哲学家提出了人的自我意识问题，但由于坚持形而上学的普遍理性，所以近代哲学事实上并未给人的自主创造留下多少自由驰骋的空间，人的生存性实践活动的重要性并未受到知识论哲学的应有重视。马克思哲学的卓异之处在于，它洞察到人的生命活动以及整个生活世界的特质就在于，实践是人的生存方式。对于马克思来说，生活世界应当是物质生活与精神生活、日常生活与非日常生活相统一的、实践的世界。在马克思看来，实践这个概念

---

① 〔德〕康德：《判断力批判》，邓晓芒译，人民出版社，2002，第8页。

所指的，应当是人的自我生成、自我确证、自我实现这样一种对象性的辩证的存在方式；造成人的现实生存困境的原因主要不是人没有认清自己存在的意义，而是现实社会关系的内在矛盾性导致了人的异化，解决这类异化的途径是要让现实生产关系合理化或理性化。这就表明，马克思哲学中的"此岸世界"① 不再是撇开了人的生存实践活动的单纯外部世界或超验世界了，而是人的生存实践活动置身于其间的现实生活世界；把握现实生活世界的生存维度的实质，也就是把握人的本质和揭示人的存在方式和存在的意义。既然人类的生存条件不是先验给定的和永远不变的，而是在人类生命活动的过程中生成的，那么，哲学作为人类生存与发展的一种沉思，它的智慧便应是关于人类生存如何可能的最高智慧。马克思从黑格尔那里得到的一个根本启发，即黑格尔"把对象性的人、现实的因而是真正的人理解为人自己的劳动的结果"。② 在劳动中，把现实世界转变为人的对象性存在，并按照客观规律和人的本性的要求把对象世界作为人的新的生活条件再生产出来。这是一种对"实践"概念的全新理解，又是对人类生存如何可能的本质理解。因为，生产劳动有别于动物的生命活动，它是人类实践的基本形式，所以人类只有在现实的生产劳动实践中，在改变现实生活的同时，"自由地面对自己的产品"，"也改变着自己的思维和思维的产物"。③ 所以，单靠从先验原则出发的"抽象理性主义"的思维逻辑来解决哲学问题，而不是把劳动实践融入存在之中，就难以将生活理解为属人的世界和人的独特的存在方式。马克思肯定人类的"类"生命活动、实践活动是受制于必然又追求自由的活动，肯定它是人类自我规定的本性，即人性之本，它决定了人的活动是具有合目的性的、不断改变人类自身状态的自由的活动。自由的活动是审美的，是人类所特有的。人类正是通过这种活动，欣赏和品味自己的发展，体现人自身的存在方式，实现着人类种的历史进化。从而，马克思开辟了哲学的新的领域，这里有新的总问题，即从人的生存状况出发以自由的、无限可能的、感性的人的实践发展为准则的崭新思维方式。这一思维方式，独辟蹊径地对西方知识论哲学的实践概念做了新的审视，强调了人的生存的实践性特点和人的实践的生存性特

---

① 《马克思恩格斯选集》第1卷，人民出版社，2012，第2页。
② 《马克思恩格斯文集》第1卷，人民出版社，2009，第205页。
③ 《马克思恩格斯选集》第1卷，人民出版社，2012，第57、152页。

质。重建主体文化意识，凸显人的生存的尊严和哲学对人类整体未来和归宿的生存焦虑。这一思维方式，正视现实问题，把劳动看作人类的自然，把社会存在的基本方式——物质生产方式的变迁看成推动社会由低级向高级发展的动力，这一动力是借助于人们有目的的实践活动力量而得以展现的。与此同时，马克思沿着康德从自由与必然统一来探讨人类审美问题的思路，把这种统一放到了人性现实的实践基础上，认为人的生成便是超越必然走向自由的过程；在这一过程中，人努力地掌握必然，提高对获取自由的自觉性，并产生超越性的向往与追求，使人的本质力量得以印证。由此，马克思从哲学上阐释了生存何以可能的问题，赋予哲学以崭新的面目。

二

生存论即生命本体论，而非实体本体论；马克思的哲学实践观是生命本体论的，并蕴含着审美。传统的本体论在理论实质上具有抽象性、超验性，而马克思实践的唯物主义哲学本体论则告诉我们："社会是人同自然界的完成了的本质的统一，是自然界的真正复活，是人的实现了的自然主义和自然界的实现了的人道主义。"① 而同时，这一哲学本体论也强调了对"人的激情的本体论本质"② 的探求。这强调的是实践的本体论性质及其充满激情的审美性质，它是真正对人的存在和生存方式的哲学探讨。人的存在是世界上最为独特的一种存在。人来源于自然，但人又要超越自然的秩序，去"再生产整个自然界"③。也就是说，人不断为自己生命的可能性设置新的目标，创造新的生存环境；而这一切，都离不开人的社会实践活动、审美活动。在马克思哲学中，本体论、认识论、历史观、审美观的主题都在于研究总体性的社会实践。其重要意蕴便是：哲学的"本体"不是外在于人的抽象实体，而应当是表达人的个性的丰富性与社会化本质、追求人与自然和谐统一关系的感性活动的"存在"，它是美的；而从鲜活饱满的实践本性出发，是有助于真正理解哲学的生活意境与审美意蕴的。并

---

① 《马克思恩格斯文集》第 1 卷，人民出版社，2009，第 187 页。
② 《马克思恩格斯文集》第 1 卷，人民出版社，2009，第 242 页。
③ 《马克思恩格斯选集》第 1 卷，人民出版社，2012，第 57 页。

且，由于实践本体论预设于生活实践之中，于是，此本体论蕴含着一种衡量人类发展状况的尺度，即历史主体的生存方式。此生存方式，从本质上说，是"每个人的自由发展"，它又是"一切人的自由发展的条件"①，从而使人的生存方式中主体构造与超越动物物种的美的特质充分彰显出来，使生活主体的本质力量不断建构出种种生活境界。而从人类生存的独特性和人类活动的直接性层面上来体现生活境界，就必然要进行合目的性的、带有主体性理解特性的思考，并在感性与理性的具体历史统一基础上研究人如何确立自己的生存的问题。不难看出。马克思的这一生存论的本体论，以高屋建瓴之势，阐明人类感性的实践活动的宏大气势，阐明哲学对自由生命的美的本质的肯定。马克思关于"共产主义才是人的本质的现实的生成，是人的本质对人来说的真正的实现"② 等论述，都是把人的自由特性看作是生成性的，看作历史的过程。马克思以"实践"与"共产主义"两者的同一性和差别，来阐明人和人类社会的生存能力、生存需要、生存目的、生存意义的美的价值："共产主义决不是人所创造的对象世界的消逝、舍弃和丧失，决不是人的采取对象形式的本质力量的消逝、舍弃和丧失，决不是返回到非自然的、不发达的简单状态去的贫困。"③ 因为，这种状态意味着人创造对象世界的本质力量的孱弱、沦丧和本质的异化，而人的本质的异化会使人的生命成为异化的生命。由于从生存论的本体论和从主体实践的角度来理解对象、现实、感性问题，由于这种理解既使人的本质得以敞亮，又能展示人与世界关系中的审美本质，所以这种理解更具现代意味。而一些单纯或抽象的，或认识论框架的哲学，就缺乏生存本体的意味，缺乏实践的、审美的意味。所以，马克思指出："从前的一切唯物主义——包括费尔巴哈的唯物主义——的主要缺点是：对对象、现实、感性，只是从客体的或者直观的形式去理解。"④ 因而陷入环境决定人和意见支配世界的二律背反之中，而只有从革命的实践角度，才能理解环境的改变和人的活动与自我改变的一致。马克思所理解的世界，是人的生活世界，是文化世界、审美世界，是生存论的本体论所关注的具有人文内

---

① 《马克思恩格斯选集》第 1 卷，人民出版社，2012，第 422 页。
② 《马克思恩格斯文集》第 1 卷，人民出版社，2009，第 217 页。
③ 《马克思恩格斯文集》第 1 卷，人民出版社，2009，第 217 页。
④ 《马克思恩格斯选集》第 1 卷，人民出版社，2012，第 137 页。

涵的世界。从而，我们看到，实践中由于蕴含着审美，便使得"有生命的个人"和人类实践能"按照美的规律来构造"① 物体，便使自然界成为人的自由生活实现的条件和对象，以及使人的生命活动变成自己的意志和意识的对象，从而让生活充满旨趣。这是人类发展所要达到的一个根本尺度。

三

马克思的哲学实践观揭示了，人的生命活动的最深层本质是自由自觉的特性，它也是人的审美追求。马克思哲学走出思辨牢笼，站在实践生存视角看人，认为人作为生命的存在物，是具有生存目标、生存理念、生存想象力的，因而人是具有对象意识的存在物，因而"人则使自己的生命活动本身变成自己意志的和自己意识的对象"，而"他自己的生活对他来说是对象"。② 这种对象意识，确证着人的本质力量，即确证着"一个种的整体特性、种的类特性就在于生命活动的性质，而自由的有意识的活动恰恰就是人的类特性"。③"种的类特性"，其中的"类"，即人成为人的那种生命性状；其中的"自由"，是从实践中获得的自由，是解释世界的自由与改造世界的自由的整合。只有取得了主体性质的人才能进行这样"自由的有意识的活动"，它事实上也是有审美意蕴的活动。马克思语中人类的"活动"，本质上是人类显现自身的方式。主体在"活动"中（即实践中），选择客体并对之进行加工，这是人的自由自觉的活动，是人自身创造性的生存活动，是人的所有性质的根源。具有自我规定性的自由性质的活动，健全的人的生命活动，使生命的矛盾的诸方面形成和保持必要的张力，促进生命的和谐，焕发新的生命活力，实现生命的价值和意义。因此，虽然马克思并未将实践活动等同于审美活动，但显然，马克思由于以科学的认识论和方法论的面貌出场，由于其哲学从人的自我否定、自我更新出发，在现实人的感性的、社会的、历史的不断更新的生活中寻求更新的生存维

---

① 《马克思恩格斯选集》第 1 卷，人民出版社，2012，第 152、47 页。
② 《马克思恩格斯选集》第 1 卷，人民出版社，2012，第 56 页。
③ 《马克思恩格斯选集》第 1 卷，人民出版社，2012，第 56 页。

度，由于通过对客观现实的分析而不断去除生命领悟的蔽障，以人的生命本真去把握对象的本真，从而与对象交感共振，展示人类不断走向自由的道路。其中，包含着美感的本质及联想共鸣、升华等审美情趣。其意蕴也在于说明，不是人和自然界之上、之外存在着一种预成的美，然后才有人类的审美活动，而是在人类的实践活动中才产生和形成了美；审美是人类基于特定的实践活动而产生的一种活动，是人的心灵在创造生活的实践活动的对象、过程和结果上的感性表现。

四

马克思的哲学实践观意味着，实践体现着美的本质。实践，把事物、现实当作活动、过程和历史来把握，它为人们把握活生生的现实的世界，奠立了必需的哲学基础。人与世界的真正连结点（区别于动物）首先和根本的是实践（而不是观念）。实践活动既以物质为基原，又以精神为前导；既把人和世界在深层次上融化为一体，又在分化中不断提升人和世界。实践活动是人与世界对立统一的根据。自然本体与人的精神生活的统一、客体性原则与主体性原则的统一，都在于人的实践。正因为马克思发现了实践是人的特殊存在方式，同时全部理论问题都可以在实践中得以解决，所以他也自然把实践活动与审美规律内在地联系起来了。质而言之，在马克思看来，富有追求的人的生存的特点是，根据人自身的需要把生命的活动变成价值活动的重要环节，且在现实的、感性的、社会的、历史的不断更新的生活实践中寻求新的生存；人在生存实践中总是不断地扬弃外在世界对人的给定性并不断创造出属人的世界，以主体的方式显现与确证人自己，表达着人的价值追求和生活的美好想象。这是一种文化，文化是各种知识主张的总和，而从哲学的生存本体论角度看，文化本就是人的生命存在方式，教人如何做人，涉及价值和意义问题，从深层次上探求生存领域中的问题，其审美本性也是不言而喻的。这也正告诉人们，在人类的生活实践中，生命个体的律动、现实的人的人性化和自然的社会化，都使得审美构成了人的本质的一个内在层面，美的规律也就是人的生命自由地活动、自由地舒展的规律，即人的生命的自由旋律；可以说，在人的基本的生命活动即实践活动中，就蕴含并生发着美。这也告诉人们，实践本性决定了虽然作为自然人，人应该服从于自然和必然的规律，但作为自由自律的人，又是历史的主人，应由自己决定自己的创新意向和审美取向；人的生命的自由自律的实践活动是对环境的超越的活动，同时又是顺应环境的活动，其意味是感性与理性的和谐，和谐则体现了"美的规律"。

五

马克思的哲学实践观揭示出，交往是实践与审美的中介。按照马克思的看法，物质生产实践是人类生存和发展的基础，是人的本质力量自我确证和自我理解的基本形式。但是，生产实践和任何实践一样，是具有交往性的。在马克思的哲学视野中，交往问题，即交往实践问题。它是指多极主体通过改造变革相互联系的方式而结成网络关系的活动。在生产劳动基础上的交往，使人的社会本质得以确证和实现，人的社会关系及社会结构得以形成和建立。交往揭示人的生物和文化等特性，强调人与人、人与自己、人与自然之间的深层合理的关系。有了交往，"生存于一定关系中的一定的个人"① 的实践活动才更明确地体现为一定生存关系中不同社会主体间的相互作用、相互关系。人也只有在与他人的交往中才能实现自己的自由。这表明，马克思实际上已将"交往"作为实践与审美（自由）的中介而加以强调。马克思关注"人们的想象、思维、精神交往""交往的一定发展""交往的最遥远的形态""个人的交往"②。人通过交往，接受多元矛盾的生存方式，展现人的本质内涵的丰富性，亮出人的三重身份：真实的人、自然的人、社会化的人。马克思把共产主义看成是交往形式本身的生产，也表达着他的生存哲学实践观。人的交往实践具有历史性、具体性、开放性。在交往中，特别是在"人们的想象、思维、精神交往"中，哲学作为人们以往美感体验的沉淀，参与人的审美过程，使外部信息与人们想象中的既存的审美框架发生同化作用，产生特定的效应，使主体的主

---

① 《马克思恩格斯选集》第 1 卷，人民出版社，2012，第 203 页。
② 《马克思恩格斯选集》第 1 卷，人民出版社，2012，第 151、152、207 页。

观背景中既有生理、心理过程的客观基础，又有知、情、意等主观因素的作用力量，从而主体能够获得审美意识、机遇意识、发展意识、变革意识，让感性与理性的和谐得到本质的体现，让人更深刻地追索和领悟生命的意义。交往中的审美，存在于"个人"的、"精神"的、"想象"的、"遥远"的、"世界"的等形态之中。交往是关系得以实现的现实条件，是人的对象化的活动、人生意义的源泉，也是人合理地对待人生的智慧之源，并使审美范式得以再现与模仿，使审美范式与审美对象的联系更加容易表现为具象的形式。透过这些我们看到，实践与深刻的哲学根据、与社会关系、与审美，由于有了"交往"的"中介"，更紧密地联系起来了。

六

马克思的哲学实践观有助于从审美价值评估的角度打开通向可能性世界的道路。马克思主义哲学不是关于无限世界的一般规律的总汇，而是对人的存在方式及其发展道路的自觉反思。马克思在通晓人类自我的历史的基础上，以其独特的生存体验、独立的反思意识和独到的理论解释，表达自己时代的人类的自我意识和那个时代的精神精华，去揭示实践的创造性本质以及由实践所揭示的新的可能世界中所蕴含的美。这也宣示了他在哲学创造上的卓越和极具审美精神的视角。从审美精神的视角上，马克思探讨人如何在现实中活出超验理想的问题，即彼岸的问题要落实到此岸来解决。从审美价值评估看，这的确意味着，人们的理想只能落实到这个现实的世界之中，而不可能落实于任何的彼岸或彼岸的任何地方，理想主义者不顾现实容易流于空想和幻想，而现实主义者又常常缺乏理想和崇高精神，二者均偏离了审美价值评估的应有方向。人为能保持清明理智的状态，必须让感性（人的肉体的生存与发展）居于优先的、基础的地位，同时保持审美的超越性，即超越感性与理性的外在对立，保持心灵的自由，保持能力和想象力。人凭借能力和想象力，从现实领域进入可能性领域。可能是相对于现实而言的，是人力求生活的另一个世界；真正具有现实性的东西不是"现存"，而是将要实现的现实，即"可能"。不要以现实来限制可能，而要善于从可能中选择现实。从而，人便知道，眼前的现实世界不仅不是唯一的，而且是会改变的。进而，人还可能通过自身的实践活动而把可能的存在变为现实的存在。这样，人的活动就不再像动物的活动那样只是单纯现实世界中的一个直接存在环节了。这样，人便能把自己的现实活动、现实世界置于可能世界的背景下来加以观照、考察了。这样，人的类意识和个体意识便进一步觉醒，引导人将存在物变为价值评估的对象，让"有意识的生命活动把人同动物的生命活动直接区别开来"①，同时再为自己打开一个个可能的世界，由于与可能世界相关联，人的现实活动则变得更有意义。而当人看到理想世界与现实世界的关联时，他无疑已进入审美状态了。这种状态，使人能突入生活之旋涡，让心与物交汇融通，从而既能把握人的感性活动的生动性、丰富性、可感性，又有助于把握独立的主体所具有的完整的人性和理智的创造性，使审美在感性与理性的交融中展开。这是一种生存哲学实践观的理解方式，其理解方式的立足点是从事实际活动的人、审美的人，其切入点是对可能性世界的探索。

七

马克思的哲学实践观显示，人必须超越个体的局限，体现"人就是人的世界"②，即体现人的生存本质力量、审美意味。由于内在于人，为人所意识、所体验的，自觉自为的生命的力量是"人的本质力量"，由于存在的意义归根到底是由实践来揭示的，所以，逻辑化的知识论的认知活动不应具有绝对的优越性，而审美作为人类掌握世界的方式却应是人的本质力量中的一种独特的本质。正如马克思所说："对象如何对他来说成为他的对象，这取决于对象的性质以及与之相适应的本质力量的性质；因为正是这种关系的规定性形成一种特殊的、现实的肯定方式。眼睛对对象的感觉不同于耳朵，眼睛的对象是不同于耳朵的对象的。每一种本质力量的独特性，恰好就是这种本质力量的独特的本质，因而也是它的对象化的独特方式，是它的对象性的、现实的、活生生的存在的独特方式。"③ 而这种对象

---

① 《马克思恩格斯文集》第 1 卷，人民出版社，2009，第 162 页。
② 《马克思恩格斯选集》第 1 卷，人民出版社，2012，第 1 页。
③ 《马克思恩格斯文集》第 1 卷，人民出版社，2009，第 191 页。

性关系是在人类的实践活动中历史地建立起来的。这也是人在实践中建构起来的人和自然勾连为一体的生存世界的对象性关系，是审美活动得以发生的本体论基础。因此，人就不能只停留在某种对世界理解的不变模式和先验预设的层面上，而是要进入洞悉人的生活价值、揭示人生意义的层面。在人生意义的层面上，人的实践活动是既以物质为本质和基础的活动，又以"精神"为前导和基原的活动。它既涵盖了观念的活动，又超越了观念的局限；既把人和世界在深层次里融化为一体，又在分化中不断让二者得以共同提升，促使观念进入新的和更高的境地。所以，生存论视野下的马克思哲学实践观，就是要在人的生存意义层面上探索人的本质力量，探寻人和自然共同的内在价值，并以一种有机主义的生态世界观对待一切人和物。这样才能使主、客体之间产生契合，并相互影响。这其实也就是"自然的人化"和"人的自然化"。这样，才能产生审美意象，才能使人在生存活动中历史地绽放着存在的意义的同时，也蕴含着种种可能性；而只有通过"改造对象世界"，使可能性变成现实性，人才会"证明自己是有意识的类存在物"。① 从这一层面上看，人必须超越个体的局限，把生命活动变成创造人的价值的活动。有生命的人的"需要"，就不仅仅是生物性本能的需要，还有创造的需要、文化的需要。文化的需要决定了人的生活实践的世界是创造力、想象力不断涌流的世界。当人设定思想空间、建构未来生活图景时，当人置身于纷繁复杂的情感和意志中以及倾听着人性时，便发现越是少了审美意味而呆板地看现实时，人就越缺乏创造能力。一旦富有想象意味的审美渗透于生活各个领域，进入知识和创造的层面，它所激发出的高远意境、十足灵气，便是一种具有超越意义的意识了。这无疑体现着人的世界的独特的本质。

八

生存实践观必将成为当代人思维方式和审美态度的重要成分。带着当代人的生活旨趣，去与马克思哲学进行创造性的对话，我们就更能感受到

---

① 《马克思恩格斯文集》第 1 卷，人民出版社，2009，第 162 页。

马克思哲学实践观的亲切而生动的审美意蕴。今天，当我们的哲学深入人的审美文化图景中去另辟蹊径时，我们便发现，当代哲学存在论正从传统的、超验性的、实体性的抽象存在论向感性的、历史性的存在论转换。因此，当代的哲学研究要面对整个人类文化，要善于从整体及过程的视域中考察对象，要以形上与形下的互动为前提，并展开对存在的统一性的追求；其形式包括理性美的追求、直觉的体验、自由的想象等，其中包含着哲学的审美选择。我们所处的这个时代，比以往任何一个时代都更需要科学的引领作用，但同时也要看到，科技力量的增强，并不意味着社会理性的增强，科学技术的发展并不能保证人类一定有社会理性。只有通过拯救整个人类文化中的伟大遗产，通过弘扬实践理性精神，真正面对生活世界的种种事实，从中挖掘富有时代性特色的价值和意义，并对人类当今的生活加以反思，为创造人类生活的幸福、至善和完美而努力，这才是我们当今哲学意向变革的重大目标。当代中国人民追求发展进步的主旋律是美的旋律、审美理想的旋律，这一旋律使得中国社会发展闪烁着浓重的审美色彩。它是发展实践的创造，是人的本质力量的对象化和现实化。当今愈益突出的"全球问题"、人的物化问题，又构成了当代人类生存的深层的文化危机。所以哲学为了更好地面对它们，更好地悟透这些现象的内质，就要摆脱传统的知识论哲学和科学主义的框架，走出西方传统哲学园地，到人的文化图景中，到多彩的生活世界中寻找哲学新的立足点和新的内容。当今哲学，还要认识新的社会存在，思索社会发展中的审美意味，努力反映与时俱进的人民对美的追求的内涵、精神，关注和谐自由的关系，防止人文精神崩溃、心灵家园丧失。这也是一种审美关系问题的研究，它虽不能完全等同于一般的实践关系问题研究，但它确实与实践关系问题相互包含。审美常常具有模糊性和不可言说性，但其基本方面仍然可以纳入概念与范畴之中，有一部分可以纳入哲学实践观之中。在面对现代社会生活使我们生存于其中的"生活世界"失去了往日的宁静的状况时，为了仍然保有人的具有文化内涵的"思"和必要的想象力，为了让生活更富有个性和人性，当今的实践哲学更应关注以人的生命活动为基础的人的存在本身的回归和"生活形式"的剖析，在现实与创新之间建立起审美的平台，并更好地思考时代精神，投入时代实践的洪流之中；更应注意推进人的发展，提高人的素质，树立正确的人生观和价值观，确立合理的生存态度和需要定位，选择健康、文明、绿色的生活方式。21 世纪的科学生活、心智生活及人对自身精神品格的最深邃的审视便是创新。创新是人的生命主体在与其生存状态、生命历程的互动中所激发出的能动性的最佳状态、创造性思维的最活跃的状态。创新思维不能光靠演绎。创新是一种超越，超越中有想象的产物。想象意味着基于实践、始于问题，意味着不受主观抽象理念的统治与束缚，意味着个性鲜明、豪放大气、充满理想和高尚的情感。正因如此，重视创新的现代实践哲学精神，就要蕴含感性与理性、现象与本质的美的相通，让审美真正成为现代哲学的精神要素、能动推力，让实践与审美相互蕴含，真正做到在人的文化图景中另辟蹊径。

（原文载《中共福建省委党校学报》2004 年第 3 期）

文化视野与时代要求

　　一切文化的产生和发展都以社会实践为基石。在现代我国文化实践中，开阔的文化视野体现当今的时代精神，文化的流变展现文化发展的曲折性，先进文化则代表文化前进的方向。先进文化的发展并不是简单延续文化系统的过程，而主要是文化积累和创新的过程。一种文化，有积累才有创新，有创新才是先进的。我们要坚定地走适应时代要求的文化发展道路，才能始终代表中国先进文化的发展方向。

一　时代精神与文化建设视野

　　中国在内忧外患的紧迫情势下开始了自己向现代社会转变的历程，并面对自己的现代性问题。自鸦片战争以后，中国面临的首要问题就是如何改变中国积弱不振的状况。那时有启蒙和救亡双重主题，而救亡很快压倒启蒙成为主要思想动力。面对这种情势，中国人所考虑的文化问题带有许多独特性。比如，针对中国当时的文化实际，"五四"思想启蒙中，强调"打倒孔家店"，反对旧道德，批判旧文化，树立新观念。这给死气沉沉的社会带来极大的精神解放。"五四"前后，以现代化追求为旨归的文化思潮的基本价值取向是：尊重理性、个性和人格，崇尚平等、自由和民主，倡导科学精神。新文化运动初期，大多数中国知识分子是在激进民主主义、无政府主义和历史进化论的鞭策和引导下奔向新文化队伍的。马克思主义进入中国、美国杜威的来华讲学以及胡适撰写《实验主义》长文使马克思主义和实验主义很快在中国声名鹊起，并实现文化和社会的双重效应。振奋人心的文化运动及论争凸现于世人面前，包括白话文运动、"五四"新文学运动、中西文化体用之争、科学玄学之争，乃至"小说与群治的关系""以美育代宗教""文学革命论"等方面的讨论，使中国文化的现代性问题显得如此独特，使中国现代化道路问题的探讨处处渗透着文化情结，显示出一种开阔的文化视野。近 100 年中，文化视野始终与时代精神联系在一起。20 世纪 30 年代学术文化领域开展的中国社会性质论战，其焦点是，中国当时社会究竟是资本主义社会还是封建主义社会。这一焦点所体现的当时时代精神是显而易见的。这一焦点问题的提出，又拓展着人们的文化研究视野。于是，便有了学术界中关于中国社会史问题的论战。也正是在这一现实背景下，郭沫若的《中国古代社会研究》等一批马克思主义史学著作应运而生。开阔的文化视野也体现在毛泽东四五十年代关于新民主主义文化的论述以及在延安文艺座谈会上的讲话和百花齐放、百家争鸣的方针中。

文化视野在 20 世纪末的拓展，是与当时中国社会转型和市场经济实践以及世界文化发展的时代背景相一致的。当时我们的历史境遇决定了我国的文化发展必然要对当时世界文化的合理精神进行消化和吸收，因此，对西方文化发展所呈现的正负价值进行讨论，就体现着时代发展的需要。改革开放与市场经济的全面推进，使我们更加注意吸收外来文化中的精华，同时也注意对各种文化虚无主义价值观倾向进行扭转，更加注重现实文化的建设。随着现代经济生活的不断拓展，人们的文化意识在不断更新，经济生活与文化生活之间的情结越加深切。关于亚洲"四小龙"成功的东亚模式的探讨，对市场问题的探讨，对全球化及我们的对策的探讨等等，都与文化情结问题密切相联。这些问题归结起来就是如何实现从传统社会向现代社会转变的问题，以及如何在实现现代化过程中寻找符合中国国情的发展路径问题。从中也可以看到，中国的现代文化发展确实具有敏感性、现实感和强烈的社会关怀，且非常明确地指向独特具体的中国问题情景，并显示出开阔的文化视野。

文化视野是以时代要求为根据的。当一种文化系统成为时代要求的阻碍时，便会冲破旧文化的束缚创造适应促进实践发展的新文化。这时，人们便会从现实基础出发来分析文化问题。比如，分析文化与社会发展要求之间存在哪些差距，考虑什么样的文化系统才能适应社会实践发展的需要等问题。实践在发展，便有一些新的文化要素产生，具体内涵一般是与实践的具体性质的要求一致。文化新要素总要通过新的文化表达方式、新的文化结构来体现，而结构决定功能。所以，有什么样的文化结构便有什么样的文化功能。当然，文化结构与文化功能之间并不仅仅是静态的、单向的决定和被决定的关系，而是处于动态的、相互作用的过程之中。一方面，从文化结构本身来看，它之所以会变化，是由于它对新功能有需求；特定结构的文化之所以能产生与存在，是由于它具有特定的功能（能发生特定的社会作用）。另一方面，从文化功能的优劣、合理与否来看，又必然首先根据这种文化是否具有促进社会进步与发展的结构来衡量与判断。由此可知，以时代发展要求为根据的文化视野的开拓，既表现在文化新要素的产生上，也表现在新的文化结构和功能的变化及二者的互动上；近代以来中国文化的每一次具有重大意义的变动和发展历程，正充分表明了随着时代的变化，随着新的文化视野的开拓和人际沟通形式的改变，文化模式和文化结构必然受影响，进而引起观念的大改变，并且，一代代人的心理环境也改变了，产生了一代代的新的"自我"，造就了一代代新的文化人。

在中国当代，具有时代精神的文化视野，关键在于要看到，现在每个国家、社会群体和个人，都处在一个日益开放的时代中，各种文化的渗透、融合乃至冲突，使得世界各种文化处于竞争和比较格局之中，各种文化都在寻求新的突破，文化更替和嬗变是不可避免的。在这种格局中，各民族、各国家便更加要注意发展文化所应具备的指导思想了。江泽民关于"先进文化的发展方向"的论述，强调了中国共产党文化意识的核心问题，体现了具有现代特征的开阔的文化视野和创新精神。把先进文化发展方向问题与先进社会生产力、代表最广大人民群众的根本利益问题摆在同等重要的地位，正表明先进文化与现代性关系极为密切，与中国政治、经济、社会诸层面都有紧密关系；表明文化建设要有助于更好地把握社会主义物质文明建设和精神文明建设的关系，更好地为生产力的发展提供精神动力和智力支持，更好地满足广大人民群众日益增长的文化生活的需要。当今，我们面对着世界上林林总总、令人眼花缭乱的观念和思想，要对之做正确分析并非易事。因而更要有一种先进的、开阔的视野。特别要看到，国外的一些思想是可资借鉴的。凡是旨在促进人们变成现代化的主体，同时又成为现代化的对象，旨在赋予人们改变世界的力量，同时又在其中改变人们自己，旨在用不同的形式告诉人们现代化需要人去创造，同时现代化过程又反过来创造人，这样一些思想，我们都应注意从中吸收有益的内容。

二 新的文化流变与社会主义市场经济条件下的文化建设视野

现在，中国文化确实在流变。它有自己的曲折道路、特点和规律。但作为一种社会现象，我们不免要看到它受文化之外因素影响的一面。其中，影响最大的，则是市场经济的新要求。市场经济对计划经济的取代，是一次经济上的大转折，也激起文化的涟漪，促进文化具有新的流变趋势。这首先体现为，文化向经济贴近，为经济发展尽自己的力量。这是市场经济条件下必然产生的现象。市场经济不仅要倚重体力和经验，而且要靠智力因素和文化知识。市场经济讲价值规律，讲竞争，要取得利润增值，就必须借助文化知识的威力，借助智力的开掘和延伸及知识的外化和应用。因此，市场经济以强大的经济实力为后盾，就像一块巨大的海绵，对文化知识有无穷的吸引力。这已经不是理论的推导和演绎，而是市场发展的轨迹实实在在呈现在人们眼前了。其次体现为，经济的多元发展形式使文化的组合方式日趋多样：一是娱乐文化崛起，成为人们表现自我、愉悦自我、充实自我的一个重要方面；二是文化市场勃起，文化不断在社会有偿服务的领域拓展，使之一方面适应和满足了群众的文化需求，另一方面也取得了一定的经济效益；三是不同类型的人们和不同的群体相互沟通、融汇，形成互补的文化效益，带来和促进了文化上的横向联系。文化上新的流变，总体上说对于文化的发展是有利的，但也未必不存在流弊。在文化活跃和繁荣的同时，一些文化的生产和消费全然被金钱所左右，文化的品位、责任、使命受到冷遇和遗忘，一些具有理论、学术、艺术价值的作品的命运惨淡，而一些格调低下、情趣不高的作品反而竞相兜售、大行其道。发生这种情况的原因很多，但显然是与把文化完全等同于赚钱的倾向分不开的。而这样一种倾向也在增强着文化过程中物对人的作用机制，文化过程因而具有与人的文化价值格格不入的性质。新的文化流变展现文化发展的曲折性。

解决文化商业化中存在的一些弊病，关键是要建立社会主义市场经济条件下的文化新秩序。建立文化新秩序，不是为文化发展画框框，定调门，而是提供一种容纳多元、与时俱进的文化发展的路径。文化新秩序还是涵盖面比较广的一个大课题，既包括文化观念的变革和更新，同时还涉及文化发展的法律、法令等，而最关键的是让作为社会发展的灵魂和内驱力的先进的主导价值观对现实起巨大导向作用。由于社会的主导价值观必定蕴含在社会的主导文化中，因而，先进的主导文化必然是先进社会发展的灵魂和内驱力，它指引这个社会更好地发展良好的秩序和培育文明的社会成员。一般来说，一种社会形态的文化秩序，本质上都应包含着这种社会"是什么"的价值支撑，蕴含着这种社会"应如何"的价值观念；新的社会形态之所以能在不断受到挫折后重生并一往无前，一个重要原因就在于先进文化价值观的内在支撑，新社会的建立事实上就是先进文化所蕴含的价值观念制度化和规范化的过程。以马克思主义理论为指导的文化价值观，克服了资本主义文化的缺陷，吸收了符合人类社会发展需要的新文化成分，以实现经济与文化、个人与社会、人与自然的协调一致为目标，因此，它在本质上应是一种先进、优越的文化价值观。而在当代，有中国特色的社会主义文化价值观具有先进性和优越性，本应对社会主义市场经济秩序起巨大导向作用。但是，要在事实上起导向作用并不容易。首先，任何文化价值观的选择都离不开各个人的自我需要，特别离不开各个人的自我发展的需要，因此，当代具有时代精神的价值观的导引更要求突出科学理性，以更有效地满足一般社会成员的功利性要求的欲望；但同时，也要有超越功利需求的高雅的精神引导。显然，要将二者很好地结合起来，需要我们认真探索，不断实践。在探索与实践中，当然还会有新问题出现，我们要不断研究与解决它们。其次，文化价值观在当今的选择，离不开对市场经济现实的清醒认识。在市场经济状态下，任何个体都离不开社会而生存的原则更为突出地显示其重要性。市场经济对社会有一种"有机团结"式的强力整合作用，而这种整合力也是我们党一向倡导的集体主义价值观中的一部分内容。这为我们在现实生活中努力实现集体主义价值观引导提供了有利条件。但是，这种引导不应是说教式的、标语口号式的，而应从社会实践基本事实出发去探索具体引导的方式，特别要注意从建设文化秩序、消除不利于市场发展的消极文化的影响入手来引导人们。要把社会主义的基本价值、社会主义根本制度的内在要求落实到市场经济社会生活各个层面、各个领域，绝不可能一蹴而就，需经历一个漫长的过程。最后，文化价值观引导，要注意如何在与不同文化形态的相互激荡中代表先进文化的前进方向的问题。这些问题解决得好，是有助于引导好社会主义市场经济条件下文化价值观方向和文化发展方向的。

当前，要建设与时俱进的、适应新的时代的文化，要建立文化新秩序，我们必须进一步开阔文化视野。一是要认真规范文化市场，建立文化市场的新秩序，并处理好主流文化建设与非主流文化建设的关系。二是在对待传统文化和西方文化的问题上，坚持"古为今用，洋为中用"的原则。让中国共产党的文化之根能够深植于人类先进文化的沃土中，深植于当代中国特色社会主义伟大实践之中，让文化建设更富有时代特征、民族特征和人民性特征，这应是我们追求的主要目标。

三 文化积累与先进文化建设的新视野

一种文化，有积累才有创新，有创新才是先进的。要发展先进文化，文化积累是十分重要的。

纵向的文化积累是必不可少的。我们的文化积累，首先应当重视本民族文化的导引。本民族文化体现文化的个性。没有个性的文化将没有生命力，难以立足于世界文化之林。当然，当代条件下发展文化的个性，是离不开时代背景和全球背景的，因而不可忽视文化的横向积累。

现代的横向的文化积累是与传统的纵向的文化积累不同的。在传统社会，文化的积累主要是本民族经验与创造成果的缓慢积累。但是，在历史进入世界历史的条件下，文化积累就不仅仅是一个民族内部的文化纵向积累了，而是一个由不同民族、不同国家间文化交流而形成的横向积累。在当今全球化时代，横向的文化积累尤为引人注目，其重要意义在于有助于、有可能使一个民族、一个国家文化的积累发生跳跃式发展。这是因为，封闭的亦可称单纯纵向的文化发展，带来的常常是文化发明创造的重复性；而横向的交往与文化联系则打破这种重复性，使得一种文化体系通过向其他文化体系学习，直接吸收新的文化成果，从而避免文化发明创造上的单纯的"体内循环"、停滞不前乃至重复、浪费，加快文化积累的步伐。横向文化积累的成果转化为主体的本质力量，同时通过"文化积累主体"的对象性活动，有助于创造出新的文化存在形式、新的文化成果。对不同国家、民族来说，由于在长期的实践过程中因不同的历史和传统创造了不同的文化，由此形成了文化差异，这是十分正常的。问题的关键在于，要通过国际文化交往，使各民族文化之间相互补充、汇合和交融，逐渐形成人类新的共同文明财富。各国文化相互吸收和借鉴，这是文化积累的新的时代形式。当今，各个国家、各个民族在全球化条件下共享人类共同创造的文化成果，并加上自己的特有理解与消化，以及融进本民族文化的内容，显然有助于形成具有个性的新的民族文化。这一过程或结果确实意味着，现时代的文化积累不光有助于原有文化的丰富和发展，同时也有助于整个民族与国家的文化品格、境界的升华，有助于克服原有民族文化的某些局限性。因此，积极参与全球性的文化交流，应是21世纪民族文化积累的必由之路。

有文化积累作为基础，才有文化的发展，而文化发展应当看成是一个创造的过程。文化积累并非在原有文化基础上的简单相加的过程，而是对原有文化进行新的阐释与改造，并且不断增加新的文化因素的一个创造过程；还应具有民族性、时代性，并将二者结合起来，构成一个整体。既具历史性又具创造性的文化积累是有损有益的过程。当然，对损益问题，要做具体分析。比如，全球化时代的文化激荡，使发展中国家的民族文化发展常常处于被损害的地位，有时甚至陷入严重危机之中，但是，这种不利处境和危机并非一种注定的命运。关键是，发展中国家要善于在世界性的文化竞争中学会"游泳"，增强自己的文化实力，使文化激荡变为焕发文化生机、获取文化财富的契机，变文化受损局面为文化受益局面。可以说，当今的世界性的横向的文化积累过程是既充满着矛盾又充满着希望的过程，它无疑是文化发展的重要基础。我国要发展先进文化，除了继续纵向积累外，更要充分重视文化的横向积累问题。这也与中国特殊国情有关。我国社会主义社会是直接从落后的半殖民地半封建社会转变而来的，尚未经过社会生产力高度发达的阶段，这就使得封建主义、资本主义、社会主义三种不同形态的文化不是由低级到高级依次相继出现，而是集中于我国社会主义初级阶段，以致出现多元化并存的局面，从而使得真正有时代意义的文化成果不易产生，也使得有中国特色的社会主义文化的发展步履艰难。为此，我们应加快吸收世界文明进程中的成果特别是最新成果。我们既不能停滞不前，又不能急于求成，而要传承文明、开拓前进，一步一个脚印地进行符合时代精神的文化积累。当然，外来文化也是复杂多样的，是精华与糟粕的互相包含，因此，要仔细透视，取其精华，去其糟粕。今天，社会上不同阶层和利益集团的思想比较复杂，呈现多种价值观、人生观、道德观以及多种行为模式和生活方式，这就非常需要我们在文化建设中坚持正确的价值判断和价值取向，提高人们的文明层次，并通过有时代特征的文化积累，形成既具全球共性又有民族特色的文化认同与文化创造的局面。未来的文化，必将是创造性的文化、有自觉性的文化。

反观 20 世纪中国共产党人所代表的先进文化发展史，有两次富有成果的高潮都与长期的先进文化积累有关。一次是以毛泽东同志为主要代表的中国共产党人所领导的新民主主义革命，把马克思主义的基本原理与中国当时的具体实际结合起来，创立了中国化的马克思主义——毛泽东思想。另一次是 20 世纪 70 年代以来，以邓小平同志为主要代表的中国共产党人继承毛泽东思想，再次把马克思主义的基本原理同时代发展的实际结合起来，思考和解决中国的发展问题，即社会主义现代化建设问题，创立了邓小平理论，找到了一条在中国建设和发展社会主义、实现现代化的道路。总结这两次思想形式的确立，一个共同之处就是，它们在本质上是一样的，都是在历史发展进程中，善于抓住根本性问题，从社会发展规律的高度为我们党指明方向；两次思想的形成，都是以先进文化的积累为深厚底蕴的，都代表了中国文化发展的前进方向。

在 21 世纪，我们要坚持适应时代的文化积累。首先，要把握先进文化的前进方向，突出共同理想和精神支柱的特征。由于我们走过弯路，社会主义制度，尤其是具体体制、机制和现实形式还有许多不够完善、不尽如人意的地方，因此需要不断变革、调整、完善。在这种历史条件下，加深对共同理想和精神支柱的认识，显得特别重要。只有这样，才能把握文发展的正确方向，让人们从我们的文化发展里程中真正认识到，实践中的中国特色社会主义文化有着光辉的前程，从而使我们的共同理想和价值观念真正在广大人民群众中扎根，进而鼓舞人们去创造与时俱进的先进文化。其次，要突出对历史经验、外来文化的深层思考。善于总结历史经验是马克思主义政治家和理论家文化底蕴深厚的重要象征。当前我们要继承党的善于总结历史经验的传统，不但要善于吸取中国传统文化中的许多宝贵精神财富并加以创造性转化，而且要善于吸取我们党自身的历史经验，还要善于吸取外来文化中的优秀成果，从而有助于我们不断开拓中国特色社会主义文化的新局面。最后，必须突出解放思想、实事求是的特征。积累先进文化的过程本身，就是既坚持马克思主义指导思想，又勇于开拓、不断创新的过程。20世纪末思想解放运动是一次伟大的文化创新的开始，继续推进这一文化创新局面，是以后文化建设的任务。进行文化建设，许多新情况需要我们去研究，许多新问题需要我们去解决，许多新经验需要我们去总结。我们要发扬开拓创新的精神，创造性地开展工作。创新就是在积累基础上的综合和创造。创新，包括理论创新、体制创新、科技创新，以及其他创新，其共同本质是在深厚文化积累基础上创造性地开展工作。一种文化，有积累才有创新，有创新才是先进的。既要继承传统，又要突破传统。坚持解放思想、实事求是，与时俱进地不断创新，这是我们党的事业发展，包括文化事业发展的不竭动力和永葆生机的源泉。

（原文载《中共福建省委党校学报》2001年第11期）

文化社会学理论新透视

　　社会学以人类社会生活及其发展为研究对象，它揭示各种社会形态的结构、功能、社会变迁状况、社会发展进程和规律，其内容当然包括社会的文化生活及其发展规律问题。因此，文化学问题与社会学问题有诸多交融。社会学还是一门多元的复合学科，要在理论上不断有所创新，并进行更多深入的研究，就必然要分化出新的分支学科。特别是随着社会学对许多领域的渗透，社会学本身也更需要拓展解析和说明问题的领域，其中便应包括从社会学角度对文化做解析说明。"文化"，可能是各种论文著作和日常语言中含义最有分歧、使用最为随意的名词之一。但如果我们问，文化是哪一类社会现象，人们的看法是比较一致的：广义的文化现象等同于社会现象；狭义的文化现象就是社会的精神现象，不包括客观的物质现象。本文所论及的文化即指狭义文化。狭义文化的实质指的是，处于变化相对缓慢的特定自然环境和变化相对急剧的特定社会组织之中的人们，对自己与自然、自己与社会、自己与不同地域不同信仰不同民族（或种族）的他人的关系的适应性或创造性的精神——心理反应的成果。这表明社会学与文化关系的社会学问题，就是文化社会学的问题。本文对文化社会学理论做一些新透视。

一　文化社会学对开拓社会学研究功能的意义

文化社会学研究功能与学术视觉的选择在于，它确认文化本身就是一种社会现象，它总是在人类社会内部产生并发展起来。也就是说，人们只有在一定的社会生活中，在一定物质条件的前提下，才有可能创造文化、接受文化、传播文化；社会群体不仅是一种社会现象，同时还是一种文化现象；人创造自己文化的同时，也创造着社会和历史，从这个意义上说，文化创造与物质创造具有同等重要性。文化社会学所研究的内容，无疑使社会学能够更大程度地研究社会与文化的关系问题，因此，这一学科研究内容在新时代的开拓，对于社会学研究社会功能的开拓，具有一定的意义。

首先，有助于增强社会学审视社会的功能。人类社会中不同的社会群体，包括民族的、国家的、地区的乃至各行各业人们的共同体，他们依据一定的自然环境和社会环境，共同参与劳动与社会事务，创造了自己的文化。多种文化形态既彼此交融、互相渗透，又各具风貌、富有个性。就是同一个民族的文化，也不可能是清一色的，而永远是一多相融、多寓于一、一寓于多。各种文化所体现的文化精神，常常别具一格。当代，在文化社会学层面上对诸如"社会系统如何影响文化发展"，"血族、民族作为人类不同群体的文化社会学性质"，"文化的阶级或阶层性"，主文化、副文化、小群体文化以及世界文化与民族文化的关系等问题的考察，使社会学对人类文化的丰富性、多样性，对各种文化间的激荡、交流、碰撞、吸收、借鉴、融合、改造的曲折性，做更深的研究，这必然增强社会学审视社会的功能。

其次，有助于揭示文化对社会实践影响的规律和增强社会学指导文化实践的功能。按照帕森斯的观点，由生产、交换及整个互动关系总合起来，就构成社会关系，构成处于一定历史阶段上的社会。社会关系由一个社会结构和其他三个子系统组成，所有这些构成部分在功能上是相互联系的，其中的一个子系统便是"文化"系统。文化系统有助于使社会关系这个大系统保持均衡状态。具体地说，文化在社会关系大系统中的作用有以下几方面。一是文化必须为社会行动者提供向导,帮助社会行动者稳固地实现其目标。二是文化有助于维护社会关系大系统中社会行动者之间的合作与整合。为此,每一个文化系统都应该具有共同信念和有助于文化整合的意识形态,这样才可以使这个社会中的社会行动者在一种合法化的社会秩序下生活。三是文化系统为社会关系大系统中的社会行动者规定义务,界定个人与集体关系的原则。通过对文化社会学的研究,判断文化与社会发展要求之间的差距和某种文化系统对社会实践的适应程度,有助于了解新的文化要素产生与存在的现实,推动人们参与这种现实。文化社会学应以一种动态的眼光去观察各种不同的文化,特别应着重研究某种文化是如何随着社会的变迁而发展变化,未来又有着怎样的发展趋势和变化方向,以及我们应该如何把握、对待、控制、引导它们。帕森斯认为,文化对社会有导向和控制作用,它不仅指导和控制人们的心理、情绪,而且为人们提供价值观念、思想方式、行为规范,从而让人们按照一定文化体系的导向去生活、行动。帕森斯的这一观点有启迪性。假如没有科学文化知识,没有对理性、逻辑及各种文化的探讨,人类就不可能有今天的社会文明。文化陶冶人的情操,净化人的思想,提高人的素质。文化精神的发扬光大,是人类社会进步的象征,要把文化的不断发展纳入人和社会的整体发展的系统之中。在当代,文化对社会发展的影响正日益增强。比如,在当代条件下,文化的发展程度和合理化程度可以在相同种类、相同数量的物质中产生出完全不同的产品,获得迥异的效益;生产和经营活动过程实际上都与特定文化背景、人的文化素养结合在一起,乃至依赖工作者文化主体性的发挥。从一定意义上说,生产力的实施必然以文化形态为中介,甚至可以说,文化作为一种社会生产力,它在不断推动着社会的发展。当代在信息传播技术的干预下,出现了生产资源的开发方向和社会重心的转移,以及生产结构的更新换代,这些说明,生产性活动和社会性活动越来越离不开信息和传播,经济嬗变和社会转型是与媒介诉求同步的。这也说明,文化活动在社会建构中的作用越来越大,文化生活的社会实践意义越来越多地体现在信息和媒介之中。从文化社会学角度对此类问题进行研究,有助于更好地揭示文化对社会实践影响的规律,增强社会学指导文化实践、推动社会发展的功能。

二　文化社会学视野下文化的意义结构
与社会性的统一

　　韦伯有一个重要命题：人是寻求意义的动物。格尔茨在此基础上加以发挥，给文化下了这样的定义："（文化）是由历史传递的、体现在象征符号中的意义模式，它是由各种象征性形式表达的概念系统，人们借助这些系统来交流、维持并发展有关生活的知识以及对待生活的态度。"① 格尔茨又说："和马克斯·韦伯一样，我认为人是一种悬挂在由他自己织成的意义之网中的动物，而我们所谓的文化就是这些意义之网。"② 格尔茨对文化概念的这种界定，让我们看到，文化是一种价值形式。无论是在理论领域、科学领域、道德领域，还是在实践领域、表现领域、审美领域中，都贯穿着价值形式。而价值形式是不能离开意义结构的。在文化与社会的互动中，我们看到文化具有社会意义，社会具有文化意义。一方面，文化具有社会意义。文化是一种社会公众可共同察知或共同认识的现象。即使是意念性的文化，也不仅仅存在于哪个人的脑子里。按帕森斯的看法，文化是"指引人们如何对待自己、对待他人、对待周围世界的……构架"。③ 在帕森斯看来，文化和社会生活的关系，就像计算机程序和运算过程、遗传基因和有机体生长过程、工程蓝图和架设桥梁、乐谱和交响乐的关系一样，不仅是个人的、私隐性的内在心智活动，而且本质上是社会的、公共性的心智活动。可以说，文化不可能只存在于个人之内，而是存在于个人与社会之间、人们的共同体之间；文化的需要和能力的实现，意味着人类社会的生存和发展，意味着人通过了解世界而成为现实的人；文化实践本身也是人类生存发展的社会实践。一句话，文化具有社会的意义。另一方面，社会具有文化意义。当我们说到人类社会进化的历史时，基本上说的

---

① R. A. Shweder, R. A. Levine, *Culture Theory*: *Eassys on Mind, Seef and Emotion*, Cambridge: Cambridge University Pres, 1984, p. 1.; Clifford Geertz, *The Interpretation of Cultures*, New York: Basic Books, 1973, pp. 407 – 408.

② Clifford Geertz, *The Interpretation of Cultures*, New York: Basic Books, p. 5.

③ Clifford Geertz, *The Interpretation of Cultures*, New York: Basic Books, pp. 11, 250.

就是人类文化的发展史。倘若把文化史排除在人类社会史之外，那就看不到人类社会的发展，进而，也不可能对人类社会发展的前景有所认识。社会作为人类在实践中历史地形成的一种人们相互结合的群体，它是一个多层次的概念。社会不仅有经济的、政治的层面，而且有文化的层面。社会群体中人们的情绪、心态、风俗、习惯、价值观念等，不仅是一种社会现象，同时还是一种文化现象；社会群体的成员都从群体中吸取物质的、文化的种种成果；群体文化生活是使人们成为社会的人的不可缺少的途径。因此，帕森斯认为，在原始社会时期，社会和文化是紧紧联系在一起的，随着社会的进化，社会与文化才分为不同的体系；文化从社会体系中抽象出来的越多，它的自主性及功能也就越显著，但同时文化对社会的导向和控制作用也越强，不仅指导和控制人们的心理、情绪，而且为人们提供价值观念、思想方式、行为规范，从而使人们按照一定的文化体系导向去生活、行动，达到社会控制的目的。这些观点，显然既坚持了社会是文化的基础的观点，又坚持了社会具有文化意义的观点。既然社会作为人们相互结合的群体，既是社会现象，又是文化现象，所以社会成员从生活的社会群体中得到自身需要的满足、实现自身社会化的过程，也是自然的人得到社会文化的熏陶而成为社会的人的过程。也是在这一过程中，文化便必然从属于人的生存需要以及满足这种需要的社会实践。在社会实践中，个体的人以其需要为动力，在现实社会实践中逐渐展示主体性与社会性品格，逐渐表现其自我发展、自我完善以及创造的能力，从而，这一过程也是个体文化生成的过程。所以可以说，社会是一种文化的存在，人是一种文化的存在。所以我们说，完整的社会观，必然包含文化观；同时，完整的文化观，也必须纳入社会观。当今社会的文化意义还表现在交往中。同事之间、上司下司之间、雇主和雇工之间、生意合伙人之间、经纪人之间的交往，政治活动中同志之间、对手之间的交往，学术领域中学者之间的交往，等等，多半已剔除了天然情感、血缘关系、经验等自在因素，而更多的是以理性、法制、平等、自觉等理性文化因素为基础。这些社会交往深具文化意义。

进而，我们可以得出这样一些认识。第一，文化是由意义结构组成的，意义结构离不开象征符号（如物体、行为、事件的性质和关系等），并且又是社会上人们可以共同鉴别的，那么文化自然也是大家可以共同鉴别的，是社会性的。第二，文化是社会发展的产物，是人在社会化过程中的创造。文化的社会价值的产生与文化主体的利益、需要、能力以及自我把握的水平相关。只有当社会在实践中产生了对某种文化的需要，并且具备了利用文化的一定能力时，文化的社会价值才得以形成和实现。因此，文化的社会价值是依社会主体的状况、能力与需要的不同而不同、变化而变化的，表现出极大的相对性。因此，任何文化都不能脱离社会及社会化的人而存在。而社会离开了文化也就不能进步，就不能进入文明状态。第三，要把文化放在社会系统中去考察。在社会系统中考察文化，就容易看到，文化成果的具体价值具有多种可能，可以有此方面价值，也可以有彼方面价值，可以有利也可以有害，等等。无论何种价值，其中起决定作用的根据和条件首先都在社会方面，并不是文化本身能起决定作用。因此，文化与社会的互动所产生的效果是复杂的。第四，只有对不同文化的社会学属性，对文化发展的特定的社会情景进行考察，抓住意义结构的社会性，突出文化的社会性，才能对文化的意义做更深刻理解。所以，本尼迪克特在《文化模式》一书中特别重视对人的心理的研究，而人的心理的一个本质特征便是具有社会与文化的双重意义。在她看来，心理对人们的社会状况、民族的先进和落后的影响十分强烈，她是从文化心理深层结构上来研究社会的，也研究社会与人的心理的双向作用，并且主张，必须理解文化所担负的社会功能。她倡导的文化心理结构与社会功能结构的统一正体现了社会学研究文化的意义结构与社会性统一的传统。

在我国，学者在讨论文化概念的内涵与外延时，多沿用心与物、精神与物质或内在与外在的概念来进行界说，但如果从意义与社会性统一的角度来看文化的内涵与外延，则可能有助于避免罗列文化现象和罗列文化的层次等弊病，有利于干净利索地点出文化的焦点和方向，从而缩小文化分析的目标，减少文化研究中的玄妙性、空泛性。对文化社会学的倡导，不仅把文化研究的焦点集聚在意义结构上，而且把它放在整个社会生活的复杂机体中来考察；既深入到主观的心态，又联系到客观的社会；既有文化学的特征，又有社会学的意蕴。这对社会学研究领域的拓展是有意义的。

对文化的社会性重视的同时，当然也应当认识到文化与社会的区分。这种区分帮助我们真正深刻理解到，二者实际上形成系统间深刻的关系。第一，既然文化是意义的构架，是人们借以进行社会交往的意义与符号系统，而社会结构又是进行社会交往（行动）所采取的形式，是实际存在的社会关系的网络，那么，我们可以说：文化与社会结构虽然都是对同一现象进行抽象，但各自的抽象是有区别的，一个是从社会交往对交往者（行动者）具有的意义来看待交往或行动，另一个则是从社会交往对某一社会系统的运转所起作用来看待交往。第二，在明确文化与社会的区分后，更应明确文化与社会行动（交往）实际上存在着深刻联系等问题。韦伯对社会行动概念的关注之所以引人注目，是因为他十分强调文化与社会行动的统一。韦伯认为，社会学是一门试图解释性地理解社会行动（交往），进而为了对它的进程和效果做出一种因果解释的科学。格尔茨认为，一个完整的社会行动是由文化系统、社会系统和人格系统组成的，三个系统既彼此独立、同等重要，又相互联系、彼此渗透。马克思恩格斯则十分强调现实的、活生生的人的具体的感性活动，强调把人"作为在历史中行动的人去研究"。[1] 显然，持这些看问题的角度，有助于我们认识文化学与社会学的联系，认识文化社会学的意义结构与社会性的深刻关系。

三　文化社会性交往所包含的社会学的普遍性

个体与社会的关系始终是社会学的基本问题。而有关社会性交往（本文已说明了，交往也称为行动）的总原则是认识个体与社会关系的一个前沿问题。人们在社会中必须不断地进行交往，否则就无法生活，更不能发展。交往的具体形式，有生产的、经济的、政治的、法律的、道德的、血缘的等等，但可概括为物质性的交往和文化性的交往，二者都属社会交往。因此我们可将文化性交往称为文化的社会性交往（亦即文化的社会性行动）。作为人类生活中不可缺少的重要部分，文化的社会性交往既是双向行动，又是不平衡行动（时而文化输入占主导地位，时而文化输出占主导地位）。文化的社会性交往包含着社会学的普遍性，它在以下特点上与社会学的视野或探寻的内容特点相契合。

手段的统一性。文化的社会性交往手段是统一的。就是说，文化要在

---

[1]　Clifford Geertz, *The Interpretation of Cultures*, New York: Basic Books, 1973, pp. 11, 250.

不同的人或人群之间进行社会性交往，需要考虑采用各方都认为合理的、能够掌握或理解的交往手段。其中，最基本的交往手段是语言。只有人们之间能用语言互通，人们之间才有可能沟通，达到文化的社会性交往的目的。如果一个社会的成员普遍文化水准较高，语言沟通能力较强，那么，在这种社会里，文化的社会性交往也比较容易开展。言谈行动是一种陈述。为了交往的顺利进行，陈述应是真实的、正确的，或者是真诚的，这样，才能在文化的社会性交往中使有效断言被提出、接受或被反驳，才能真正体现文化的社会性交往手段的统一性的含义。在当代，文化的社会性交往手段愈加重视视觉手段，图像性因素更加彰显，甚至跃至语言手段之上。影视对文学的凌越便是一例。当越来越多的文学名著被改编与拍成影视剧时，看影视的乐趣胜过文学阅读的乐趣，显然，展示外观、追求视觉快感，是现代文化社会性交往的新的手段运用的结果。文化的社会性交往手段中类似这样的一些新的情况，正是当代社会学亟须研究的。

内容的选择性。即文化的社会性交往内容具有选择性，否则就达不到交往的目的。社会实践、社会生活的丰富多彩，社会分工不同，活动领域上的区别，年龄上的差别等，会造成人们知识、理解或信仰、理想上的差异，致使人与人之间难以沟通。从社会学的角度看，就是生存方式不同，对社会的理解不同，对文化的选择和参与也不同。或者说，在文化的社会性交往中，由于存在方式背景的巨大差异，各式各样的人对文化的理解常常会大相径庭；尽管人们之间的语言可以通过种种手段进行沟通，但在社会习惯上、心理上、理解上的沟通却不是那么容易的。因此，要达到文化的社会性交往中的相互理解，在交往内容的选择上，必须理性化，这样，才能在文化的社会性交往中做到命题真实、规范正确、真诚可靠。为了能在合理的动机上让各方达成共识、相互之间有更多的理解，在当代，更要注意努力追寻人类各种文化模式和准则中同与异的根源，注意研究人类文化的多元性和内在的一体性，认真选择交往中双方都能接受和通过沟通有可能接受的文化内容，从而使文化沟通与社会交往趋于一致。

沟通的目的性。每个人的精神家园都可以不同，但这不是说，人们不需精神上的沟通和社会生活中的协调。当代德国社会学家哈贝马斯把目标取向的行动称为"目的性行动"。它指的是，在比较、权衡各种手段以后，行动者选择了一种最理想的达到目的的行动方案。人们进行文化的社会性交往的目的，是要达到情感上的了解、意识上的相通和社会实践活动中的协调，也是为了人们自身的文化享受和自身的利益。在文化的社会性交往中，通过运用特定手段，让特定内容的文化交往于彼此之间，形成一些稳定的文化交往方式，形成小社会中不同的文化之流；在更大的社会中，则形成了由各种文化组合而成的文化事业和精神文明态势。人类文化史就是人类追求有意义的完美生活的历史。人们不断否定和告别过去，就意味着将努力创造比以前"好"的生活。以此为据，人们自然要依照文化目的来选择和调整自己在文化社会性交往中的行动方向。可以说，对文化社会性交往目的的回避，也就是回避社会。毫无疑问，在实践中创造的、在社会中成长的文化，大多是为了提高人的文明程度，为了人的福祉。而笼统地认为一切文化的价值都是相对的，各民族文化在价值上都是相等的，无落后与进步之别，则不符合文化社会性交往目的的明确要求。正确的态度应该是，要在各种不同的主体的文化沟通中，关注国内与国际的沟通、地区之间的沟通、人与社会的沟通；要注意横断面的、多重性的、网络化的沟通；要认真分析、分辨各种文化中的精华与糟粕，坚持发展先进文化，为社会、为人民提供高质量的精神食粮。这些，体现着文化社会性交往中的社会学精神。

条件的制约性。文化的社会性交往必然要受到种种条件特别是社会条件的约束。而社会条件常常是复杂的，包括社会经济形态、人口因素、社团因素、信仰、习俗、体制等等。特别是群体的行动，要受群体共同价值的约束。正因如此，在当今世界，不同的国家因为国力的差异，便不可能在国际文化交往中是平等的对手，因而设想在各个民族间的文化交往中不存在不平等问题，那是幼稚的。在地区性文化交往中，一些族性的标准常常无条件地凌驾于其他标准之上……诸如此类的约束，常使一些不同文化之间无法进行理性的对话和平等的沟通，乃至无法达成文化共识。由于条件的制约，当代文化的社会性交往中，一元绝对的、非此即彼的观念，身份观念，自我中心观念，都不切实际。为此，我们有必要认识到，在全球化与文化多元主义的时代，文化的社会性交往中过多的利益诉求、过偏的情感倾向、绝对化观念等，应当被社会学所一向倡导的理性的对话、灵活的选择、扩大的共识所代替。

现当今的文化社会性交往，对社会学提出了新的尖锐的挑战。比如，商品文化交往向社会学发出了挑战，包括在物质满足成为社会最高价值的趋势中，作为精神产品的社会学，是否可能和应当怎样维护高尚的文化价值观的存在地位这样一类问题的挑战。观念文化也向社会学发出挑战。例如，面对文化开放、中外文化交流、观念的撞击和淘汰，社会学观念应当有怎样的回应？为此，作为社会学一个分支的文化社会学，应不断研究社会进程中文化发展的新情况、新问题。要研究在现代社会信息化浪潮的推动下，人们不仅获得了新的生产力，而且也获得了新的交往技巧。互联网作为全新的互动式信息传递载体，不但深刻地影响着人们的生活，也深刻地影响着人们的思想。现在，人们越来越把交往关系看成是比生产关系更为广泛的东西，越来越明确认识到，生产关系并不直接制约交往。比如，网络公民和市场公民一样，是无国别无阶级的，信息选择是自主的，信息的社会性交往是自主和互动的。新的交往关系和交往形式为人的自由而全面的发展提供了新的现实可能性（当然，也不能因此而误认为交往关系可以消解不同生产关系的本质区别）。总之，在现代社会信息化浪潮推动下的文化的社会性交往中的种种新问题，正是文化社会学要开拓的视野。还要研究随着科学、技术、观念等文化的社会交往的开放，不同价值观念之间的交流、宽容、认同甚至融合，为何是不可避免的，等等。

四　社会自觉与文化自觉在文化社会学中的意蕴

人类具有动物性的一面，因而求生存是其基本的需要。但如果仅仅看到人类的生存目的，那就会束缚人类的发展，造成文明的扭曲、变形。人类要有超生存、超动物的社会自觉。社会自觉表现为对社会的发展、前景的关注和对人类社会未来生存的焦虑。不妨以西方理性主义的社会自觉观为例。这种观点认为，社会发展是会向越来越符合理性的方向前进的，人类社会也随之不断由低级到高级，由简单到复杂，由野蛮到文明，由自由状态到契约状态，由自在阶段到自为阶段向前发展，最终达到至善至美的终极境界。从中我们看到，近代理性主义思想家的社会自觉应是与文化自觉相统一的。社会学作为专门研究社会发展的学科，它正诞生于理性主义思想传播的鼎盛时期，因而，它的社会自觉观一开始便受到理性主义的影响。社会学创始人之一孔德就是一个典型的理性主义者，他设想的社会发展阶段是神学、哲学和科学三个阶段，认为只有到了科学阶段，实证科学占支配地位时，人类社会才趋向成熟。与孔德同时代的马克思则提出，社会发展是社会存在与社会意识矛盾运动的结果，社会发展也是借助于人们有目的的实践活动得以实现的。从实践观点出发，马克思认为，社会的发展是人自己创造的结果，"历史不过是追求着自己目的的人的活动而已"。①以这种实践创造论的社会自觉观为指导，马克思反对传统理性主义的单一模式的社会自觉观，主张一种承认特殊性、多样性和可选择性的社会决定论。从实践观点和社会决定论出发，马克思恩格斯强调，人类在宇宙中的地位如何，取决于人们的自觉活动，社会发展的自主自决和"每个人的自由发展是一切人的自由发展的条件"。② 马克思恩格斯学说本身就体现了社会自觉与文化自觉的高度统一。

全球化的出现标志着一个时代的开始。所谓全球化，首先指的是全球交往体系的形成。在这种交往体系中，了解他人，理解他种文化，学会宽容和接纳"多元"，是时代的声音。这就对文化自觉提出更高要求，表现为以下几方面。第一，文化交往中开放力度加大。经济交往的发展必然带动（并且在一定意义上说，也是包含）了科学、技术、观念等文化的社会性交往的开放。其中，不同价值观念之间的交流、宽容、认同甚至融合，显得更加必要。要进行交流与合作，就必须排除心理障碍或缩小心理距离，必须有思想沟通，这事实上就是要使狭隘、封闭的文化心理转变为宽容、开放的文化观念。生产和科学技术的发展，促进了交通、通信及其他各种交往手段的发展，文化传播手段也更为现代化，从而使文化的社会性交往走向国际化。现在，通过互联网等渠道，世界各地、各方面的情况、不同的文化每时每刻都在交流；世界上不同的传统习惯、价值观、伦理观、生活方式等经常性地相互碰撞、融合与斗争，正是社会的文化、精神生活交往走向开放的结果，正是文化的社会性交往普遍化的表现。第二，独立人格的发展。以经济、政治的依赖性为基础的人身依附关系，阻碍人格的独立发展，并造成封闭社会中的畸形人格。在当今开放社会中，虽然

---

① 《马克思恩格斯文集》第 1 卷，人民出版社，2009，第 295 页。
② 《马克思恩格斯选集》第 1 卷，人民出版社，2012，第 422 页。

也在加强人对物的依赖关系，但这并不影响人格的独立性和人的自由个性的一定发展。而且，随着社会开放力度的加大，将更有助于摒弃人的依附关系而达到人的自由、全面的发展，达到高度的文化自觉。第三，人的创造性得以充分发挥。在全球化的商品经济社会中，个人必须主宰自己的命运。每个人都不能在依靠他人问题上抱有幻想，而必须不断提高自己适应社会生活的能力。这就要求每一个人都要自觉地为自己"充电"，增加新知识，增强创造性，不断给自己"加压"。这是一种文化自觉，它推动主体创造性思维的发展和创造能力的发挥。

全球化时代也对社会自觉提出了更高的要求，表现为以下几方面。第一，对社会文明的调适与转换提出了新的要求。全球化时代新的文明不是对原有传统文化进行简单修补，而是要进行现代性的调适与转换。而转换，就有个向度问题。对发展中国家而言即由前现代向现代迈进这样一个向度。为此，从社会自觉角度而言，新的文明转换就是要求我们的视野接受现代化要求的审视。这实际上也就是要求正确处理民族文化与全球化的关系，要求进行文化整合，对文化结构做新的调整。第二，处理好多元与中心、相对与绝对、世俗与神圣、整合与开放等不同社会诉求之间的关系，以及个体价值与社会价值的关系等等，这将是人们在全球化时代的社会自觉要面对的情景。第三，调整社会心态。既然人是被嵌于某种意义体系和社会结构之中的一种存在，那么人的心态与他所在的意义体系、社会结构之间就会不断产生互动，因而要调整社会心态，使之适应于意义体系、社会结构改变带来的冲击。在当代，要特别注意用一种理智、客观的眼光来看待全球化，从而使心态适应全球化的态势并有所作为。健康的社会心态是一种社会自觉，也是一种文化自觉，它应是开放的、发展的、平等的、互相尊重的。第四，升华自由文明。马克思主义历来认为，人类的最终目的是追求人的自由和全面发展。在21世纪，人类不仅要从传统的工业文明走向生态文明，而且要从生存文明向自由文明升华。这就要求，在价值取向上，要从追求生存价值转到追求自由价值上来；在文化类型上，要从以物质型文化为重点转向以追求人的自由全面发展为重点的文化；在社会关系上，要从充满生存斗争的社会关系中走出来，并向平等合作的社会关系转移，而且社会生活要更趋个人化与分散化。相信全球社会平等合作会在21世纪得到升华。当然，这是一个很艰巨的历程，在完成这一任务过程中，霸权主义和极端民族主义倾向都是我们应该坚决反对的。

费孝通先生近年来多次提到的文化自觉问题，实际上也提出了社会自觉问题，并对文化社会学提出了一个令人深思的问题。他说，文化自觉在当今时代"指的是生活在一定文化中的人对其文化有自知之明，并对其发展历程和未来有充分的认识"。他特别提出，要为世界文化的多元和谐做出贡献，要"自觉地探讨文化的自我认识、相互理解、相互宽容问题，确立世界文化多元共生的理念，促进天下大同的到来"。① 费孝通先生以上所阐述的文化自觉精神也是社会自觉精神。其一，"生活在一定文化中的人"，阐述的是，人的存在是一种文化的存在，文化从属于人的生存需要，同时又满足人的生存需要；正是人创造了人的社会需要及其文化。一种文化的生命力如何，根本上取决于它能否适应生存环境的变化。文化对人类的意义，不仅有外在的关系，更在于内在的方面，它本身就是人类生存发展的一个标志，它的发展本身就意味着人的发展、社会的发展。其二，"对其文化有自知之明"，表明对我们生活于其中的文化要持理性态度。今天的人，无论在哪个方面，都离不开理性、知识、逻辑等属于文化的要素，离不开对各种文化问题的探讨、研究、思考、想象、鉴别、发现、传播等；要处理好文化的民族性与时代性的关系、本位文化与世界文化的关系等；要从文化的共同需要出发寻求大多数文化的共同点，同时尊重多元文化的局面，要坚持以我为主、博采众长的原则。其三，"对其发展历程和未来有充分的认识"，指出要认识文化的发展历程及其规律，把文化的不断发展纳入人和社会整体发展和自我完善的目标体系之中。其意还在于，在对文化发展的未来认识方面，不应把全人类的或全民族的精神世界统一，而应以充分的民族自信敞开胸怀，大胆接纳外来文化，在激荡中学习借鉴，在碰撞中扬弃升华，在交融中丰富发展我们的文化。我们要研究如何在不同文化间达成共识，从各民族的优秀文化之互融互补中寻找本民族文化的现代出路与未来前途。文化自觉意味着，人通过文化精神的发扬光大，把自己陶冶成现实的、完整的人。这一思想充满了文化社会学的深刻意蕴。

（原文载《中共福建省委党校学报》2002 年第 7 期）

---

① 费孝通：《文化的生与死》，上海人民出版社，2013，第 636、638 页。

朱熹与闽学

朱熹哲学散论

朱熹（1130~1200）是一位精思、明辨、博学、多产的哲学家、思想家。朱熹继承了由二程（程颢、程颐）恢复的孔、孟的"道统"。在朱熹手中，正统派理学得以建构完成，取得完备形态。朱熹是宋代理学的集大成者。

朱熹的出生地是福建尤溪。朱熹少年时即已在福建武夷山居住；中年时，在武夷山创建武夷精舍；晚年居于福建建阳考亭，创建沧州精舍（即考亭书院）。朱熹是一个读书人，他做官的时间很短。他是一个有着庞大思想体系与丰富学术成果的大学问家、大理学家。

理学又称道学。道学是继承与发扬孔、孟"道统"的。宋代理学（道学）中有"濂、洛、关、闽"四大学派。"濂"指周敦颐学派，"洛"指二程学派，"关"指张载学派，"闽"指朱熹学派，均以地域称学派。

朱熹在哲学的主题、方法等方面多有创意，略述如下。

一　对"无形而有理"的"太极"本体的探索是朱熹哲学的主题

哲学活动，是在最普遍、最广泛的意义上对自然、社会、人的思维知识的概括和总结，以及对人类的本真价值的追求，是对思想的思想，是为人类提供一套原则所做的探索，其思维逻辑必须体现为相应的概念、范畴和原理。理，是朱熹学说的前提性规定，其意义可理解为：（1）理，在逻辑上先于具体事物，是万物存在的根据；（2）理，是普遍之义理（理学又称"义理之学"）。这义理，包含存在的原理、价值的理想等。这义理，为人世间立定准则（包括仁、义、礼、智、信等原则）。本来，哲学的思考，就不应该停留在感觉、常识的层面上，而要超越感觉的世界推进到形而上学之境。通过宋代理学家特别是朱熹的哲学式提升，"理"成了中国宋、元、明、清哲学的理论基石、最高实体、终极存在和追求的目标。

朱熹讲"理"的同时，还讲"太极"。"太极"本是《易传·系辞》中的概念，北宋五子之一周敦颐《太极图说》的头一句是"自无极而为太极"。这里的"无极"是虚无的意思，整句意思是：虚无中产生太极。这显然是道家思想，用的是道家语言，而理学必须有自己的本体论思想。朱熹在这方面是很用心的。朱熹把"自无极而为太极"这句话改为"无极而太极"。表面上看，只是删去两个字，但意思大不一样。"无极而太极"是说，"无极"就是"太极"，无形的"无极"不是空的，它是与"太极"亲切浑全的。朱熹巧妙地解释了周敦颐《太极图说》中"极"字的含义，认为"极"就是道理之极致的意思，从而阐述出一个原理："无极者无形，太极者有理也。"[①] 在这里，朱熹认为，"太极"即有理。朱熹强调："'无极而太极'，只是说无形而有理。"[②]"无形而有理"，这是具有抽象性、哲理性的思想。它与道家的自"无"生"有"的生成论思想（"有生于无"）是有本质不同的。"无形而有理"一语，本体论特色很明显。所谓本体，指万物存在的根据，也指万物存在的必然性、合理性。对"无形而有理"的"太极"本体的探索，如提出"太极"是"理"的全体，是最根本的"理"；"太极"与万物的关系是体用一源、显微无间的关系；"太极"本身无动静、无始终，是永恒的存在，但一切事物的生灭、动静都是"太极"作用的结果，等等，正是朱熹哲学的主题所在。

朱熹在对理与太极问题的论述中，特别引进了程颐的"理一分殊"的概念，探讨了一理与万理的关系。"理一"即本原之一理，"分殊"则指现实之万理。"理一分殊"，说明了世界上的事物虽然千差万别，但本质上受

---

① （宋）黎靖德编《朱子语类》，王星贤点校，中华书局，1986，第2366页。

② （宋）黎靖德编《朱子语类》，王星贤点校，中华书局，1986，第2365页。

同一个宇宙本体所支配，这类似于"月印万川"的道理。

二　朱熹哲学的心性论重视人的本真存在

宋代理学家中，首先阐发心性之微的是周敦颐。他在《通书》中认为：性是人内心中的刚、柔、善、恶、中。此后，张载、二程等人的理论中，实际上已形成了性理化的心性学说。二程提出：性即理也。其意是指，性的本体是理，理表现在人方面就叫作性，性是以理为内涵的。二程的这一理论，为朱熹进一步对人性进行理论阐述提供了重要的理论基础。朱熹对心性的理解，强化了本质主义的思路，即孟子、二程等学者的思路。

朱熹力求证明，人的心性追求（即对道德心和先验善性的追求）具有融入宇宙精神的深刻意义。朱熹的心性论强调，先验的、优美而和谐的善性，本来就存在于天地之中。在朱熹看来，天命之性（天地之性），是太极本然之妙，是指那具有首要性和基本性的理，它是纯善的；而气质之性，以理与气杂而言之，它有善有恶，有时善的成分大一些，有时恶的成分大一些，这都是"气禀"不同造成的。

朱熹还论证了心对性、情的作用。朱熹发挥了张载的"心统性情"说。朱熹认为：心之未动则为性，已动则为情；性的本体就是理，性即理；性的状态是静，情的状态是动，性是体，情是用，心是人的知觉，其作用是贯通在动静、体用之中的，所以，心统性情。

朱熹的心性论，比正统派理学先辈更重视人的本真的存在，也更强调人内在的生命力和创造性对人的性、情的主宰作用。朱熹的心性论表明，他实际上已经看到，人的存在是具有多方面意义和价值的存在，世界具有属人的性质，所以，人不仅要服从外在必然性的要求，而且还要按照人的内在本性善的要求、价值的要求，来改造外部对象。也就是朱熹在对《中庸》进行注解时说的：人能尽人之性，则能尽物之性；能尽物之性，则可以赞天地之化育；可以赞天地之化育，则可以"与天地参"（把人的精神提高到同天的境界）。

三 朱熹哲学中"致知在格物""即物而穷其理"的认识方法包含合理的因素

《大学》有格物致知说。二程说：格物就是穷究物理，今日格一物，明日格一物，积习多了，然后就"脱然贯通"。关于格物与致知的关系，程颐语焉不详，朱熹则讲得很透彻。朱熹指出，欲致知则必先格物，而且致知不是格物之外的另一种"工夫"。致知，是推致其知以至其极，是人们在认识事物之理后主观认识达到详尽完备的结果。朱熹十分重视《中庸》《大学》。他还作了《补格物致知传》。其中说，当"豁然贯通"之后，则"众物之表里精粗无不到，而吾心之全体大用无不明"。① 这里的"明"，是既明物之理，又明心之理（心之理，包括仁、义、礼、智、信等）。

朱熹的《大学章句·补格物致知传》中有句话特别重要："所谓致知在格物者，言欲致吾之知，在即物而穷其理也。"② 这句话的含义是深刻的。首先，认识的主题是人心之知。要让人的内在的心明亮起来，以心中之理去照见外物；理未穷而知不尽，人要通过即物穷理，以认识外物之理；天下事物莫不有理，理不穷则心不尽；人要尽性（这里的"性"，是指人类价值"善"的根基），才能穷理。其次，认识的方法是格物。人必须通过格物，才能取得知识。

这里包含着一个前提，即物我一理。这是说，"物"和"我"、"外"和"内"是统一的。所以，一方面，人一旦明白了事物的"理"，心中的"理"也就明白了；另一方面，穷尽了事物的"理"，也就唤醒了心中的"理"；再一方面，人们认识外物之"理"，其实就是拿心中的"理"去照见外物。

这里也包含着一个合理因素，即人要在博学基础上才有可能对现象、事物进行质疑和分析，去发展认识。这个问题也涉及宋代理学中的"道问学"和"尊德性"的关系问题。理学传统中的"尊德性"讲道德修养，

① （宋）朱熹：《四书集注》，巴蜀书社，1986，第7页。
② （宋）朱熹：《四书集注》，巴蜀书社，1986，第6页。

"道问学"讲求实在的学问知识。"尊德性"肯定人的德性是本来已有的，但不免为物欲所蔽，因此人要时时在德性上用功夫，保持德性于不坠。正统派理学传统中的"道问学"，强调读书穷理最为重要，否则，德性就不免流于空疏。"道问学"与"尊德性"，是理学的两个轮子。南宋持"理本论"立场的朱熹，重视《大学》《中庸》，其思想本意就是强调这两个轮子不能分。南宋持"心本论"立场的思想家陆九渊，虽然并不主张完全废书不读，但他也认为，读书对于成德的功夫而言，只是外在的，不是直接相干的。陆九渊强调"尊德性"。朱熹肯定，理在人性中的表现就是性，至善的天命之性是人的本性，显然他是肯定"尊德性"的；但他特别强调，不是只肯定"尊德性"就够了，而一定要"道问学"，即要从博览群书和对外在事物的考察中来启发对"理"的认识。朱熹认为，两方面的功夫不但相互依赖，而且相互促进，涵养中自有穷理功夫，穷理中自有涵养功夫。朱熹一系的理学正统派，最是强调"道问学"，实际上是强调，知识是一个占中心位置的问题。这有其重要意义。应当指出的是，在古人看来，知识是有"德性之知"与"闻见之知"的区别的。"德性之知"，可理解为是关于价值的知识；"闻见之知"，可理解为是关于事实的知识。两种知识应当平衡与协调。因为理性因素与价值因素是不能割裂的，认识与涵养中都既有"成德"的问题，又有"博学"的问题，其总的目标都是强调要追求"内圣"之境。"内圣"，即内在的自我超越，是宋代理学各派都要追求的主导目标。

（原文载《中共福建省委党校学报》2012年第6期）

朱熹哲学思想的历史地位

一　序言

　　朱熹哲学是中国古代最有影响的哲学体系之一。应当将它摆在中国古代哲学的整体结构中做横向与纵向的比较，才能评价出它的历史价值来。

　　考察中国古代哲学思维的理路，我们便可发现，"究天人之际"即研究天（道）与人（道）的关系是中国传统哲学讨论的中心问题，也是中国古代哲学家构造哲学体系的轴心。围绕此轴心，中国古代哲学家的理性探讨，一般包括三大方面：一是关于天道问题，如对"元气""精气""太极""道""理和气"等一系列标志世界统一性和无限性问题以及对"动和静""一和两"等标志物质运动及其规律性问题的探讨；二是关于天人关系问题，如对"天和人""力和命"等标志人与自然关系问题的探讨；三是关于人（道）的问题，如对"形和神""格物和致知""知和行""参验和是非"等标志人的认识的问题与"性和情""义和利"等标志人的本质及伦理道德问题，以及"古和今""理和势""经和权"等标志人类社会发展过程问题的探讨。这些是中国古代最基本的哲学问题，有机地构成了中国哲学的主要命题和中国哲学家们探讨的主要课题。

　　朱熹就是循着这一条理路来构造自己的哲学体系的。但作为一个在中国历史上有重要影响的哲学体系，朱熹哲学更有自己的新的内涵。所谓新的内涵，是指它有以前或同时代其他哲学体系所没有或不充分具备的独特内容，因而开拓了一个新的领域，显出自己哲学思想的声威。我们探讨朱熹哲学思想的历史地位，自然应着重于分析它与以前及同时代哲学诸体系相比，将哪些独特性的理论、方法加进了中国古代哲学的总体之中。

二　朱熹道统论：解决传统儒学思想的一致性问题

历史上，每当儒学逐渐失去发展动力和内在活力时，就必然有人出来改造儒学，使儒学得以产生新的生长点，出现新思路。战国时的思孟学派把孔子的"仁"学推向内省方面，使儒学心性理论大放异彩。当时的儒家学者强调圣人心传的要旨。他们认为尧将"允执其中"四字（即《尚书·大禹谟》的"允执厥中"）传给舜，"舜亦以命禹"，这一传道要旨十分重要。《孟子》中的《尽心》《公孙丑》两篇，把尧舜至周公的传系接上孔子，而孟子自己认为，在孔子之后自己是"舍我其谁"当仁不让地承继这个传系的人。荀子是儒家传人，他也提到过这个传系，并把《大禹谟》中的"允执厥中"解释为"人心之危，道心之微"（《荀子·解蔽》），认为是儒者之"道经"。荀子的这一思想已具有后来所称"道统"的意思了。在汉唐儒家当中，虽然也讲这个传系，但所传的是什么精神，却是越来越不明确了，几乎忘了孔子所说的尧所传"允执其中"的精神了。唐代学者韩愈举起儒学大旗，辟佛卫道，在《原道》篇中也讲了尧舜至孔孟的传系。在他看来，这个传系到孟子以后即已中断，"不得其传"。韩愈自认为可以"祖传"尧舜以来相传的"道"。但韩愈所讲的"道"是"合仁与义言之也"（《原道》），并不是孔子提出的那种把握儒家思想的原则、尺度的"允执厥中"的"道"。所以，韩愈讲的儒道与所谓道统的"道"，不是一个意思。

在宋代思想洪流中，涌现出一股新儒学之流。新儒学产生的社会背景是北宋时期社会变迁的需要。因为，在中国社会由唐末五代的长期分裂状况走向宋代的新的统一，必须有一种新的哲学思想从世界观、方法论上进行指导，以巩固当时统一的中央政权，重振封建纲常伦理。这时，有一批思想家如周敦颐、张载、程颢、程颐、朱熹等人，针对儒学所提倡的道统被削弱的情况，着手创建新儒学——宋代理学。理学的着眼点在于寻求传统儒家文化的活精神——义理。他们的学说，比起先秦精神来，理性成分更多一些。这很符合当时的时代要求。宋代中国，国家处于贫弱时期，又是民族遭受困厄、民族主义情绪高涨之时。周敦颐、张载、二程、朱熹等思想家为振奋民族精神，便提倡正己正人、齐家治国、忠君爱民。但理学家们不是只将儒家学说的仁、义、礼、智、君、臣、父、子等伦理道德思想作为一种教育理论和伦理规范的准则，而是把它们上升为哲学本体，用"天理"二字来加以概括。他们将封建纲常伦理与自然界的"天道""天命"等都概括在"天理"这个范畴之中，使天与人同受这一哲学本体的支配，他们认为，这样才符合"道"。"道"是形而上的，而"器"（具体事物）则是形而下的。形而上之"道"也就是"理"；只有从"理"的形而上学本质中才能获知理、心、气是什么；理、心、气拥有自己的特定世界，并建构了适应于这个特定世界的思维类型、价值取向、道德标准、历史评价等范式。而理、心、气的根底何在呢？朱熹以扇子为例，指出扇子的存在之真，并非扇子的物象，而是超越物象的扇子之理；扇子之理是扇子所必须具备的最基本、最一般的规则、规范的"和"。"和"是各种要素的统一。朱熹的这一思想，无疑是对北宋理学家关于道统思想的总结、综合，同时又体现了朱熹的一个伟大创造。因为朱熹实际上已找到了儒家道统的真谛，即"和"，亦即"中"。正因如此，朱熹特别重视《中庸》。朱熹认为，子思推本尧舜以来道统相传之意而作《中庸》，孔子以后的学者中能得道统遗意、抉幽发微的，莫过于子思了。于此，朱熹对《中庸》"沉潜反复"，精心疏释，作《中庸章句》和《中庸或问》。他在授徒讲学中，对《中庸》的讲述更是不厌其烦。朱熹确定的道统体系，就是从孔子提出的尧所传"允执其中"的"中"开始的。他为了建立儒家道统，还对《中庸》思想做了大胆的改动。本来，《论语·尧曰》中说：尧将"允执其中"一语交代给舜，"舜亦以命禹"；而朱熹却说，舜将"人心惟危，道心惟微，惟精惟一，允执厥中"四句话授予禹。这样便更突出了"中"的内涵，也使"中"的内涵更为丰富，其中包括"人心""道心"问题、"惟危""惟微"问题、"惟精""惟一"问题。由此可见朱熹用心之良苦。朱熹在讲《中庸》的过程中，在讲求"中"的方法的过程中，使儒学得到进一步的发展。他把诸如天道、心性、格物穷理、求物之当然之理等理学的种种概念，都包括到"中"之内了。他从"中"的本义和求"中"的方法着眼，进行分析，认为，"中"的意义亦即"诚"（《中庸章句》第21章）、"道"和"天理"（《中庸章句》第4章）。他疏释说："天下之理皆由此出。"（《中庸章句》第1章）朱熹强调道统的真谛就是求得一个恰当和谐的"中"。道统论真正成立在朱熹思想中。朱熹道统论所讲的"中"，实是研究儒家思想的一把钥匙，可以打开儒家思想的秘密。朱熹还对道统的传递过程做重要论述。比如，他认为，孟子之后的汉唐时期，是千年幽暗，道统失其传，直到北宋"二程兄弟出"，以不世之才，上接孟子，"以续夫千载不传之绪"，能够"推本尧舜以来相传之意"，"得有所考"，"得有所据"，使尧舜以来的道统"赖以不坠"（《〈中庸章句〉序》）。朱熹并且以能否传述和阐发道统的"密旨"作为标准，对道统传系的人物做了整肃和确认。对道统思想，朱熹还以孔孟等儒学中的"四书"为规约，又以人心、道心的伦理性为具体意义。显然，作为一种把握儒家思想的根本方法论的道统论，无论从道统的传系形式，还是从道统的思想内容的建构方面讲，都是发轫于孔子而确认于朱熹的。朱熹在完成理学建构的过程中，同时完成了道统论的建构。

朱熹的道统论，解决了儒家思想的一致性问题，特别表现在，它强调儒家"中"的思想贯穿于儒家整个伦理思想之中。朱熹十分重视的道统16字，是从人心、道心的伦理出发的，而归结为"允执厥中"的"中"。朱熹道统论的伦理特性，与偏重伦理的儒家思想是吻合的。儒家的伦理思想，是讲礼义纲常的，而朱熹的道统论就是把握这些具体的伦理思想的要领、"秘诀"，即把握人与人关系的恰好道理，达到适当的无过无不及的"中"。这样，在人与人关系中，就得到一种适当的和谐和协调。而人与人的和谐的人道，是天道自然的体现；天人之际，人人之际，其间以"道"一以贯之，就能达到天人合一的境界。这正是儒家思想所一贯追求的境界。正因如此，朱熹的道统论，使儒家思想的一致性问题落到了"实处"。它为儒家解决人与外部世界的关系提供了尺度，传统儒学于是便有了更为思辨的、更加一致的思想大原则。

朱熹的道统论，为儒学在宋以后历代封建社会的发展开辟了理路。明代王守仁强调，天理与良知有共同的内涵，但又有异，因为"良知是天理之昭明灵觉处"（《王文成公全书》第2卷）。"昭明灵觉"是指道德意义上的本觉，即本然明觉的"本心"处。从严格意义上说，王守仁的"良知"，是天理与灵觉的"和"。王守仁能建构其"心即理"的学说，其方法论原则便是道统论所强调的中和原则。明末清初的哲学家王夫之更强调这个中与和。他认为，理是阴、阳二仪变化的妙用，气是阴阳和合的实体。这一实体，王夫之称为"和合之体"。王夫之说："圣人成天下之盛德大业于感通之后，而以合缊缊一气和合之体。"（《张子正蒙注》第 1 卷）"缊缊"是指阴阳二气相激荡，运动变化。阴阳二气通过"缊缊"而中和为一气。若穷究中国古代哲学思想的理路，确实可以发现，和谐、整体的思想贯通于各种哲学类型，具有普通性品格。也就是说，朱熹强调的道统，即"允执厥中"的"中"，亦即"和"的思想，确实贯穿于中国古代的许多思想体系之中。

三　朱熹理—太极论：使中国哲学对人与外部世界总的关系问题的探讨提高到一个新层面

哲学探讨人与世界总的关系问题。朱熹特别重视《中庸》《大学》，其目的是要通过注释这两部经典来阐述自己对人与世界总的关系问题的见解。在人与世界总的关系问题上，道家说"无"，佛教说"空"，孔孟、董仲舒讲"天命"，他们都试图发展一种自发的、不受限制的、具有形而上性质的精神力量，并寻求自我超越的途径。二程把封建伦常——三纲五常抬到先天存在的"天理"的高度。"天理"是不可感知的、超越一切的绝对。二程学说，功在体认"天理"，以"理"统摄自然观、认识论、人性论、伦理论，构建了理本论体系，完成了由汉学向宋学、由旧儒学向新儒学即理学的变迁。朱熹在二程理学思想的基础上，同时吸取佛教、道教以及宋以前历代儒家的一些思想，对理本论做了进一步的阐述和发挥，并提出具有自己特色的理论，即理—太极论。朱熹把"理"规定为"只是个净洁空阔的世界，无形迹，他却不会造作"（《朱子语类》第 1 卷）。这就避免了本体"理"流于有意志、能赏善罚恶、能"造作"的特点，而又保持了"理"为万物之所以然的地位。这是形而上性质的"理"，是理想。朱熹还反复强调，形而上性质的"理"是与万物之中的"理"密切相关的，这种关系是"理一分殊"的关系。即一个"理"被"分殊"到各个存在之中，它与形而下的"气"联系起来，构成万物。显然，朱熹所说万物之"理"带有经验的性质，可称其为"物之理"，如朱熹所说，"至于一草、一木、一昆虫之微，亦各有理"（《朱子语类》第15卷）。同时，朱熹也继承了二程的"天理"思想，肯定了"理"具有人伦性质。由此可见，朱熹所阐述的"理"，既是形而上性质的，又是带有经验性质的（物之理），同时具有人伦性质（"天理"）。在这浑然一体的三种性质中，形而上性质、人伦性质是主要的，经验性质是次要的。朱熹用"理"和"太极"（"理"之全体即"太极"）来统摄理想和现实中的一切，使现实与理想、感性和理性、相对和绝对统一起来。朱熹的思维水平与前代人相比，确实不同凡响。

在朱熹看来，理与人的理性是一致的，是一种世界理性。因此，人的理性按其本性说来是能够认识和把握理和太极的，这就是朱熹"格物穷理"思想的本质。朱熹不谈天启、信仰，而是强调"穷理"。"穷"可以训释为对形而上的本体"理"的追根究底的探讨，它的途径是"求理于事物"。朱熹认为，人心之灵莫不有知，而天下之物莫不有理；惟于理有未穷，故其知有不尽；而"穷"其"理"，关键在于"以求至乎其极"。这个"极"便是"太极"，而"太极"是人人有，物物有的。朱熹认为，人心之知与世界之理本质上是一致的，人只要不断地依靠自己的理性去"格物"，就可能达到对理的全体（"太极"）的认识。这种看法，当然比信仰主义要高明得多。这里也可看出，朱熹的理——太极论，使中国哲学对人与外部世界总的关系问题的探讨提高到一个新的层面。这种提高，特别表现在它开创了统一认知主体与客体的新思维方式（"格物穷理"）上。这对中国文化史和中国科技史的发展都有重要影响。后人曾将自然科学称作"格致之学"，而近代著名思想家严复对朱熹的"即物穷理"说也曾予以充分的肯定。

四 朱熹心性论：回答"人是什么"这个重要哲学课题

注重对人的研究，这是中国古代文化的一个精神特点。中国古代先哲们不同于古希腊人专注于自然哲学的研究，刻意寻求宇宙的终极本体，以说明万有的发生和发展，而是从思考"人是什么"这一问题出发，来建立各自的理论体系。在中国古代先哲们看来，人的存在、生命的存在，具有他物不可取代的价值；追求"天下有道"的社会，并力图将其实现于活生生的世俗社会之中，是做人的崇高理想；同时，社会政治理想和个人道德理想是应该在现世、日常伦常中外化为现实的。

朱熹对人的研究，充分体现在他的心性论之中。朱熹一方面用自然法则"理""太极"来说明道德法则，另一方面又把"性"与"心"联系起来。"心"是主体，"性"要通过"心"才能得以实现。"心"有体用之分，故有"性""情"之别；"心"之体就是"性"，"心"之用则是"情"。朱熹在这里提出的是人的道德主体原则。他强调道德理性对于情感活动的支配和主导作用，为塑造封建社会环境下的社会人提供规范原则。为了塑造人，必须追求"善"。朱熹把"变化气质"作为恢复人的善性的重要条件。为此，就要"存天理，去人欲"，这是变化气质的要求。对此，我们不能简单地认为朱熹提倡禁欲主义。事实上，朱熹一再强调正常的物欲、情欲也是正常的人情，它们包含在"天理"之中。在朱熹的《四书章句集注》中就有这方面的说明。例如，在《孟子集注·梁惠王章句下》中，朱熹说，"钟鼓、苑囿、游欢之乐，与夫好勇、好货、好色之心，皆天理之所有，而人情之所不能无者"，"故孟子因时君之问，而剖析于几微之际，皆所以遏人欲而存天理。"朱熹的"存天理，去人欲"说主要是对统治者所言的，主要希望改变统治者、当权者的气质。后来，清代学者戴震说过："好货好色人欲也，与百姓共之，天理也。"这一说法显然是对朱熹"存天理，去人欲"说的准确的解释。

朱熹倡导正心、诚意、修身、齐家、治国、平天下诸方面原则，而这些原则"只是一理"。他认为，心不正，是公道上错了，即心不正的根源是存在私心以致做事不公。而要做到诚意，也是要去除心中的私意。朱熹强调，一个人无论何时，也无论身份贵贱，都应当保持良好的道德操守，这就要不断地"修身"。朱熹在对治国、平天下问题的论述中，有许多憧憬、向往，总的是追求"天下有道"的社会。"有道"，是一种尽善尽美的有序的和谐的状态。朱熹的这些思想，具有浓烈的理想主义倾向。当然，朱熹回答"人是什么"的问题，仍然离不开南宋的社会环境、文化氛围。

南宋面临的社会矛盾，外有金朝强兵压境，致使半壁江山摇摇欲坠；内有日益激烈的阶级矛盾以及统治阶级内部矛盾。当时的有志之士，如朱熹、陈亮、辛弃疾、陆游等人，都从地主阶级的根本利益和民族的长远利益出发为社会的创伤开出药方。朱熹是立足于其心性论的理论基石之上来开医治社会疾病的药方的，他更多地从塑造人的角度来考虑医治社会病的办法。但是，他的理论理想化色彩太重，显然是一厢情愿，在当时对时局、朝政的影响有限。因此，当时一些学者就认为它是空谈。朱熹逝世多年后，宋末统治者才开始重视他的看法，并加以宣扬。在宣扬的过程中，加入统治者自己的观点，或改变朱熹思想的原有面貌，其所造成的后果显然不能归于朱熹。

朱熹对人格的自我完善的实现是充满信心的。他主张，人要认真学习，努力深造，还要"自得"（自我理解，自我完成）。《孟子·离娄下》中的话"君子深造之以道，欲其自得之也"，是朱熹常用来教诲弟子的话。朱熹很赞赏自我完成的"自得"，倡导门人们要刻苦学习、锐意进取。同时，自我又是与他人紧密联系着的，因而朱熹又常常说他是在与别人切磋学问过程中自得真理的，真理并非只是凭他独自悟察所得。他认为，自我尊重与互相尊重二者不可偏废。这体现了朱熹在学问与修养问题上既关心个人能动性，又尊重他人思想。但是朱熹过多地把个体意识归结为群体意识，以"道心"的群体意识统摄"人心"，以此为人的最高的内在价值，则使他关于塑造理想的社会人的思想陷入深刻的矛盾之中。一方面，以"道心"统摄"人心"，表现了朱熹的社会责任感；另一方面，因为过分强调群体意识的"道心"而压抑个体，甚至以牺牲个体为代价。可见，朱熹在提出封建社会理想人格的新的最高标准的同时，又表现了对人的感情欲望的窒息。

五　余论

朱熹作为封建社会中有远见的思想家，能够系统总结封建社会的统治经验，系统整理和总结传统思想文化，善于调节阶级关系，尽力维护中华民族的统一局面，因而其学说成为中国封建社会后期最为完备的理论体系。由于受到封建最高统治者的不断倡导，因而朱熹学说在元明清三个朝代中都能深入中国社会生活的众多方面，并成为官方意识形态主流。朱子学说在播迁过程中，发展了自己，并巩固自己的优势；同时也受到曲解、阉割或随时代变化加入封建社会当权者的一些思想。随着封建社会的完结，朱子学也在清末完成了它作为官方意识形态的使命。

从学术发展的规律看，一个有重大影响的哲学体系，一般都有很强的连续性。学者们通过苦心力索，对朱熹哲学思想进行种种诠释，出现新的创造，这些是朱子哲学生命力的表现。朱熹哲学对元明清各学术流派、思想家的哲学思想的影响大小，与学者们对朱子哲学的研究程度、追求程度以及创造文化成果的需要密切相关。

从体系和方法角度看，朱熹哲学思想曾促使明代哲学家们形成三个哲学思想系统：曹端、薛瑄、吕柟、罗钦顺发展了朱熹哲学的气论系统；吴与弼、陈献章、王守仁发展了朱熹哲学的主敬论的系统；顾宪成、高攀龙发展了朱熹哲学的事功论系统。特别应强调的是王守仁（阳明），他是明中叶的哲学家。他反对迷信书本和信仰教条，反对形式主义地搬用朱熹学说。同时，他继承朱熹的道德价值说，强调人要体现道德就要发挥自己的理性（即朱熹所说的"心与理一"的境界）。但王阳明认为，朱熹学说实际上是"析心与理为二"，因而按朱熹哲学是不能实现内外合一、天人合一的。于是他着手改造朱熹学说，提出"良知"说。王阳明抓住"致知"而抛弃了"格物"；将"致知"改造成为一条由心到物的认识路线。按照这一认识路线，一切道理皆由我（每个人）出，而不在我心之外，我心中一点"灵明"便是天地万物的主宰，这就是说，"心外无理"。朱熹本来要把心与理合在一起，并且提出过"心与理一"的思想，但他本人仅提出了这一问题而并未很好地研究这一问题。他毕竟承认"物理"与"吾心"有着内外之别。这是朱熹思想体系中的一个重大矛盾。王阳明正是为解决朱熹思想中的这一矛盾而提出心本论，从而建立了心学体系，但它本身却又陷入更加深刻的矛盾之中。从中，我们可以吸取到一些思维方面的经验教训。明后期以后，已经有了具有启蒙思想、追求个性解放的知识分子。王阳明"致良知"的学说一到他们手中，就变成自由思想的武器。这于统治者不利。于是，到了清代，王学遭到禁绝。这时，朱熹哲学再一次受重视。康熙在即位的第 51 年，命编纂《性理精义》《朱子全书》，颁行全国，于是，士人只能作"四书"的命题文章，而很少考察命题本身的正确与否。这对知识分子思维的活跃起着阻碍作用。

清乾隆年间，考据之风盛行，统治者鼓励这种对他们无害的学风，于是乾嘉时期"朴学"形成。朴学继承汉儒的名物训诂，反对宋明学人空谈心性。这时候，朱子学说缺乏支撑门户的学术代表人物，因而处于低沉时期，但并未消歇。有些学者提出汉学与宋学要兼容并包，或在经学中引入程朱理学，也有少数学者仍坚持传播朱子学说。封建制度崩溃以后，朱熹学说作为封建社会意识形态的功能消失了。但它作为文化遗产，是超时代的，它的具有普遍性的内容仍然被人们所重视。

作为特定时代的哲学意识，朱熹哲学有其历史局限性，因而不能重新成为当代中国人的哲学理想和理论指导，但它仍有某些具有普遍意义和永恒价值的内容，因而当代人仍然可以从中吸取些有益的成分。"五四"以来的现代新儒家的学者们力主"反本开新"，即认同传统文化、弘扬理学理性精神，以适应新时代的需要。我们认为，在当代，应善于从朱熹哲学中提炼出智慧之结晶、文化之硕果，使对朱熹哲学的研究有助于提高人们的认识与实践能力，同时也应指出朱熹哲学思想中的消极方面。

（原文载武夷山朱熹研究中心主办《朱子研究》1995 年第 2 期）

宋代理学文化入闽与朱熹
闽学学说的命运

　　宋朝建立之后，统治者针对五代以来许多文人学士急功近利、败坏士风的状况，重视改革学风与重建文化精神。从庆历到元祐，在政治改革失败后，经世致用的思潮演变为自觉的理性反省。士大夫们更重视自身的人文修养，重视内在心性的体验反省和群体道德的建构。于是有以二程为代表的理学，它是反省思考文化精神的产物，完全具备宋学的特质，因此，二程理学（即洛学）便成了宋学之主流。

一　宋学入闽与洛学闽学化

　　二程洛学引起学者们的广泛兴趣，来自全国各地的学者纷纷投入其门下求学。这些学者，在成学前困学苦读；成学后，不仅以经义授其徒，且行为被世人所法。学二程的学者中，来自福建的学者就有陈渊、陈瓘、王苹、游醇、游酢、杨时等人。杨时和游酢二人地位居于程门四大弟子之列。杨、游二人中，杨时在学者中的威望及在理学文化中的贡献又居于游酢之上。

　　杨时学术代表了"南渡洛学大宗"（《宋元学案·龟山学案》）。《宋史·杨时传》对杨时学术的评价很高，并肯定朱熹之学"得程氏之正，其源委脉络皆出于（杨）时"，强调杨时学术是二程洛学向朱熹闽学过渡的重要桥梁。对杨时，首先要肯定他维护洛学的历史功绩。特别是他校订了程颐遗著《伊川易传》。程颐著《伊川易传》。未及成书而疾，造成书稿散失。后谢良佐得残稿，又转入杨时手中。此稿"错乱重复，几不可读"（《杨龟山集·校正伊川易传后序》）。杨时用一年多时间整理校正出《伊川易传》，其中贯穿、包含杨时的许多见解、理学思想。《伊川易传》影响颇大，朱熹撰《周易本义》就吸取了《伊川易传》中的一些思想。杨时在世时，政治环境不断变化。从哲宗元祐（1086～1093）初开始的"元祐党籍"学术之禁在政和年间（1111～1117）达到高峰，二程洛学也属于被迫害之列。但杨时坚持著书立说，讲学授徒，弘扬洛学精神。洛学把封建伦理原则提到最高层次，把本体论的"天理"作为最高的绝对的精神实体，使儒家学说以新儒学面目充分发挥其社会功能，这是宋代需要的理论。杨时维护的洛学，使北宋中期开始的思想运动经过低层次的政治伦理理论的探讨之后，上升到高层次的阶段。即从哲学范畴"理"的高度论证新历史阶段中封建统治的合理性。其次，要肯定杨时是洛学向闽学过渡环节中的最重要学者。杨时在东南传播洛学，弟子计有千人，一时名士巨儒纷纷投入其门下。当时，围绕着杨时的一批学者，多是继往开来人物，他们形成强大阵容，提高了程学在儒学领域里的优势地位，如王苹、吕本中、关治、陈渊、张九成、胡寅、胡宏等，从这里可看出杨时文化贡献之大。杨时—罗从彦—李侗—朱熹，形成道南一系理学；集理学之大成的朱熹，作为杨时的三传弟子、二程的四传弟子，在理学史上占有极重要地位。因此，可以认为：有了杨时的承前启后，才最终出现朱熹闽学；把杨时思想看成是福建理学思潮的逻辑起点（"闽中四先生"是福建理学思潮的时间起点），并不为过。

在福建，承继杨时开创的龟山道南一系理学的学者罗从彦、李侗，也对朱熹思想的形成产生一定的影响。史称杨时、罗从彦、李侗为"南剑三先生"。杨、罗、李传播与阐发二程洛学的理气论、理一分殊论、格物致知论、已发未发问题以及理欲观、人性观、历史观、道统论等，都对朱熹闽学思想体系的形成产生一定影响。仅朱熹的重要著作《四书章句集注》中就引杨时之论73条、李侗之论13条。而且，朱熹在《孟子序说》里还特别引述了杨时一段关于正心诚意的论述，作为注解《孟子》的提纲挈领性的说明，又引述杨时注解"四书"的一段论述作为《孟子集注》的结尾。

宋学入闽造就了福建的一批名重东南的理学家，并且为闽学的产生创造了条件。

二　朱熹及其闽学学说

朱熹学说被称为闽学，其学派被称为闽学学派（亦称考亭学派、朱熹学派）。朱熹学派是宋代理学四大派别（濂、洛、关、闽）之一。朱熹生活的南宋时期，理学学派林立。当时，有张栻的湖南湖湘学派，陆九渊的江西象山学派，吕祖谦的浙东婺学学派，薛季宣、陈傅良、叶适的浙江永嘉学派，陈亮的浙江永康学派等，它们都有很高的学术成就。朱熹的学派独能鹤立鸡群，集理学之大成，进入宋代的四大学派之列，表明朱熹学说体系不同凡响。全祖望称朱熹学术"致广大、尽精微、综罗百代"（《宋元学案·晦翁学案》），虽是溢美之词，却也有一定道理。

朱熹思想的形成过程，大体经历了如下五个阶段。第一阶段，从建炎四年（1130）至绍兴十三年（1143），是朱熹接受家学启蒙的阶段，由其父朱松启导，沿着欧阳修、曾巩等人的道路，习修古文，同时以《诗经》为本学诗。第二阶段，从绍兴十三年（1143）至绍兴二十三年（1153），从学崇安刘子翚、刘勉之、胡宪三位先生，得《周易》《中庸》，入德之门，也受他们"杂于禅"的影响。第三阶段，从绍兴二十三年（1153）至隆兴元年（1163），从学李侗，树立以儒学为本思想，划清与禅学的界限；同时以理阐释太极，开启和奠定闽学的理与太极理论的根基；并从李侗思想中接受二程的理一分殊论。第四阶段，从隆兴元年（1163）至乾道八年（1172），吸收与改造湖湘学派的"性体心用"说，确立自己的以"心统性情"为核心的心性说。第五阶段，从乾道八年（1172）到淳熙四年（1177），此时朱熹以《周易》《中庸》为理论基础、以太极为道体的理学体系基本形成。朱熹作了《太极图说解》《通书解》《伊洛渊源录》《近思录》《孟子集注》《周易本义》等著作，闽学基本特色初步形成。这个理学体系的形成，是洛学闽化的完成，是闽学对濂、洛、关诸理学学说重构与更新的结果。

运用经学形式表达理学观点，是理学家的共同特点。因为，理学新理论若不加以"打扮",就极易被那些株守传统的儒士们攻为"异端"。通过注文和解经言论,理学家们便把自己的思想、观点曲折地表达出来了。朱熹就是一个善于运用经学形式表达理学思想观点的理学家。朱熹对运用经学形式阐发义理这个问题看法比较全面。他认为,说经有本义,有推说义,要先明本义,乃可推说,这样才能说服人。在二程及程门弟子中,有些在不明本义情况下就阐述推说义,朱熹对此是不赞成的。朱熹治经,能超越传注而直穷经文本义。朱熹推崇二程的理学思想及对义理的阐发,但并不推崇二程说经不注意原意的做法。因而朱熹解经十分注意继承前人解经的合理成果,又有所突破。朱熹的《周易本义》,不仅对程颐的《伊川易传》有所超越,而且兼纳象数、义理诸派之说,加以综合创造,从而在易学史上产生重大影响。朱熹注《论语》《孟子》,重点不在于考证训诂,而重在阐发义理,体会语气;其中语句简明,尤便初用,因而其价值超过了何晏《论语集解》、赵岐《孟子章句》。朱熹作《大学章句》《中庸章句》,并将《大学》分为经一章、传十章,将《大学》分为"格物、致知、诚意、正心、修身、齐家、治国、平天下"八个条目。它强调探索事理、修养身心,以培养和造就治理国家的人才。对于《大学》,朱熹按照自己的见解,补进134字,提出了他的"即物穷理"的新思维方式。《大学章句》成了宋儒经注之楷模。朱熹对《尚书》,也有独立见解。他对《尚书》的"隶古定本"(以东晋梅赜进献的《尚书》对照伏生的今文《尚书》,用当时流行的隶书写定的)提了疑问,这点是很难得的。朱熹用经学形式进行认知判断与价值判断,有很大局限性;但他运用旧形式表达新思想,这是对旧经学的突破。

朱熹闽学学说的重点有以下几方面。(1)理——太极论。朱熹认为,理是产生天地万物的总根源,同时更强调以太极为道体(本体之意)。所谓太极,"乃天地万物本然之理"(《晦庵先生朱文公文集》第36卷)。作为万物本体并存在于万物之中的太极,是同一个太极。它与万物是体与用、微与显的关系。朱熹将"体""用"同"形而上""形而下"结合起来,强调形而上是体,形而下是用。可见,朱熹的体、用,一般是指本体和现象。但朱熹的"体"有时也指宇宙和事物各自变异的本体,如他说:"若以形而下者言之。而事物又为体。而其理之发现者为之用。"(《晦庵先生朱文公文集》第48卷)朱熹有时也强调"物之理",强调认识自然规律。(2)道统论。朱熹在《中庸章句》中提出"道统"一词。他确定的道统体系，是与尧、舜、禹、汤、文、武、周公、孔子、孟子一脉相承的。他认为，孟子之后的汉唐时期，是千年幽暗，道统失其传，直到北宋二程兄弟出，以不世之才，上接孟子。朱熹道统思想的核心是"中"，规约是"四书"，具体意义是人心道心的伦理性。朱熹强调道的意义在于强调思想学术真理的不可取代的独立价值，强调立志于道而身体力行的人是物质力量所难以摧垮的，任道而行之士绅亘于各个时代。从现代意义上说，志于"道"的崇高价值取向无疑是来自那些十分强调自性与自信的人的自觉理念。(3)心性论。朱熹强调天地之性与气质之性之别，以及心对性、情的作用，强调道心与人心之别。(4)伦理论。其中，理欲之辨，把"明天理，灭人欲"作为理学的最高道德原则，这样才能真正实现以"仁"为核心的德礼之治。这些在当时主要是针对帝王而说的。后来统治者则移植过来，成为思想统治工具。(5)社会观点。朱熹对当时现实的分析、历史经验教训的总结以及提出的正君、尊贤、悯民等观点，都是针对如何治理好社会这一问题的。

朱熹学说是在封建社会进入转折时期对中国文化进行的新的整合，表现在以下几方面。(1)在吸收北宋周敦颐、张载、邵雍思想和二程研究成果的基础上，创立了一种新的价值与信仰体系，成功地为人们树立了一种范导。例如，阐述了理的无不包摄、无所不在、"性即理"以及一理与万事的关系的道理；阐述了天人合一形上论、一体两分理气变化论、穷自然之理的物理论、居敬穷理践实的道德修养论；等等。这些有助于引导人们在文化方面自觉弘扬民族文化精神，并开掘思想文化发展的新途径。(2)重新解释《论语》《孟子》《大学》《中庸》，使之面对新的社会需要。朱熹集注"四书"的主要宗旨是阐述自己的一套价值理想、思想规范、原则、人格标准以及实践方法等，所以他的解经是很有特色的。(3)朱熹集经义、治事于一身，因而其思想表现出通经致用的特色，如强调事理，重视由知识到道德再到政治的培养和造就人才的过程，这为后人所倾慕。(4)对于佛教，朱熹强调抵御其影响，但需发挥儒家自身长处。朱熹对二程后学多流于禅学是不满的，但并不是说朱熹没有吸收佛学思想。他和谐地吸取佛教的思维成果，以弥补自身之不足。他采纳各家之长而加以融会贯通、创造发挥，这表明朱熹创立的闽学是对理学思想的系统的、创造性的总结，无论从深度还是在广度上都远远超过了二程。朱熹思想，整体上具有"统合儒释"的趋势。(5) 朱熹办书院，授生徒（有文字记载的朱熹门人有511人），创学派，成就卓著。他待学生如子弟，子弟爱敬导师如父兄；师生间或同道学者间互相赏识、互相褒荐；加以他们始终怀有社会责任感等，这都表明他们的思想深处有明确的士大夫共肩天下的群体意识。这种意识是士大夫文化成熟的重要标志，它影响着当时的学风、士大夫的人格境界以及民风等，这对社会进步是有很大作用的。

三　朱熹之后，南宋福建闽学学者的存统卫道活动

1195～1202年，"庆元党禁"期间，闽学学派被定为伪学逆党。朱熹被列为伪学逆党领袖人物。诬朱熹"十罪"。朱熹的最大弟子蔡元定被迫害致死。1200年，朱熹去世，考亭学派核心团体解散。这是当时学术界的一大损失，不利于当时思想文化事业的开展。

嘉泰二年（1202），当局悄悄"弛伪学党禁"，表示宽大。弛禁使得因党禁牵连而被革职的一些朱熹门人复职了。嘉定元年（1208），史称"嘉定更化"。此时，史弥远当政。出于政治需要，史有意推荐道学人物。于是，在嘉定三年（1210）10月，宁宗"诏赐谥朱熹曰文"（《宋史·朱熹传》）。随后又起用朱熹门人刘爚任国子司业，黄榦任江西临川县令。刘爚极力为恢复闽学名誉而奔走与上书，请刊朱熹所注之"四书"及《白鹿洞书院揭示》。嘉定五年（1212），宋宁宗发诏，批准国子监采用朱熹所注《论语》《孟子》。

嘉定年间，福建的闽学学者纷纷撰书论述朱熹的学问、思想、历史功绩。黄榦编撰《朱子行状》，推崇朱熹为"万世宗师"，这就将朱熹提到民族文化代表者的高度。这在当时，是要有理论勇气的。因为这不仅是思想领域里的问题，而且涉及为一个曾被打成"逆党"人物做辩护的政治问题。黄榦理直气壮地维护朱熹学说，为以后朱子学大倡做了理论准备和舆论准备。在朱熹逝后的若干年中，闽学学者都尊黄榦为道统的继承者，使之居于南宋后期闽学学派领袖地位达21年之久。嘉定年间的闽学学者为学派的自我完善、自我发展做了许多工作，例如，李方子撰《传道精语》

《朱子年谱》，对朱熹继承儒家道统做了很高评价；蔡沈撰《书集传》6卷，深化了朱子学的某些内容；陈淳撰《北溪字义》，是朱熹思想的羽翼；李道传等编《朱子语类》，传播朱子学；陈宓、朱在等创书院并讲学授徒，光大了师门。

宋理宗年间，朱熹学说因有真德秀《大学衍义》的深刻阐述而更加贴近宋末现实，为朱熹学说在全国大倡做了重要贡献。还有四川籍学者魏了翁在讲学授徒中，对朱熹思想做了大胆发挥。魏了翁还一再上疏，力主"开阐正学"，他与真德秀一起成了当时确立理学思想统治地位的两位重要学者。再加上四川籍学者李心传撰《道命录》，更使朱熹学说声誉鹊起。

南宋闽学后继之人中，福建籍的主要有五人。

（1）蔡元定（1135～1198），字季通，称西山先生，建阳人。他是参与创建考亭学派（闽学学派、朱子学派）的最重要学者，曾经参加了朱熹许多著作的写作与讨论。他比朱熹早逝。他的著作《皇极经世指要》体现象数学思想，并兼阐述义理，有其独创性。

（2）蔡沈（1167～1230），字仲默，号九峰。他的《书集传》，是朱熹生前委托他撰写的。该书数百年中与朱熹《四书章句集注》并列，对封建学术文化有重大影响。

（3）陈淳（1153～1217），字安卿，号北溪，龙溪（今漳州市）人。他撰《北溪字义》，对朱子理学中的范畴做了精密、系统的疏释和论述，对后人探索朱熹哲学思想起了重大作用。

（4）黄榦（1152～1221），字直卿，号勉斋，闽县（今福州）人。他在朱子学的存统卫道方面贡献最大。他强调，朱熹的最大成就是传承道统。

（5）真德秀（1178～1235），字希元，号西山，浦城人。他特别强调朱熹"理"的道德性命方面，强调道德修养的学以致用，深受最高统治者的赏识。

理宗皇帝借重朱熹学说。这表明，朝廷在意识形态上标举朱熹思想这一旗帜，以此争取人心、团结知识分子，稳固政权；同时，也是要通过弘扬朱子学说，展现民族精神。1230年，值朱熹诞生100周年，宋理宗追封朱熹为徽国公。在此后的十年中，理宗又几次颁赐御书、题匾、褒奖闽学学派的重要学者。淳祐四年（1244），理宗下诏建阳朱子祠（该祠建在朱熹晚年创办的沧州精舍遗址之左，为建阳县令刘克庄于 1225 年辟）为书院，御书"考亭书院"四字匾额。淳祐七年（1247），理宗召见蔡元定之孙蔡抗，此时蔡抗进呈其父蔡沈撰著的《书集传》一书。宝祐元年（1253），理宗为位于朱熹诞生地福建尤溪县的书院题匾曰"南溪书院"。宝祐三年（1255），理宗敕赐"庐峰书院"匾（该书院又称"蔡西山祠"），以褒扬蔡元定。理宗于 1241 年还亲自书写朱熹为白鹿洞书院制定的《白鹿洞书院揭示》赐给太学生，因而使该揭示成为以后历代书院的指导方针。

从此，朱熹学说便在宋末思想文化波澜中处于主导地位，朱子学正式被定为官方意识形态，对此后元明清封建社会思想文化的影响至深至广。

（原文载武夷山朱熹研究中心编《朱子学与 21 世纪国际学术研讨会论文集》，三秦出版社，2001）

李侗对朱熹思想的影响

李侗是宋代福建"延平四贤"（杨时、罗从彦、李侗、朱熹）之一。本文试分析李侗对朱熹思想的影响。

一　李侗的"已发未发"之教对朱熹思想的影响

从程颐到杨时、罗从彦以至李侗，都服膺《中庸》中的"喜怒哀乐未发谓之中，发而皆中节谓之和"这样一种"已发未发"思想。"已发未发"思想要求人的精神或意识处于静寂状态时，注意加强保存和培养心性之善；当精神或意识处于活动状态时，注意省观察识这种活动，以防偏离"善"。朱熹说："余蚤从延平李先生学，受《中庸》之书，求喜怒哀乐未发之旨未达，而先生没。"（《朱子文集》第75卷）又说："李先生教人，大抵令于静中体认大本未发时气象分明，即处事应物自然中节，此乃龟山门下相传指诀。"（《朱子文集》第40卷）可见，李侗传授他的程门之学，其要即这"已发未发"。

李侗所授已发未发问题，主要是有助于启发朱熹在对事物的逐渐理解过程中有所领悟。朱熹对有的观点与前辈李侗某些说法有异也在所不顾，这反映出他的一些思想变化情况。如乾道二年（1166，丙戌）时，朱熹思想倾向于用顿悟观点看《中庸》《孟子》，觉得这样看可以一通百通，无往不利。这是朱熹对程门的"已发未发"思想理解的一个新角度，被称为朱熹的乾道丙戌之悟。到了乾道五年（1169，己丑），朱熹40岁，思想又发生一次变化。己丑之前朱熹以心为已发，性为未发，至己丑才发现自己的错误。此时朱熹认识到，原来，无论语默动静，心的作用是从未止息的，已发未发浑然一体。于是，朱熹看到了李侗的已发未发之教的片面性。这就是后来理学家所注重的"己丑之悟"。朱熹还赞赏张载之说，但也认为对杨时、李侗之说不能搁弃一边，不加理会。于是，他主张已发未发兼顾交修，并认为延平（李侗）之教本也是内外兼顾、动静交修的。他又从程门找出一个"敬"字，认为"敬而无失，即所以中""入道莫如敬""未有致知而不在敬者"（《朱文公文集》第64卷）。再加上"于日用处用功""去圣经中求义"这两项，与延平遗教相配合，朱熹形成自己的中和说。

朱熹中和说的综合作用在于把"心""性""情"统一起来。朱熹的语录中有一条说："《定性书》说得也诧异。此性字是个心字意。"（《朱子语类》第95卷）程颢的《定性书》所说的实际上是心无内外。朱熹之所以觉得诧异，是因为《定性书》实际上是以心为性。这并不是程颢误用了字，而是因为在中国古代哲学中"性""心"二字的意义并没有严格的分别，《定性书》中的"性"实际上包括心的已发和未发。《定性书》中的"定性"实际上是"定心"。把"定心"称为"定性"，违反了张载的"心统性情"所规定的心、性的区别。张载也说过"定性"，以心为性，但这是为迁就程颢的系统，实际上其"定性"就是孟轲所说的"不动心"。孟轲说的"富贵不能淫，贫贱不能移，威武不能屈"，是说"养浩然之气"的人的心不为外物所动。朱熹的综合作用在于把"心""性""情"这三个术语的意思说得更清楚了。朱熹说："一身之中，浑然自有个主宰者，心也。有仁、义、礼、智，则是性。发为恻隐、羞恶、辞让、是非，则是情。恻隐，爱也，仁之端也。仁是体，爱是用。"（《朱子语类》第20卷）可见，朱熹肯定了性是未发，是体，情是已发，是用，心统性情，心包括已发和未发、体和用。这样，体认已发未发的"龟山门下相传指诀"到朱熹那里便具有更丰富的内涵了。

二 李侗的人生之教对朱熹思想的影响

清人王懋竑作的《朱子年谱》告诉我们，朱熹在 24 岁（1153）、29 岁（1158）、31 岁（1160）及 33 岁（1162）时曾四次见李侗，得到李侗的教诲。一则曰于日用处用功，一则曰去圣经中求义。两番教言均注重人生之教，这对扭转朱熹的研究方向起了很大作用。

朱熹虽受儒家经典熏染极深，但他对佛家、道家也同样关注。于癸酉初见李侗时还曾以禅学请问李侗，李侗只是不说。《朱子文集》第 30 卷朱熹有云："熹于释氏之说，盖尝师其人，尊其道，求之亦切至矣。然未能有得。其后以先生君子之教，校夫先后缓急之序，于是暂置其说，而从事于吾学。""先生君子之教"，即指李侗之教诲。朱熹认为，李侗"为人简重，却不甚会说，只教看圣贤言语"（《朱子语类》第 104 卷）。朱按李先生的指点，暂时把禅学搁起，"且将圣人书来读"，"读来读去，一日复一日，觉得圣贤言语渐渐有味。却回头看释氏之说，渐渐破绽，罅漏百出"（《朱子语类》第 104 卷）。这表明，朱熹见延平，研究学问的方向明确了，开始专心儒学，而求义理，并看出释氏之说漏洞百出。这不能不说是李侗思想影响的结果。戊寅正月，朱子重往见李延平，又深受启发。李先生告诉朱熹说，道就在日用间做功夫处来理会。李侗让朱熹去经书中求得理解。后来，朱熹回忆李侗的人生之教时说道："昔闻延平先生之教，以为为学之初，……凡遇一事，即当且就此事反复推寻以究其理。待此一事融释脱落，然后循序少进，而别穷一事。"朱熹说，他是"及见李先生后，方知得是恁地下功夫。"（《朱子语类》第 98 卷）

可见朱熹在李侗教导下，重视人生道理。延平逝世之后，朱子时时怀念恩师："熹自延平逝去，学问无分寸之进，于致知格物之地，全无所发明。"（《朱子文集》第 39 卷）他常对人称述自己所受延平之教诲，在《朱子文集》第 75 卷中，朱熹自述，他十三四岁时由他父亲授以《论语》，未通大义。父亲死后，他历访师友，以为未足，后"晚亲有道，窃有所闻。然后知其穿凿支离者固无足取"。"晚亲"即指李侗。李侗也一再称赞朱熹。他说，朱熹"此人极颖悟，力行可畏"，是"进学甚力"，"吾觉鲜

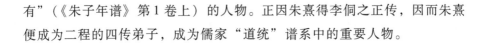

有"(《朱子年谱》第 1 卷上)的人物。正因朱熹得李侗之正传,因而朱熹便成为二程的四传弟子,成为儒家"道统"谱系中的重要人物。

三 朱熹"理一分殊"的观点来自李侗

在《延平答问》中,朱熹与李侗对"理一分殊"学说讨论过多次。李侗所传程门的"理一分殊"观点对朱熹产生重大影响。"理一分殊"起始于程颐。程颐说,"天下之物万殊,理则一也","物散万殊",而"万物一理"(《程氏易传·粹言》第 1 卷)。程颐在答其弟子杨时时认为,张载《西铭》已经把理一分殊说清楚了。程颐批评墨家的兼爱说,墨子要求人们把别人的父母与自己的父母同等看待,这是只知理一而不明分殊。因而程颐是比较强调分殊的。李侗从程门所承袭以及用来教育朱熹的也是这一观点。对于"理一分殊"的本体论意义,李侗与朱熹的看法是一致的。但当把"理一分殊"作为认识论问题,探讨"理一"与"分殊"二者孰难孰易或孰先孰后问题时,他们的看法就不一致了。李侗说:"理不患其不一,所难者分殊耳。"(《宋元学案》第 39 卷《豫章学案》)而朱熹则认为:"以天下之理一而已,何为多事若是?"(《宋元学案》第 39 卷《豫章学案》)即使有分歧,但朱熹仍然认为,其师观点从一定角度看有其合理性,所以仍按其师指点,多向"分殊"上去理会。

当然,朱熹对理一分殊思想是做了很大发展的。他把"太极"与"理一分殊"结合起来分析。他认为,太极即理,"本只是一太极,而万物各有禀受,又自各全具一太极尔"(《朱子语类》第 94 卷)。他认为,太极既是一理又是众理的综合,太极包含万物整体而万物又各具一太极。李侗当然没有达到朱熹思想的高度,但李侗在引导朱熹去研究程颐的"理一分殊"问题上的作用却是不可否认的。

应当看到,朱熹也一向把李侗与"道南"学脉联系起来。朱熹对"道南"一脉及李侗的评价是高的。当然,在递相师承的同时,对其说亦有所疑难,这些都是正常的学问商榷。

(原文载《理论学习月刊》1989 年第 Z1 期)

朱熹与闽学闽东学者群

　　闽学是宋代理学四大学派之一。朱熹通过创办书院、传播学术、培养生徒，创立了闽学学派。在这一过程中，也有朱熹门人参与的功绩。本文考察朱熹与其闽东门人的交往、闽东门人的学术贡献与历史地位等一些问题。

一　朱熹闽东门人对建构闽学学术体系的贡献

　　南宋乾道年间（1165～1173），朱熹正在努力为开创闽学学派做准备工作。这个阶段，朱熹的理论创造，一个重要内容是吸收与改造湖湘学派的"性体心用说"，从而为创立自己独特的心性论做理论准备。胡安国（福建崇安人）之子胡宏是湖湘学的奠基人，四方从学者甚众。胡宏代表作《知言》着重强调性体论。而胡宏门人张栻则有"先察识，后涵养"的名言，主要体现湖湘学"性体心用说"的方法论原则。朱熹受学李侗多年，但对李侗"默坐澄心，体认天理"这样一个龟山道南派几代相传的八字指诀却不相契合。朱熹一直希望在这个问题上有所超越。早在南宋孝宗隆兴元年（1163）冬，朱熹初识张栻于临安，次年（1164）秋又至江西豫章哀悼张栻之父张浚，此后朱熹与张栻颇多书信来往，主要讨论"心性"理论中的"中和之旨"问题。讨论中，朱熹一度对湖湘学脉的"性体心用"说以及"先察识，后涵养"功夫，极为赞赏。因此，朱熹就中和问题致张栻的前三书，都同意张栻对中和问题的看法。但在第四书中，朱熹开始了对中和旧说的反思。

为了与张栻进一步交流对中和问题的看法，创立有自己特色的心性理论，朱熹决定赴潭州访张栻。这是为闽学开创所做的一项重要工作。当时朱熹已有不少门人，选择谁同行呢？朱熹选择了新近来门下求学的古田的林用中。朱熹称："名用中，字择之。相与讨论，其人操履甚谨，思索愈精，大有所益，不但胜己而已。"（《朱文公文集》第 40 卷《答何叔京》）这表明朱熹很看中林用中。林用中早年登林光朝（艾轩）之门，又师事林师鲁，后决定抛弃举业，一心拜朱熹为师。赴湘远行途中逾一个月，林用中跟随朱熹探讨学问，了解社会，同闽、赣、湘的士子们频频接触。1167年 9 月 8 日，朱、林到达长沙，他们住宿城南的南轩书院。在这里，朱熹与张栻进行了长达两个月的学术讨论，并不时到岳麓书院讲学。陪伴着朱熹的林用中，从中学习了诸如"太极"之理、活的居敬说以及仁说等重要理论。朱、张讨论，主要围绕心性理论进行，这是为开创学派奠定理论基础的工作，具有重要学术意义。朱、张在《中庸》学上进行了广泛讨论。林用中目睹了朱、张二人"论《中庸》之义，三日夜而不能合"（《朱子年谱》）的生动活泼的学术讨论场面。闽东学者跟随朱熹开展重大学术交流活动，林用中是第一人。朱熹对林用中这位闽东籍门人的学识与为人是满意的，并给予很大的关怀。林用中参与朱、张研究程颐的《答横渠先生书》（该书主要是论"性"），研究如何编订二程著作，这对创立闽学学派是至关重要的。学派是保存文化传统的单位，是多元综合的单位，因而它要做文化积累工作，要着手把其他学派的思想吸收进来，从而形成一种新的思想体系。闽学是要接续二程思想的，因而它整理二程著作最为努力。在这次湖湘之行以前，朱熹编订过二程的《外书》《遗书》《文集》《经说》，但他对自己所编的这些书并不满意。通过湖湘之行，朱、张交流学术成果，又有林用中参与讨论，朱熹对重新整理校订二程之书有了一系列新的想法，这里便有林用中的功劳。约两个月的岳麓会讲，朱熹感到很愉快，与林用中的相处显然很融洽。于是，在以后 20 天朱、张、林的南岳之游中，三人一路唱酬，共得 149 首诗（后来编为《南岳唱酬集》）。两个多月的学术交流，对后来闽学学派的创立起了有力的催化作用。在东归的 28 天中，朱熹与林用中、范念德一路更迭唱和，至 12 月 24 日到家时，三人作了 200 余首诗。

从湖南归来后不久，朱熹已在酝酿的自己的思想有新突破了。到乾道四年（1168）秋，朱熹通过思考、总结以前与张栻、蔡元定、吴翌、林用中等讨论的成果，终于进一步否定了他接受的湖湘学派"先察识，后操存"的思想。朱熹首先给林用中去信，告知了他对张栻"观过观"的否定看法。接着，朱熹与包括林用中在内的一些门人，对二程著作进行了一次较细致的校正。乾道五年（1169），朱熹在给林用中的信中，对如何重编《经说》一书做了具体说明："《经说》依后书所定，甚善……《论语》说下，不须注'《孟子》附'字。又欲移《礼记》作第七卷，而第一行下著'二先生'三字，其后却题'明道先生改正《大学》'，'伊川先生改正《大学》'。其小序则仍旧附于第六卷尾《论》、《孟》说后。盖此六卷乃其本书，而后一卷今附者，使不相乱乃佳也。"（《朱文公文集·别集》第 6卷《与林择之》）如此详细的指示给予林用中，正说明林用中参与了这次整理二程著作的学术文化活动，并承担了重要任务。对二程《外书》的编定，于乾道四年（1168）开始，乾道五年（1169）时大致成书，林用中也是主要参与者。朱熹因感到其中材料有错杂及可疑处，便写信给林用中，说："《外书》既未备……此事正不须忙。今草草做了，将来有不如意，又不免更易，……无复可信天下后世，非所以为久远计也。"（《朱文公文集·别集》第 6卷《与林择之》）正是通过湖南之行，又阅读、整理二程著作，朱熹产生了自己的中和新说："涵养须用敬，进学则在致知。"（《朱子年谱》）这就是朱熹的"己丑之悟"，他的有独特性的"心性"说产生出来了。朱熹把自己的新说，写成《已发未发说》一文，然后修改成《与湖南诸公论中和第一书》，寄给了张栻及其他湖湘学者。书中，朱熹用"敬"字代替了"静"，同时强调了"致知"，将"察识"的随事省察之意包含于"致知"之中。朱熹认为，中和说的实质内容应是突出"敬"与"致知"这两方面，即"涵养须用敬，进学则在致知"，这才是二程思想的"大要"。不久，张栻同意朱熹的看法（但其余湖湘学者仍株守胡氏家学不变）。乾道八年（1172），朱熹编订中和旧说，作《中和旧说序》，从而对这场从中和旧说到中和新说的思想历程做了总结。中和新说的确立，是朱熹思想的一次飞跃，为闽学的创立奠定了重要理论基础。

还应提及的是，朱熹对《孟子》《中庸》等书做注释时都与林用中进行商讨，乾道二年至三年（1166～1167），林用中等朱熹门人参加了该书的全面修改工作。到乾道五年（1169）中和新说确立后，朱熹又有全面修改《孟子》的想法，他很快将这一想法告诉林用中，曰："《孟子》解，此亦见从头看起。"（《朱文公文集·别集》第 6 卷《与林择之》）这次全面修订，完成于乾道七年（1171）。乾道八年（1172）秋，朱熹谈了自己对《中庸》的新认识："近看《中庸》，于章句文义间，窥见圣贤述作传授之意，极有条理，如绳贯棋之不可乱。因出己意去取诸家，定为一书，与向来《大学章句》相似。"（《朱文公文集·别集》第 6 卷《与林择之》）

《宋元学案·补遗》第 69 卷冯云濠案云：林用中"从文公（朱熹）游最久"。事实就是这样。林用中不仅于 12 世纪六七十年代随朱熹游（讲学），而且八九十年代亦如此。淳熙八年（1181）3 月 25 日，在任南康知军整两年之后，朱熹即将离任。这时他游庐山十天，陪同的门人中就有林用中（还有王阮、周颐等）。绍熙四年（1193），朱熹入侍经筵 46 日后被罢出朝，寓居灵芝寺。当时，叶适等都来灵芝寺为朱熹设宴饯别。也有一批弟子来寺中问学和看望、陪侍导师，林用中就在其列（其他还有李杞、舒高、吴南、王汉等）。弟子们聆听了朱熹的深刻教诲，"且更穷理，就事物上看。穷得这个道理到底了，又却穷那个道理。如此积之以久，穷理益多，自然贯通"，"凡事事物物，各有一个道理"（《朱子语类》第 119 卷《朱子十六·训门人七》）。

朱熹晚年经学著述的重心之一是礼学。他站在自己思想的高度上俯瞰古代的"礼"。这也是一种文化创造。朱熹治礼学，有其基本原则。在儒家学说中，《周礼》是制礼作乐的周公遗典、周制大法，是尧舜禹汤文武周公之道所在、圣人"道统"所在，是理想社会制度的象征。《周礼》中的《仪礼》，十分烦琐枯燥，先儒对其注说多不传世。到北宋王安石时，《仪礼》被偏废，以后士子几乎不知其内容。朱熹要把礼学纳入他的理学体系中，同时要通过研究礼学以寄托自己的社会政治理想，因此他十分重视礼，特别重视《仪礼》。他说："仪礼，礼之根本。"（《朱子语类》第 84 卷《礼一·论修礼书》）又说："学礼，先看仪礼。"（《朱子语类》第 87 卷《礼四·小戴礼》）早在乾道五年（1169）时，朱熹就曾编《祭仪》一书，助他商讨的，就有朱熹闽东门人林用中。绍熙年间（1190～1194），朱熹先是将编订《礼书》的任务交给潘友恭和吕祖俭两人，但两人都无法胜任。庆元初，余正甫来问学。他精于礼学，朱熹便委托他编《礼书》。朱熹为编写该书定下体例。但余正甫未能按朱熹意见撰写，取材多用《国语》、杂记之言，使书稿所取太杂，以致事无统纪、书无间别。他又容不得他人插手来充实修改书稿。这不是朱熹所希望的。

庆元二年（1196），朱熹决定重新编《礼书》。朱熹要编一部大型的《礼传》，以《仪礼》为本，分章附疏，而以《小戴礼》诸义各缀其后；对见于他篇或他书的有关"礼"的撰著凡值得吸收的，都要吸收。朱熹制定出要编的书目，有《家礼》《乡礼》《邦国礼》《王朝礼》《丧礼》《祭礼》《大传》《外传》等。仅《外传》，就把《大戴礼记》《春秋内外传》《新序》《列女传》《新书》《孔丛子》等礼说糅合在一起。这将是个庞大的朱子礼学体系，是对以往礼学的集大成。

为了编好这套集大成的《礼书》，朱熹的一个由二十几人组成的写作班子，其中就有杨楫、杨复这两位朱熹闽东门人。

这部书在朱熹生前并没能脱稿（只完成 37 卷）。这是因为，"庆元党禁"发生，朱熹、蔡元定等受迫害，导致闽学学派的文化生产活动受阻。朱熹逝世前，特交代他的福州门人黄榦（勉斋）和闽东门人杨复努力撰写《礼书》中的其余部分。

后来，黄榦补编了《丧礼》，杨复补编了《祭礼》，并与朱熹在世时所编诸卷合为《仪礼经传通解》一书。

《仪礼经传通解》虽称不上《礼书》的集大成，却依然被后人所看重。有的称其为"千古之盛典"，有的称之为"千古不刊之典"，还有的认为，该书"会通经传，洞启门庭，以祛千载之惑"，其中体现了"朱子之特见也"（见李俊民为吴澄《仪礼逸经》所写的"序"）。

师弟子合作著述，给了朱熹门人准确理解导师思想和思维方式、工作方法的最好训练机会。正因如此，在朱熹去世以后，朱子学才能够后继有人，势头不衰。

二 闽学闽东学者群与朱熹

学派是培养各种文化学术人才的教育单位和学术研究单位。它由德高望重、博学多通的导师，对学生进行专门性的训练，组织课题研究。闽学学派，以朱熹为导师。该学派以书院、精舍作为依托，不仅有授学校舍，而且制定了学规学则，注重教学的方法和质量。学派又是学术研究单位，集合了一群有较高素质的学者，他们或合作，或独立地进行各有特色的学术研究。南宋社会体制决定了社会的知识分子既有朝士，又有隐士。儒家知识分子是讲入世的，他们即使是当隐士，也不会走与世隔绝或关门读书不问世事的道路的。他们"隐"的方式，一般是散落在民间，多半还收徒讲学、著书立说。为了保持学派的统一和维持学派的延续，他们竭尽全力、团结奋斗、很少孤军作战。这是学派自我完善、自我发展的要求。从文化发展来说，它既有助于文化外延的扩大，又有助于文化内涵的加深。闽学闽东学者群，就具有以上特点。它是从武夷山延伸出来的，当然是属于整个闽学学派的。这个群体中的学者，多半到过寒泉精舍、武夷精舍或考亭书院接受朱熹的教诲，受过严格的闽学学派（考亭学派）的训练。他们回到闽东以后，仍然在传播师说，有的还创办书院，授徒讲学，为闽学学派在闽东的延伸做了许多工作。

这里我们应该提到，在做这些工作时，以下 20 位朱熹闽东门人最为突出。

林用中，字择之，一字敬仲，别号东屏，称草堂先生，古田人。"始从林光朝学，与建阳蔡季通（元定）齐名。师事朱文公，每称为畏友"，"用中早厌科举业，不求仕进"，"石墩宰尤溪，延掌学政"（《考亭渊源录》第 20 卷）。著有《草堂集》。

余偶，字占之，古田人。著有《克斋文集》。

蒋康国，字彦礼，古田人。"熹《楚辞集解》多资之。"（《八闽理学源流》）学者称鼎山先生。

程若中，字宝石，古田人。"从朱熹学，躬行谨礼，子孙侍侧。虽盛暑，冠服肃然。"（《八闽理学源流》）

林允中，字扩叔，朱熹改曰扩之，林用中之弟。朱熹称其"晦外而明于内，朴外而敏其中"（《八闽理学源流》）。

林大春，字熙之，号慆斋，古田人。

林师鲁，字芸谷，古田人。

程深父，古田人。《古田县志·学校》云："祀朱子，以门人……程深父……等配。"

余范，余偶之弟，古田人。

杨楫，字通老，长溪潋村（今属福鼎）人，累官司农寺簿，出知安庆，移湖南提刑、江西运判。著有《奏议》《悦堂文集》。与杨方（朱熹门人，长汀人）、杨简（陆九渊门人），时称"三杨"。

杨复，字志仁，学者称信斋先生。长溪二十八都杨澳（今福安市甘棠镇杨峗）人。"真西山（德秀）帅闽（1232年左右），曾创'贵德堂'于郡学以延之"，"任堂长"（《宋元学案·汾洲诸儒学案》）。著《祭礼》14卷、《仪礼图》14帙、《家礼杂说附注》两卷。

黄榦，字尚质，长溪察阳（今福安市阳头）人（另有一说为霞浦人）。著述有《诲鉴衙》《五经讲义》《四书纪闻》。官至直学士。

林湜，字正甫，长溪（今霞浦）赤岸人。"朱熹被斥，士皆远嫌，独湜执弟子礼，及病数月，犹驰书问疑义。"（《八闽理学源流》）任监察御史，以太府少卿使金，迁司农卿，出任湖北转运副、泉州知县，进直龙图阁。著《槃隐集》。

陈骏，字敏仲，号仁斋，宁德人，任大冶丞。著《毛诗笔义》《论语笔义》《孟子笔义》。

郑师孟，宁德人。

高松，字国楹。长溪桐山（今福鼎县城关）人。少游学陈傅良（止斋，为永嘉学派开创人之一）之门。不专事科举之学。授台州教授。启迪有方，培养了不少缙绅之士。陈傅良《止斋文集》中有绍熙年间《送长溪高国楹从学朱元晦》诗："洛学今无恙，东南属此翁。从游虽已晚，趣向竟谁同。一第收良易，遗经语未终。归期定何日，我欲叩新功。"该诗对朱熹学说和闽学学派有很高评价，同时对高松从学于朱熹给予极大关怀和热情支持。

张泳，字潜夫，号墨庄，又号省斋，长溪西北乡大留村（今福安市甘棠大留）人。曾任福州养正书院主讲。著有《墨庄文集》。

龚郯，字昙伯，宁德人。创"六经讲社"。有诗文杂著。

李鉴，字汝明，宁德人，与龚郯创"六经讲社"。著《鸣和集》。

孙调，字和卿。"以排摈佛、老，推明圣经为本。"（《八闽理学源流》）著《册府》50卷、《易解》、《诗解》、《书解》、《中庸发题》、《浩斋稿》。《八闽理学源流》等书中称他为朱熹私淑。

在"庆元党禁"危难时期，朱熹与门人的学术文化活动并没有停止，表现出坚定的文化信念。据清代蒋垣《八闽理学源流》称："朱文公避禁'伪学'，至长溪，住黄榦（尚质）家，从游甚众，是以人文挺起。"长溪，宋淳祐五年（1245）前地域范围包括霞浦、福安、福鼎、柘荣四县市和寿宁县的一部分。蒋垣断定朱熹在"庆元党禁"时期到过长溪。另有许多学者同样认为朱熹在"庆元党禁"时期到过长溪。福建地方志对这一点也做了肯定。又据古田杉洋朱熹书"蓝田书院"四字勒石（刻于庆元丁巳春三月）等遗迹、朱熹作《水口行舟》诗二首，以及地方志的记载，许多学者认为，朱熹在"庆元党禁"时期的确到过古田。

宁德地区施景西先生等还根据大量资料，对朱熹在"庆元党禁"时期闽东行的时间、地点、路线及陪同弟子做了详细考证，并做这样的勾画：庆元三年（1197），朱熹从建阳考亭至延平（今南平市），乘船至水口。而后，取道水口抵古田，讲学于蓝田书院（位于古田杉洋）及擢秀、谈书、兴贤、西山、溪山、魁龙、浣溪、螺峰等斋（"古田八斋"），历时约两年，侍其侧的为朱熹的古田门人。庆元五年（1199），朱熹离开古田，至宁德，讲学于龟龄寺，黄榦、杨复等侍其侧；又至霞浦，访林湜，讲学于赤岸，寓武曲朱氏宅；路过文星明村（今属霞浦下浒镇），又至法华寺，其间曾到龙首庵，林湜、龚郏、陈骏等侍其侧。而后抵福鼎，从黄岐到潋村（即今福鼎秦屿镇潋城村），寓杨楫家，讲学于龟峰一览轩、潋村石湖观和太姥山璇玑阁，林湜、杨楫、高松等伴其侧。未几，朱熹又在林湜、杨楫、陈骏、龚郏、高松等陪同下，经桐山到浙江永嘉会访陈傅良、叶适，途中游览了天台山、雁荡山。最后，朱熹由永嘉返回，途中还造访了林湜的平阳松山寓所（位于今浙江苍南县桥墩镇），最后到达建阳考亭。庆元六年（1200）三月初九，朱熹逝世。

可以看到，在"庆元党禁"的险恶政治环境下，朱熹与其门人同舟共济，患难与共，不畏强暴，始终坚持他们的学术主张和文化信念。他们尽一切努力存统卫道，以求闽学学派继续存在与发展下去。从中不仅体现出朱熹的重要历史地位，同时也表明，朱熹门人（包括闽东门人）在儒学史、理学史、闽学史上也应占有一定地位。

现存珍贵的闽东闽学遗迹与文献资料，更可加深我们对朱熹及其闽东门人在这一时期活动状况及特点的认识。比如，古田杉洋蓝田书院旧址崖上勒"蓝田书院"四大字，落款"晦翁"，旁刻"堂长李□□学李元鼎立石，宋丁巳春三月吉旦。"这里的"李□□"，经考证是"李昂、直"，连起来原句便是"堂长李昂、直学李元鼎立石"。杉洋《李氏宗谱》中《李昂传》载："我与余偶辈亲。朱夫子遭伪学之毁，来蓝田书院讲学，推荐吾为堂长……为院执行《学规》，学风昌盛，桃李满园，听学供课，学业正统。费银充裕而省之。"又有宋古田县令郭能、名士余席珍撰《蓝田书院碑记》载："朱夫子二至此，以蓝田书院为础，学风正，门人千余众。"又有余偶在《蓝田书院鳌鱼吐水水墨集》中曰："朱文公庆元三年遭害避居乡间，集门人于蓝田。"以上刻石、文章、宗谱、碑记内容，可互为证明。① 因此可以断定，朱熹确实于庆元丁巳年来蓝田书院讲学。关于蓝田书院的资料，是极其珍贵的。又如，林湜撰《与张潜夫书》，其中云："窃陪元晦先生游赤岸；未及月移辙激水，湜从；移辙桐山，适从；闻天台、雁荡奇胜，就永嘉，湜从；通老、敏仲、国楹、昙伯拜别而返，独松山山水幽致，差强人意，从之回石门，涉横阳。"此书出自林湜自述，载于《西园桐山高氏宗谱》第 12 卷《文艺门》。② 对于该书，从内容与书写形式上看，当是林湜亲书，他人伪造的可能性极小。另外，叶适撰《中奉大夫林湜墓志铭》曰："朱公元晦既谪，士讳其学，公执弟子礼不变。"正说明在"庆元党禁"朱熹遭谪时，林湜实曾"执弟子礼"于朱熹左右，正好证明林湜给张泳书中内容的真实性。再有，朱熹《答林正甫湜书》曰："中间虽幸有缘再见，然苦匆匆不得款奉诲语，至今以为恨也。归来抱病，人事尽废，无由奉寄……"（《朱文公文集》第 38 卷）。朱熹所言"有缘再见"，正是指这次游赤岸等地与林湜的相会；"归来抱病"也正好证实了时间确实是庆元年间。上述三项资料可互为证明，因此可以断定，朱熹确实于庆元年间到过霞浦。

对于闽东闽学遗迹与文献，现今闽东的诸位研究闽学的先生做了许多收集、整理的工作，这里不一一列举。所有材料都说明，闽学在闽东有重

---

① 以上刻石、文章、宗谱、碑记有关内容，由杉洋镇余理民先生提供。
② 该宗谱所载林湜致张泳书的内容，由施景西先生提供。

大影响力，南宋闽东的一批学者跟随朱熹做学术文化工作，功不可没。他们为传统文化增添的许多内容，值得后人研究。

（原文载武夷山朱熹研究中心编《海峡两岸论朱熹》，

厦门大学出版社，1998）

图书在版编目（CIP）数据

哲学沉思与审美沉思 / 陈遵沂著. -- 北京：社会
科学文献出版社，2023.9（2024.8 重印）
（哲学与社会发展文丛）
ISBN 978 - 7 - 5228 - 2398 - 0

Ⅰ.①哲… Ⅱ.①陈… Ⅲ.①哲学 - 文集②审美 - 文
集 Ⅳ.①B - 53②B83 - 0

中国国家版本馆 CIP 数据核字（2023）第 158421 号

哲学与社会发展文丛
哲学沉思与审美沉思

著　　者 / 陈遵沂

出 版 人 / 冀祥德
责任编辑 / 黄金平
文稿编辑 / 顾　萌
责任印制 / 王京美

出　　版 / 社会科学文献出版社·文化传媒分社（010）59367004
　　　　　　地址：北京市北三环中路甲 29 号院华龙大厦　邮编：100029
　　　　　　网址：www.ssap.com.cn
发　　行 / 社会科学文献出版社（010）59367028
印　　装 / 河北虎彩印刷有限公司

规　　格 / 开　本：787mm × 1092mm　1/16
　　　　　　印　张：20　字　数：322 千字
版　　次 / 2023 年 9 月第 1 版　2024 年 8 月第 2 次印刷
书　　号 / ISBN 978 - 7 - 5228 - 2398 - 0
定　　价 / 138.00 元

读者服务电话：4008918866